Das Medizinrad basiert auf der indianischen Vorstellung vom menschlichen Leben als einem Kreis von Geburt, Tod und Wiedergeburt – ein Kreis, der seinerseits eingebettet ist in den Kreislauf der Natur und der Welt, die uns Menschen umgeben. Nach dieser kosmischen Vorstellung tritt der Mensch an einem bestimmten, von dem jeweiligen Mond, in dem er geboren wird, geprägten Ausgangspunkt in den Kreis ein. Ihm werden in diesem Moment gewisse Kräfte, Fähigkeiten und Verantwortlichkeiten verliehen, die im Symbol eines bestimmten Tieres (Schneegans, Puma etc.) ihren Ausdruck finden. Verschiedene Ausgangspunkte werden von unterschiedlichen »Elementeklans« beeinflußt, die die Bestimmung des einzelnen zu den Naturelementen (Luft, Erde etc.) bestimmen.

Auf diese Weise erlaubt das Medizinrad jedem, sich selbst in all seinen vielfältigen Dimensionen genauer kennenzulernen und zu erfahren, wer er ist und was er in seinem Leben verwirklichen kann. Zugleich lehrt es uns ein neues, ganzheitlich-spirituelles Verständnis von Natur und Erde, wie wir es heute nötiger haben denn je. Und es hält uns alle dazu an, nicht bei dem einmal Gegebenen und Erreichten stehenzubleiben, sondern den Kreis unserer Erfahrungen und unseres Bewußtseins stetig zu erweitern und uns ohne Angst dem Leben zu öffnen.

Autoren

SUN BEAR ist ein Chippewa Medizinmann und hat in der Nähe von Spokane, Washington, den »Bear Tribe« (Bären-Stamm) gegründet, der sowohl Indianer als auch Nicht-Indianer als Mitglieder willkommen heißt. Er gibt ein eigenes Magazin heraus und fordert in seinen Büchern wie in seinen zahlreichen Vortragsreisen durch Europa und die USA die Menschen auf zur Rückkehr zu einer tieferen Naturverbundenheit und zu spiritueller Besinnung.

Als Taschenbücher bei Goldmann liegen weiterhin von ihm vor: *Der Pfad der Kraft* (11801); *Leben mit der Kraft. Ein Selbsthilfebuch für das Leben in der Wildnis* (11822); und als Hardcover *Die Erde liegt in unserer Hand* (30565).

WABUN WIND erwarb den Magister der Wissenschaften an der Journalistenschule von Columbia. Sie gehört seit einer Reihe von Jahren dem »Bear Tribe« an und ist als Autorin tätig.

Zusammen mit den Anderoen Reed verfaßte sie *Die Macht der heiligen Steine. Kristallarbeit und Kristallwissen* (12063).

SUN BEAR & WABUN
Das Medizinrad
Eine Astrologie der Erde

Aus dem Amerikanischen von
Janet Woolverton

GOLDMANN VERLAG

Originaltitel: The Medicine Wheel
Originalverlag: Prentice Hall, Inc., New York

Die deutsche Erstausgabe erschien 1981 im
Dianus Trikont Buchverlag, München

Mit Illustrationen von Michael Keller

Der Goldmann Verlag
ist ein Unternehmen der Verlagsgruppe Bertelsmann

Made in Germany · 6/91 · 2. Auflage
© der Originalausgabe 1980 by Sun Bear and Wabun Wind
All rights reserved including the right of reproduction
in whole or in part in any form.
This edition published in arrangement with the original publisher,
Prentice Hall, Inc.
© der deutschsprachigen Ausgabe 1987 by
Wilhelm Goldmann Verlag, München
Umschlaggestaltung: Design Team, München
Umschlagillustration: Marion & Doris Arnemann, Hamburg
Druck: Presse-Druck Augsburg
Verlagsnummer: 12108
BL · Herstellung: Heidrun Nawrot/Voi
ISBN 3-442-12108-6

Inhaltsverzeichnis

Vorwort 7

Einführung 11
   Eine Vision des Medizinrades 12
   »Wir fordern euch auf, eure Augen und Ohren,
   eure Gedanken und Herzen zu öffnen . . .« 14

Die Monde und die Totems 21
   Die Bedeutung von Mond und Totem 23
   Mond der Erderneuerung (Schneegans) 29
   Mond der Rast und Reinigung (Otter) 43
   Mond der großen Winde (Puma) 57
   Mond der Knospenden Bäume (Roter Habicht) . . . 71
   Mond der Wiederkehrenden Frösche (Biber) 87
   Mond der Maisaussaat (Hirsch) 103
   Mond der Kraftvollen Sonne (Specht) 117
   Mond der Reifenden Beeren (Stör) 131
   Mond der Ernte (Braunbär) 145
   Mond der Fliegenden Enten (Rabe) 159
   Mond der Ersten Fröste (Schlange) 173
   Mond des Langen Schnees (Wapiti) 187

Das Medizinrad 201

Die Kräfte der Himmelsrichtungen 203
   Die Bedeutung der Himmelsrichtungen 204
   Wie Büffel, Adler, Kojote und Bär begannen,
   den Hütern des Geistes zu helfen 206
   Waboose, Hüterin des Geistes aus dem Norden . . . 210
   Wabun, Hüterin des Geistes aus dem Osten 214
   Shawnodese, Hüter des Geistes aus dem Süden . . . 218
   Mudjekeewis, Hüter des Geistes aus dem Westen . . 222

Die Elementeklans 227
   Die Bedeutung der Elementeklans 228
   Wie die Schildkröte half, unser Land zu errichten . . 231
   Schildkrötenklan (Erde) 235

   Warum einige Frösche das Wasser verließen 240
   Froschklan (Wasser) 245

   Wie die Schmetterlinge das Fliegen lernten 250
   Schmetterlingsklan (Luft) 254

   Wie der Donnervogel entstand 259
   Donnervogelklan (Feuer) 262

   Frosch – Schildkröte (Wasser – Erde) 267
   Donnervogel – Schmetterling (Feuer – Luft) 271
   Schmetterling – Schildkröte (Luft – Erde) 274
   Schmetterling – Frosch (Luft – Wasser) 276
   Donnervogel – Frosch (Feuer – Wasser) 279
   Donnervogel – Schildkröte (Feuer – Erde) 281

   Kombinationen von Mitgliedern gleicher Klans . . . 283

Das Medizinrad als Band zur Unendlichkeit 285
   Auf der Reise um das Medizinrad 286
   Wie man ein Medizinrad baut 291

Danksagungen 299

Vorwort

Die Entstehung der Religionen und Lebensweisen der eingeborenen Bewohner sowohl der Vereinigten Staaten wie auch der meisten anderen Länder dieser Erde beruht, wie man feststellen kann, wenn man die Geschichte weit genug zurückverfolgt, auf persönlichen Visionen und der Kommunikation zwischen dem Individuum und dem Schöpfer, oder wie immer man diese Kraft auch bezeichnet hat.

Eine Vision kann einem Menschen auf viele verschiedene Weisen zuteil werden. Man kann einen Berg besteigen oder in ein Tal hinabgehen, um eine Vision zu erbitten. Manchmal wird es auch zahlreicher solcher Anläufe bedürfen, um die ersehnte Vision zu erlangen, wenn überhaupt. Manche Visionen sind in sich geschlossen und vollständig und verleihen der Person, die sie erhält, ein umfassendes Verständnis des Universums und ihres persönlichen Platzes in ihr. Andere Visionen teilen sich dem jeweiligen Empfänger in einzelnen unvollständigen Abschnitten mit, von denen keiner in sich geschlossen ist. Mit viel Geduld können schließlich genug Teilabschnitte gesammelt werden, um die Vision zu vervollständigen.

Man kann auch in seinen Träumen vollständige Visionen erhalten, die durchaus so beschaffen sein können, daß sie zu einem umfassenden Verstehen führen. Andere Menschen können ihre Visionen mit Hilfe einer Krankheit erlangen oder durch die Erfahrung von Tod und Wiedergeburt, ja selbst im ganz alltäglichen Ablauf ihres Lebens.

Wenn eine Vision dazu dienen soll, den Grundstein eines Lebens zu setzen, so können Heilige Lehrer mit Hilfe ihres umfangreichen Wissens bei der Deutung einer solchen Vision anderen hilfreich zur Seite stehen, wenn ihre Unterstützung benötigt wird. Sie alle wissen, daß man die Vision anderer achten muß. In unserer heutigen Zeit haben jedoch so viele Menschen längst vergessen, daß es möglich ist, Visionen zu haben, daß sie dazu neigen, diese als Museumsstück der Vergangenheit zu betrachten, das, obgleich es ein aufschlußreiches geschichtliches Schaustück ist, keinerlei Bedeutung für unser heutiges Leben hat.

Wir alle haben von Geburt an die Fähigkeit, zu träumen und Visionen zu haben, mit auf den Weg bekommen. Und dies ist es ja, was unser Menschsein gerade ausmacht – wir sind Lebewesen, die eine Vision haben und danach trachten können, diese auf der diesseitigen Ebene des Lebens zu verwirklichen. Und dies ist es, was uns zu Spiegelbildern der Kraft macht, die uns alle erschaffen hat.

Dieses Buch ist das Ergebnis einer Vision, die mir vor vielen Jahren zuteil wurde. In jener Vision erkannte ich, daß sich die Zeiten näherten, in denen es notwendig werden würde, daß wir alle zum Wohle der Mutter Erde und unserer eigenen Evolution als menschliche Lebewesen zu einem besseren und wahrhaftigeren Verständnis für die Erde zurückkehren. Ich erkannte, daß wir die unbedeutenden Ängste, die uns zerreißen, würden zurückstellen müssen, um wieder zu lernen, als aufrichtige Brüder und Schwestern in Liebe miteinander leben zu können. Ich erkannte, daß wir nach all jenen Menschen suchen müßten, die, egal welcher Rasse und Nationalität sie entstammen, demselben Herzenspfad folgen wie wir, um uns mit ihnen in Gruppen zusammenzuschließen, die stets daran denken, daß es unsere Bestimmung auf Erden ist, den Willen des Großen Geistes auszuführen und unserer Mutter, der Erde, zu dienen. Ich erkannte, daß es eben diese Gruppen sein konnten, die einen wesentlichen Einfluß auf die Reinigung der Erde, die jetzt bevorzustehen scheint, ausüben konnten.

Das ist der Teil meiner Haupt-Vision, die ich zu diesem Zeitpunkt mit anderen teilen kann. Ich habe, seit ich diese Vision erhalten habe, aufrichtig danach gestrebt, sie zu erfüllen – bis heute mit gutem Erfolg. Ich bin der Medizin-Häuptling des Bären-Stammes, einer Medizin-Gesellschaft vielfältiger Rassen, die auf jene Vision aufbaut. Wir haben mit unserer Arbeit und mit der Botschaft, die uns anvertraut worden ist, bereits viele Menschen erreichen können.

Unsere Botschaft kann in dem Satz »Geh in Harmonie mit Mutter Erde« zusammengefaßt werden. Dieser Satz spiegelt die geistige Einstellung meines Volkes wider – ein Volk, das daran glaubte, in Einklang mit allen Dingen um sich herum und in sich leben zu müssen. Sie glaubten ebenso wie wir, daß wir einen Punkt erreichen müssen, an dem wir das Einssein, die Einheit, die uns mit allen Dingen des Universums verbindet, wahrhaftig in uns verspüren und daß wir jene geistige Einheit in allen Bereichen unseres Seins widerspiegeln müssen.

Das Medizinrad eröffnete sich mir in einer Vision, die ich erst in jüngster Zeit erhielt und die in diesem Buch beschrieben wird. Nachdem ich diese Vision, die mich darin anleitete, wie ich das Medizinrad zu benutzen hatte, um anderen mein Wissen zu vermitteln, erhalten hatte, half mir Wabun, meine Frau und Medizin-Gehilfin, diese Lehren zu entwickeln und niederzuschreiben. Ihr Wissen darum erhielt sie in jenen kleinen Visionen, die ich bereits beschrieben habe.

Als man uns darum bat, die Vision des Medizinrades in einem Buch festzuhalten, spürten wir, daß ein solches Buch vielen anderen helfen könnte, sich ihren Verwandten auf unserer gemeinsamen Mutter Erde wieder zu öffnen. Die Botschaft dieses Buches wurde uns durch den Großen Geist, durch die Beobachtung unserer Verwandten im Reich der Menschen, Tiere, Pflanzen und Mineralien sowie durch das Lesen der Beobachtungen anderer zuteil. Wir haben astrologische Schriften weder gelesen noch studiert, obgleich wir oftmals mit Menschen gesprochen haben, die solche Studien betreiben. Die Informationen in diesem Buch stimmen, soweit wir das beurteilen können, mit keiner Methodik der Selbsterkenntnis überein, die von einem spezifischen indianischen Stamm der USA praktiziert wurde. Es handelt sich um eine ganz neue Art und Weise, an der Reinigung und Heilung unserer Mutter Erde teilzunehmen, die uns zu diesem Zeitpunkt eröffnet wurde. Wir schreiben jegliche Ähnlichkeit zwischen den Lehren des Medizinrades und der Astrologie oder einer anderen Form der Selbsterkenntnis der Tatsache zu, daß alle Wahrheiten einem Ursprung entstammen.

Und so kam es, daß dieses Buch entstehen konnte. Laßt uns also unsere Herzen öffnen und diese Vision unserer heutigen Tage miteinander teilen. Wir alle teilen dieselbe Erdmutter, ungeachtet der Rasse und des Landes, dem wir entstammen, und so laßt uns den Weg der Liebe, des Friedens und der Harmonie neu beschreiten und die guten Pfade im Leben neu erschließen.

Sun Bear

Einführung

Eine Vision des Medizinrades

Vor mir erhob sich der Gipfel einer Anhöhe, auf dem kein einziger Baum wuchs. Eine sanfte Brise strich über ihn hinweg und ließ das Präriegras leise erzittern. Dann erblickte ich einen Steinkreis, der mich an die Speichen eines Rades erinnerte. Dieser umschloß einen zweiten Kreis, der an das Zentrum des Rades angrenzte. Ich spürte instinktiv, daß dies der heilige Kreis, das heilige Rad meines Volkes war. In der Mitte des Radzentrums befand sich der Schädel eines Büffels, und tierähnliche Wesen stiegen aus allen vier Himmelsrichtungen aus Schluchten empor. Und während sie sich mir näherten, erkannte ich plötzlich, daß es sich um Menschen handelte, die als Tiere verkleidet waren. Sie bewegten sich auf den Kreis zu, und jede Gruppe trat mit dem Lauf der Sonne in ihn ein und schloß sich zu einem vollständigen Kreis zusammen, bevor sie sich auf ihren Plätzen innerhalb des Rades niederließen.

Als erstes begaben sich die Menschen in die Position des Nordens – des Winters, der Zeit von Rast und Ruhe für uns und Mutter Erde. Es ist der Platz, der die Zeitphase repräsentiert, in der weiße Haare wie Schnee auf unseren Häuptern wachsen und in der wir uns darauf vorbereiten, sowohl die Welten wie die äußerlichen Erscheinungsformen zu verändern. Dann folgten jene, die sich im Osten niederließen. Dies ist der Platz des Erwachens, die Stätte von Geburt und

Frühling, der Ort, der Geburt und Anfang der menschlichen Rasse symbolisiert. Ihnen folgten jene, die den Süden repräsentieren – Zeit des Sommers, Jahre der Fruchtbarkeit und des schnellen Wachstums. Und schließlich die Menschen, die sich in den Westen begaben – die Zeit des Herbstes, wenn wir die Ernte einbringen und das Wissen erlangt haben, das notwendig ist, um zu unserer inneren Mitte zu gelangen. Der Westen ist die Heimat des Westwindes, Vater aller Winde.

Alle Anwesenden trugen das Lied ihrer Jahreszeit, ihrer Mineralien, ihres Pflanzen- und Tier-Totems und Gesänge zur Heilung der Erdmutter vor. Einer von ihnen trat aus dem Kreis hervor und sprach: »Laßt die Medizin des heiligen Kreises sich behaupten. Laßt Menschen aus allen Winkeln der Erde sich im Kreis zusammenfinden und für die Heilung der Mutter Erde beten. Laßt die Heiligen Kreise des Medizinrades zurückkehren.«

In dieser Vision hatten sich Menschen aus allen Klans, aus allen Himmelsrichtungen und von allen Totems zusammengefunden – und aus ihren Herzen sprach Liebe und Friede.

»Wir fordern euch auf, eure Augen und Ohren, eure Gedanken und Herzen zu öffnen...«

Dieses Buch möge dazu dienen, alle Menschen unserer Erdmutter und allen Dingen der Schöpfung, die uns umgeben, näherzubringen. Es ist dazu gedacht, uns diese weitreichende Beziehung zwischen allen Wesen und Dingen des Universums verständlich zu machen. Oftmals überkommt uns das Gefühl, daß irgend etwas Wesentliches in unserem Leben zu fehlen scheint. Wir verspüren ein Verlangen, der Natur und den natürlichen Kräften näher zu sein. Wir hoffen, daß dieses Buch euch helfen möge, euren Platz auf dem Medizinrad zu finden und euch in den Kräften wiederzuentdecken, die euch so lange verschlossen waren. Wir hoffen, daß ihr eine Verwandtschaft mit dem Universum entdecken werdet und damit begreifen lernt, warum diese Beziehung von den indianischen Völkern so hochgeschätzt wurde. Wenn ihr euch fähig erweist, mit allen Dingen des Universums zu verschmelzen, werdet ihr wahrhaftig ein Teil des Ganzen sein.

Das Wissen des Medizinrades wird in unserer heutigen Zeit dringend benötigt. Wir glauben, daß eine wachsende Menschlichkeit einhergehen muß mit einem besseren Verständnis unserer Umwelt. Gerade die Entfremdung des Menschen von seiner natürlichen Umwelt ist die Ursache vieler Krankheiten. Heute versuchen viele Menschen, ihr natürliches Gleichgewicht wiederherzustellen. Sie wenden sich im

Zuge einer umfassenden »Zurück aufs Land«-Bewegung wieder einer natürlichen Ernährung und Heilkunde zu. Selbst in unserer industrialisierten Gesellschaft verspüren Menschen wieder das Bedürfnis, das Gleichgewicht mit der Natur wiederherzustellen. In dieser Zeit der Besinnung bieten wir euch die Lehren des Medizinrades an.

Mit diesem Buch fordern wir euch auf, eure Vorurteile beiseite zu werfen und mit uns in eine magische Welt hineinzutauchen, in der alle Dinge mit euch verbunden sind und ihr mit ihnen. Diese magische Welt ist nichts anderes als die sehr reale und schöne Erde, auf der ihr alle und eure Verwandten, mit denen ihr diese Erde teilt, stets einhergeht.

Wir fordern euch auf, eure Augen und Ohren, eure Gedanken und Herzen zu öffnen und das Magische zu erkennen, das euch stets umgibt. In unserer heutigen Zeit neigt man dazu, die Erde als eine bloße Kulisse für das menschliche Tun und Treiben und Mineralien, Pflanzen und Tiere als bloße Diener der Menschheit zu betrachten. Längst haben wir vergessen, daß sie auch unsere Lehrer sein können; daß sie in uns eine Welt von Gedanken und Gefühlen erschließen können, gegen die sich das menschliche Herz schon viel zu lange verschlossen hat.

Wir haben vergessen, daß wir nicht alleine mit unserer menschlichen Familie in enger Verbindung stehen, sondern mit all unseren Verwandten auf dieser Erde. Wir haben vergessen, daß wir für sie ebensoviel Verantwortung zu tragen haben wie für unsere menschliche Familie. Wir halten uns selbst in der Enge von Menschenhand erschaffener, kleiner Welten gefangen.

Wir haben vergessen, wie man die Geschichten und Lieder, die die Winde mit sich tragen, hört. Wir haben vergessen, auf die Weisheit der Steine zu hören, die seit Urbeginn aller Zeiten ihren Platz auf dieser Erde haben. Wir haben vergessen, wie uns das Wasser zu erfrischen und zu erneuern vermag.

Wir haben vergessen, auf die Pflanzen zu hören, während sie uns darauf hinweisen, welche von ihnen wir verzehren sollen, um wohlauf zu bleiben. Wir haben die Fähigkeit verloren, den Tieren zu lauschen – während sie uns beständig ihr Wissen, ihr Lachen, ihre Liebe und Nahrung anbieten. Wir haben uns all diesen Verwandten verschlossen und fragen uns dennoch, warum uns so oft die Langeweile und Einsamkeit überfällt.

Das Medizinrad ist ein magischer Kreis, der die ganze Welt in sich einschließt. Während du ihn umwanderst, wirst du in ihm und außerhalb seiner Grenzen auf unzählige Wunder stoßen. Mit viel Beharrlichkeit wirst du sogar das Wunderbare erreichen können, dich selbst kennenzulernen: Wer du bist, über welches Wissen du verfügst, und was du in diesem Leben verwirklichen kannst.

Die indianischen Völker wußten um diesen magischen Kreis. Sie respektierten ihn und setzten ihn häufig in ihrem alltäglichen Lebensablauf ein, damit sie stets an das, was sie durch ihn gelernt hatten, erinnert wurden. Wenn sie ihre Unterkünfte errichteten, so waren diese oft kreisförmig angelegt, ob es sich nun um Tipis, Wigwams oder Hogans handelte. Wenn sie ihren Körper und Geist reinigen wollten, so taten sie dies im Kreis der Schwitzhütte, welcher den Schoß der Erdmutter symbolisierte, die sie nährte. Wenn sie sich zu Beratungen zusammenfanden, saßen sie in einem Kreis, der alle Anwesenden als Gleichberechtigte mit einer gleichberechtigten Stimme in sich einschloß.

Wenn sie zusammen Musik machten, dann auf einer runden Trommel, wenn sie tanzten, dann im Kreis. Das Schlagen der Trommel repräsentierte das Schlagen ihrer Herzen und des Herzens der Erdmutter. Sie reckten Arme und Beine gen Himmel, ließen diese wieder zur Erde fallen und zeichneten somit mit Hilfe ihrer Körper einen Kreis, der Himmel und Erde in sich einschloß.

Sie betrachteten das menschliche Leben als einen Kreis:

Geburt – Tod – Wiedergeburt. Sie wußten, wie sie die Kreise ihres eigenen Lebens anzuerkennen und zu feiern hatten, um in der Lage zu sein, mit den wechselnden Energien der verschiedenen Altersstufen fließen und sich verändern zu können. Sie wußten, daß sie, ähnlich den Jahreszeiten, verschiedene Seinsphasen zu durchwandern hatten, während der Kreislauf des Lebens und der Zeit um sie herum fortschritt. Sie wußten, daß eine Ablösung aus diesem Kreise hieße, den Lebensrhythmus zu verlieren und im inneren und äußeren Wachstum einzuhalten.

Der Kreis war ihnen so wichtig, so wesentlich für das Fortschreiten des Lebens in den notwendigen Bahnen, daß sie ihn in ihren Zeremonien und gesellschaftlichen Strukturen verewigten. Die Hügel der Hügelkulturen waren rund. Die Kalender der Azteken waren rund und die steinernen Medizinräder ebenso. So erinnerten sie sich in allen Dingen stets daran, daß die Erde und alle Wesen der Schöpfung Teil eines magischen Lebenskreises sind.

Um dir diesen Kreis ins Gedächtnis zurückrufen zu können, mußt du nur daran denken, daß du stets auf ihm wanderst. Du trittst an einem bestimmten Ausgangspunkt in den Kreis ein. Dieses Eintreten verleiht dir gewisse Kräfte, Fähigkeiten und Verantwortlichkeiten. Dein Ausgangspunkt wird von dem Mond oder Monat bestimmt, in dem du geboren bist. Verschiedene Ausgangspunkte werden von verschiedenen Elementeklans beeinflußt, welche das Element anzeigen, dem du angehörst. Dieser Klan hat nichts mit den verwandtschaftlichen Klans zu tun, wie sie in den meisten indianischen Stämmen existierten – sie wurden von dem Klan der Eltern bestimmt und konnten wiederum festsetzen, welche irdischen Pflichten und Verantwortlichkeiten man innehatte und in welche Familie oder welchen Klan man einheiraten konnte. Die Klans der Elemente hingegen bestimmen allein deine Beziehung zu den Naturelementen und sind wie alle anderen Punkte auf dem Medizinrad nicht statisch. Die Ausgangspunkte werden auch von den geistigen Hütern ihrer Himmelsrichtung beeinflußt.

Es war in den alten Tagen wesentlich, sein Leben so zu führen, daß man beständig den Kreis umwanderte. Dies ist auch heute noch von gleich großer Bedeutung. Wenn man bei einem Mond, einem Totem und seinem Element verharrt, verfällt man zwangsläufig in eine starre Unbeweglichkeit – und Unbeweglich-Sein heißt, im Wachstum einzuhalten und das Wissen um die Verbindung mit der Ganzheit des Rades zu leugnen. Es ist gleichbedeutend damit, den Fluß der Lebenskraft durch sein bloßes Sein zu unterbinden.

Während du den Kreis durchwanderst, hast du die Verantwortung, die verschiedenen Monde, Totems, Pflanzen und Elemente kennenzulernen, deren Pfad du kreuzt. Auf diese Weise erfährt dein eigenes Leben eine stete Veränderung, und deine Lebenskraft schlägt ohne Unterlaß in der Tiefe deines Herzens.

Das ist unsere Vision des Medizinrades. Wir erkennen darin eine Möglichkeit, die Menschen dazu anzuhalten und anzuleiten, sich stetig zu verändern, zu wachsen, sich dem Leben und all ihren Verwandten auf dieser Erde zu öffnen. Ebenso erkennen wir, daß es eine Vision des Jetzt ist, in der wir so vieles von dem Wissen, das die Menschen früher noch besaßen, längst vergessen haben. Es ist eine Vision, die den Menschen dazu verhelfen mag, ihr oftmals eintöniges und einsames Dasein allein durch die Beweglichkeit ihrer Gedanken und Herzen hinter sich zu lassen. Und für jene wenigen, die Langeweile und Einsamkeit nicht kennen, ist es eine Möglichkeit, noch mehr Bewegung und Liebe in ihrem Dasein zu entdecken. Am meisten jedoch dient das Medizinrad dazu, sich selbst in all seinen vielfältigen Erscheinungsformen und Richtungen kennenzulernen.

In unserer Vision werden die Menschen nicht auf ihren ursprünglichen Standort, Richtung oder Klan festgelegt. Sie werden nicht immer die Stärken oder Schwächen einer einzigen Position auf dem Rad in sich tragen. Sie müssen den Kreis so weit wie möglich umwandern, um die Lehren, Anforderungen, Stärken und Schwächen so vieler Positionen wie möglich zu erfahren. Jeder Standort birgt etwas Neues in sich, das ihr Leben bereichern und erweitern wird.

Die Essenz des Medizinrades ist Bewegung und Veränderung. Durch dieses Wissen versuchen die Menschen sich so viel Bewegungsraum, wie sie bewältigen können, in ihrem Leben einzuräumen. Sie hegen den Wunsch, auf dem Rad des Lebens vorzudringen und so vielen Erscheinungsformen der menschlichen Natur wie möglich begegnen zu können. Sie wissen wohl, daß sie all diese Spielarten menschlichen Seins in sich tragen und daß es dennoch notwendig ist, sich in die verschiedensten Positionen zu versetzen, um diese auch in sich verspüren zu können. Sie mißbrauchen ihren ursprünglichen Standort nicht dazu, sich für ein Verhalten zu entschuldigen, das nicht so klar und ausgereift ist, wie es sein sollte. Vielmehr versuchen sie, eine solche Schwäche zu bewältigen, indem sie sich auf eine andere Position auf dem Rad zubewegen, in der sie die Kraft, die sie benötigen, erhalten können. Manchmal strömt diese Kraft aus der Erfahrung menschlicher Gefühle und Gedanken. Ein andermal erfährt man sie, indem man ein Tier beobachtet, wie es mit den ihm innewohnenden Kräften den Bedürfnissen und Anforderungen seines Lebens gerecht wird. Diese Kraft kann man auch aus der Betrachtung eines Steines, einer Pflanze oder in den Gesängen der Winde oder des irdischen Herzschlages schöpfen.

Jenen, die ein Leben führen, das stets offen ist für die Lehren der Schöpfung, wird das richtige Wissen immer zur richtigen Zeit begegnen, egal, wer der notwendige Lehrer ist. Für sie ist die Erde ein magischer Ort und der Ursprung unerschöpflichen Staunens.

Wir alle können ein solches Leben führen, wenn wir uns dafür entscheiden. Es ist allein die Anmaßung unseres Intellekts, die uns predigt, daß wir uns völlig alleine in einem fremden und feindlichen Universum befinden. Es ist allein die Arroganz unseres Verstandes, die uns predigt, daß wir der wichtigste Bestandteil jenes Universums sind. Es ist allein unsere Angst, die uns ungeliebt und einsam erscheinen läßt. Wenn wir unsere Herzen öffnen, wird das Licht der Liebe und der Einheit, die das Universum erschaffen hat, hereinströmen und jene abgeflachten und trostlosen Landschaften erleuchten, in denen wir manchmal zu leben glauben. Wenn wir uns für die Reise um den magischen Kreis entscheiden, werden sich unsere Herzen von alleine öffnen, während wir dieses Leben, das uns in so vielfältigen und schönen Erscheinungsformen gegeben worden ist, beginnen werden, neu zu erfahren.

Die Monde und die Totems

Die Bedeutung von Mond und Totem

Der Mond oder Monat deiner Geburt bestimmt deinen Ausgangspunkt auf dem Medizinrad und dein Anfangstotem in den mineralischen, pflanzlichen und tierischen Reichen. Der 1. Mond des Jahres, der Mond der Erderneuerung, kennzeichnet die Zeit, in der Vater Sonne von seiner Reise in den Süden zurückkehrt und beginnt, in Mutter Erde und ihren Kindern neues Wachstum anzufachen. Dieser Mond beginnt zur Zeit der Wintersonnwende, die gewöhnlich am 22. Dezember eintritt. Es ist dies der erste Mond von Waboose, der Hüterin des Geistes aus dem Norden. Ihm folgen der Mond der Rast und Reinigung und der Mond der Großen Winde. Die Monde von Waboose, jene der Erderneuerung und der Rast, leiten die Zeit ein, in der das Wachstum des vorangegangenen Jahres betrachtet werden sollte und man sich auf das Wachstum des zu erwartenden Jahres vorbereitet. Den Monden von Waboose folgen jene von Wabun, der Hüterin des Geistes aus dem Osten. Diese drei Monde sind jene des neu angefachten Wachstums, wenn Vater Sonne beginnt, alle Kinder der Erde zu erleuchten und sie darauf vorzubereiten, ihre Früchte hervorzubringen. Der erste Mond von Wabun ist der Mond der Knospenden Bäume, der zur Zeit des Frühlingsäquinoktiums* beginnt, gewöhn-

---

* Tagundnachtgleiche

lich am 21. März. Die anderen Monde von Wabun sind der Mond der Wiederkehrenden Frösche und der Mond der Maisaussaat. Die Monde von Wabun sind die der Erleuchtung und Weisheit, wenn sich die Kinder der Erde darauf vorbereiten, in der ihnen gemäßen Weise zu wachsen.

Als nächstes kommen die Monde von Shawnodese, der Hüterin des Geistes aus dem Süden. Es sind dies die Monde des raschen Wachstums, wenn die ganze Erde zum Erblühen kommt und die Früchte für das Jahr hervorbringt. Der Mond der kraftvollen Sonne ist der erste von Shawnodese. Er beginnt am 21. Juni, der Zeit der Sommersonnwende. Es folgen der Mond der Reifenden Beeren und der Mond der Ernte. Es ist dies die Jahreszeit des Wachstums und des Vertrauens. Vertrauen ist notwendig in dieser Jahreszeit, da das Wachstum so schnell vonstatten geht, daß keine Zeit bleibt, über Weiterentwicklung nachzudenken.

Der Herbst ist die Jahreszeit des Mudjekeewis, des Hüters des Geistes aus dem Westen. Der 1. Mond von Mudjekeewis ist der Mond der Fliegenden Enten, der am 23. September beginnt, dem Tag des Herbst-Äquinoktiums. Ihm folgen der Mond der Ersten Fröste und der Mond des Langen Schnees. Es sind dies die Monde, die uns die Zeit der Selbstprüfung bringen – Zeit, Kraft zu sammeln, nach innen zu blicken und Wachstum und Fortschritt der vorangegangenen Jahreszeiten zu betrachten. Dies ist die Zeit, sich auf die Jahreszeit der Ruhe und Erneuerung vorzubereiten, die dann folgt.

Jeder Mond hat ein spezielles Totem oder Zeichen in den mineralischen, pflanzlichen oder tierischen Reichen, das die charakteristischen Merkmale mit jenen Menschen teilt, die zu dieser Zeit geboren wurden. Von deinem Ausgangstotem lernst du etwas über dich selbst, zugleich aber auch lernst du mehr über deine anderen Beziehungen auf der Erde. Die Menschen tragen in der Tat die Verantwortung, ihren Totems Ehrerbietung, Zuneigung und Dankbarkeit für die Lektionen und die Energien zu erweisen, die jene zur Fortdauer des Lebens auf unserer gemeinsamen Mutter Erde beitragen.

Während du das Rad umwanderst, solltest du bestrebt sein, so viel wie möglich über die Totems jener Positionen zu lernen, an denen du gerade stehst, so daß du beständig deine Kenntnisse über jene erweiterst, die die Erde mit dir teilen. Wenn du am Ort eines anderen Mondes stehst, hast du die Fähigkeit, die charakteristischen Merkmale des zugehörigen Totems anzunehmen und von ihnen zu lernen – ebenso, wie du von deinen zweibeinigen Gefährten lernen kannst. Je mehr du bestrebt bist zu lernen, desto größer ist dein Fortkommen auf deiner Reise um das Medizinrad.

Denke stets daran, daß nicht alle Menschen dieselben charakteristischen Merkmale teilen werden, auch wenn sie denselben Mond und dasselbe Totem haben. Alle bereisen das Rad in ihrer eigenen Geschwindigkeit. Und es ist möglich, daß man in einer Zeit, in der man sich in einer bestimmten Position befindet, manchmal Stimmungen und Phasen ausgesetzt ist, die scheinbar besser in die eines anderen Mondes passen. Sie können dich an Positionen erinnern, durch die du schon hindurchgegangen bist, oder Hinweise geben auf die Plätze, zu denen du als nächstes reisen wirst. Die wichtige Botschaft des Medizinrades ist: Gestatte dir selbst, weiterzureisen und nicht in einer Position zu verharren, was deine Energien davon abhalten würde, sich zu verändern und zu wachsen.

	DATUM	MOND	TIER	PFLANZE
Nord	22. Dezember – 19. Januar	der Erderneuerung	Schneegans	Birke
Nord	20. Januar – 18. Februar	der Rast und der Reinigung	Otter	Zitterpappel
Nord	19. Februar – 20. März	der Großen Winde	Puma	Wegerich
Ost	21. März – 19. April	der Knospenden Bäume	Roter Habicht	Löwenzahn
Ost	20. April – 20. Mai	der Wiederkehrenden Frösche	Biber	Blaue Camasspflanze
Ost	21. Mai – 20. Juni	der Maisaussaat	Hirsch	Schafgarbe
Süd	21. Juni – 22. Juli	der Kraftvollen Sonne	Specht	Heckenrose
Süd	23. Juli – 22. August	der Reifenden Beeren	Stör	Himbeere
Süd	23. August – 22. September	der Ernte	Braunbär	Veilchen
West	23. September – 23. Oktober	der Fliegenden Enten	Rabe	Königskerze
West	24. Oktober – 21. November	der Ersten Fröste	Schlange	Distel
West	22. November – 21. Dezember	des Langen Schnees	Wapiti	Schwarzfichte

MINERAL	HÜTER DES GEISTES	FARBE	ELEMENTE-KLAN	ERGÄNZUNG
Quarz	Waboose	weiß	Schildkröte	Specht
Silber	Waboose	silber	Schmetterling	Stör
Türkis	Waboose	blaugrün	Frosch	Braunbär
Feueropal	Wabun	gelb	Donnervogel	Rabe
Chrysokoll	Wabun	blau	Schildkröte	Schlange
Moosachat	Wabun	weiß+grün	Schmetterling	Wapiti
Karneol	Shawnodese	rosa	Frosch	Schneegans
Granat & Eisen	Shawnodese	rot	Donnervogel	Otter
Amethyst	Shawnodese	purpur	Schildkröte	Puma
Jaspis	Mudjekeewis	braun	Schmetterling	Roter Habicht
Kupfer & Malachite	Mudjekeewis	orange	Frosch	Biber
Obsidian	Mudjekeewis	schwarz	Donnervogel	Hirsch

Mond der Erderneuerung

22. Dezember – 19. Januar

Mond der Erderneuerung

(Schneegans) 22. Dezember – 19. Januar

Menschen, die unter dem Mond der Erderneuerung, dem ersten Mond des Jahres, geboren werden, haben die Schneegans als Totem im Tierreich, die Birke als Totem im Pflanzenreich und den Quarzstein als Totem im Reich der Mineralien. Ihre Farbe ist weiß, und sie gehören dem Elementeklan der Schildkröten an. Sie werden zwischen dem 22. Dezember und dem 19. Januar geboren.

Um die Menschen im Zeichen der Schneegans besser verstehen zu können, wollen wir einen Blick auf ihre Totems in den anderen Bereichen der irdischen Schöpfung werfen. Der Quarz, ihr Totem im Reich der Mineralien, ist einer der verbreitetsten und häufigsten natürlichen Grundstoffe der Erde. Er setzt sich aus Silicium-Dioxyd zusammen und ist ein relativ harter Stein mit einem gläsernen Glanz. Quarz kommt in fast jeder erdenklichen Farbschattierung vor, tritt jedoch am häufigsten weiß oder farblos auf. Und diese Schattierung ist es, die mit den Schneegans-Menschen in Verbindung gebracht wird. In alten Zeiten glaubte man, daß der Quarz aus ewigem Eis bestand, da er sich stets kühl anfühlt. Diese Theorie wurde durch die Tatsache bestärkt, daß man oftmals einen Tropfen gefrorenen Wassers im Quarz entdecken kann, der während der Entstehung des Steins in ihm eingeschlossen wurde und erst dann verdunsten kann, wenn der Stein zerbricht. Kristall ist das griechische Wort für Eis. Aufgrund seiner Ähnlichkeit mit dem Eis sprach man dem Quarz die Fähigkeit zu, vor Durst zu schützen. Noch in unserem heutigen Jahrhundert wurde in Pfadfinder-Handbüchern darauf hingewiesen, ein Stück Quarz in den Mund zu nehmen, wenn man Durst verspüre.

Quarz ist ein Stein der Kraft. Er wird heutzutage als übersetzende Kraft in Radios, Radaranlagen, in Fernsehapparaten, in Ultraschallgeräten und in anderen technischen Bereichen genutzt. Es heißt, daß Quarz in kristalliner Form noch andere, ähnlich geartete Kräfte in sich birgt, von denen wir heute noch kaum etwas ahnen. Oftmals wurden in der Vergangenheit in die Zepter der Könige und Edelmänner Quarzsteine eingearbeitet. Manche behaupten, daß der Untergang von Atlantis auf den Mißbrauch von Quarzsteinen zurückzuführen ist, welche von den Bewohnern von Atlantis als Energiequelle benutzt worden waren. Die Kristallkugeln, mit deren Hilfe Wahrsagerinnen die Zukunft voraussagten, waren aus Quarz. Die mit Wasser gefüllten Kristallschüsseln, die dazu benutzt wurden, um Regen heraufzubeschwören oder in die Zukunft zu blicken, sind ein weiteres Beispiel für die magische Verwendung dieses Steines. Australische Eingeborene benutzten ihn in ihren Regen-Zeremonien. Indianische Stämme in den USA benutzten den Quarzstein vielfach für die gleichen Zwecke wie die alten Völker in allen Ländern der Welt.

Schneegans-Menschen können von dem Quarzkristall ihre eigenen Fähigkeiten ablesen, die Dinge des Lebens deutlich und klar zu erkennen und die Energien des Universums ungehindert durch sich fließen zu lassen. Wenn Schneegans-Menschen diesen Zustand beibehalten können, sind sie in der Lage, die unerschöpflichen Kräfte des Universums auffangen und weiterleiten zu können, so, wie es auch ihr mineralisches Totem tut. Schneegans-Menschen besitzen das kühle Äußere des Quarzes, was sie anderen gegenüber oft reserviert und gefühlskalt erscheinen läßt. Sie werden jedoch ebenso wie ihr Stein Wärme ausstrahlen können, wenn Menschen, die ihnen nahestehen, in der Lage sind, ihre eigene Wärme und Energie auf sie abstrahlen zu lassen. Schneegans-Menschen werden sich niemals zu übersprudelnden oder übersentimentalen Gefühlsausbrüchen hinreißen lassen, aber sie können dennoch lernen, eine beständige Wärme- und Lichtquelle für ihre Mitmenschen zu sein. Die Stärke dieser Menschen rührt, wie die Stärke ihres Steines, von ihrer Fähigkeit, Dinge auf das genaueste aufzufangen und weiterzuleiten. Da diese Kraft von ungeheurem Ausmaß sein kann, trägt sie in sich zugleich den potentiellen Samen für die eigene Zerstörung und kann, wenn sie mißbraucht wird, Schneegans-Menschen und ihren Mitmenschen ernsthafteren Schaden zufügen. In diesem Sinne wurde auch den Kristallen nachgesagt, daß sie zum Untergang von Atlantis geführt hätten. Schneegans-Menschen können im Quarzstein sowohl ihre Fähigkeiten wie auch die Vorsichtsmaßnahmen erkennen, die sie einhalten müssen, wenn sie diese Fähigkeiten ausüben. Sie können durch ihn lernen, sich niemals auf Anschauungen oder Philosophien irgendwelcher Art zu versteifen, wenn sie nicht wie er in ungleichmäßige Stücke zerspringen wollen. Durch das Bei-sich-Tragen und die Auseinandersetzung mit Quarzsteinen können sie Geheimnisse erfahren, die ihnen auf keinem anderen Weg offenbart werden.

Das Pflanzen-Totem der Schneegans-Menschen ist die Birke, einer der ältesten und weitverbreitetsten Bäume der Welt. Die Birke ist ein stattlicher und schön anzusehender Baum, der manchmal bis zu 15 Meter hoch werden kann. Die Rinde der Birke kann weiß, gelb, braun oder fast schwarz sein. Wenn die Bäume jung sind, ist der Stamm noch glatt, seine charakteristischen Querstreifen nimmt er erst während des späteren Wachstums an. Die Blätter des Baumes sind hellgrün und einfach gezackt. Die Blüten der Birke hängen lange nach unten und sind manchmal ungewöhnlich groß.

Birken findet man in allen Teilen des nordamerikanischen Kontinents, von der Arktis bis hin zu Florida und Texas. Die eingeborenen Völker der USA benutzten in den alten Tagen alle Teile des Baumes. Man benutzte die Rinde der Birke zum Schreiben, manche der wichtigsten Botschaften der traditionellen Bewohner des Landes sind auf Schriftrollen aus Birkenrinde erhalten. Der Saft des Baumes fand als Getränk und Sirup Verwendung. Man stellte aus gelbem Birkensaft und Sassafras ein Getränk her, das dem heutigen Root Beer* sehr ähnlich war. Aus der Rinde und den Blättern wurde ein Tee gemacht, der sich heilsam auf Verdauungsschwierigkeiten und Erkrankungen der Nieren und der Blase auswirkte. Aus dem Inneren der Rinde gewann man Salizylsäure, die Vorgängerin des Aspirins. Äußerlich angewandt galt Birkenrinden- oder Birkenblättertee als ausgezeichnetes Heilmittel gegen Hautprobleme und Schwellungen.

In waldreichen Gegenden legte man bei Schwitzritualen manchmal die Blätter der Birke auf die heißen Steine, um den Körper mit Hilfe ihres Dampfes zu reinigen und sich überflüssiger statischer Spannungen zu entledigen. Birkenzweige wurden auch häufig zu Ruten zusammengebunden, mit denen man sich während der Schwitzhütten-Zeremonien gegenseitig schlug, um den Kreislauf anzuregen und Giftstoffe aus dem Körper zu vertreiben.

Die Angehörigen mancher indianischer Stämme pflegten nach der Aussaat einen Birkenast hinter sich herzuziehen, um die Mikroorganismen im Boden zu aktivieren. Die Wurzeln der Birke regen auch die Tätigkeit eines Komposthaufens an, und so ist es ratsam, diesen am Fuß einer Birke anzusetzen, wenn eine zur Verfügung steht.

* Root Beer – ein Getränk aus Hefe und Kräutern

Schneegans-Menschen haben die stattliche Ausstrahlung der Birke, welche ein Wissen um alte Traditionen und längst verlorene Weisheiten andeutet. Wenn Schneegans-Menschen ihre Energien ungehindert fließen lassen, werden sie von den universellen Quellen des Lebens, mit denen sie in Verbindung stehen können, oftmals Informationen über solche Traditionen und Weisheiten zugespielt bekommen. Schneegans-Menschen fühlen sich aufgrund dieser natürlichen Veranlagung stark zu Traditionen hingezogen. Obgleich sie wissen, daß Veränderungen notwendig sind, verlangen sie doch, daß diese in ordnungsgemäßer Reihenfolge stattfinden und somit den Traditionen und Weisen vergangener Tage gerecht werden. Hat sich eine Tradition, ob nun ein religiöses Ritual oder ein Familienbrauch, einmal als fester Bestandteil ihres Lebens eingespielt, so tun sie sich erheblich schwer, wieder davon loszukommen. Sie fühlen sich mehr als Menschen anderer Zeichen den Traditionen und Ritualen verbunden und haben einen ausgeprägten Sinn für die Bereicherung, die diese dem Gefüge menschlichen Lebens bescheren können. Schneegans-Menschen sind oft, ähnlich den Schriftrollen aus Birkenrinde, menschliche Werkzeuge, um wichtige Botschaften aus der Vergangenheit in unsere heutige Zeit hinüberzuretten.

Schneegans-Menschen können die Birke im eigentlichen und übertragenen Sinn für sich benützen, um sich von Giftstoffen zu befreien, die ihren natürlichen Energiefluß blockieren. Da Schneegans-Menschen die Fähigkeit besitzen, die Dinge klar zu erkennen, befinden sie sich oft in Positionen, in denen sie anderen mit Rat und Tat zur Seite stehen. Wenn sie dies tun, müssen sie sich jedoch erst einmal versichern, daß sie selbst in einer so klaren Verfassung sind, daß sie die Dinge, die sie sehen, ohne ihre eigenen Vorurteile und Vorbehalte an sich herankommen lassen können. Diese Menschen besitzen die gleiche Fähigkeit wie die Birke, die Atmosphäre von unnötigen statischen Schwingungen zu befreien – Voraussetzung dafür ist es jedoch, daß sie selbst nach einer inneren Klarheit trachten, in der ihre Energien frei und unbelastet durch sie hindurchfließen können.

Ein Tee aus Birkenrinde oder -blättern kann für Menschen dieses Totems sehr heilsam sein, da sie zu Erkrankungen des Verdauungsapparates neigen. Birkenblätter oder -zweige können Schneegans-Menschen behilflich sein, in der Erlernung des Schwitzhütten-Rituals bei guter körperlicher Verfassung zu bleiben, besonders wenn sie unter Gliederschmerzen oder Schwellungen leiden – was wiederum besonders für die Knie gilt, da Schneegans-Menschen dazu neigen, Kniebeschwerden zu haben, wenn sie sich über einen zu langen Zeitraum hinweg in einer inneren Disharmonie befinden.

Die Menschen, die diesem Totem angehören, können von der Schneegans vieles über ihr eigenes Wesen erfahren, da die Angehörigen des Tierreiches den Menschen sehr nahestehen. Die Schneegans ist ein wundervoll anzusehender weißer Vogel mit schwarzen Flügelspitzen. Die alte wissenschaftliche Bezeichnung für die Schneegans war »*Chen Hyperborea*«, was soviel heißt wie »Gans, die von jenseits des Nordwindes kommt«. Man gab der Schneegans diesen Namen, da man nicht wußte, wohin die Gänse ziehen, wenn sie uns im Frühjahr verlassen. Der Schnee regelt zu einem Großteil das Leben dieser Tiere. Sie ziehen zu ihren Nistplätzen weiter, sobald die Schneeschmelze im Frühjahr einsetzt, und kehren erst dann wieder zurück, wenn im Herbst der erste Schnee fällt.

Manche Arten ziehen jährlich 5000 Meilen von ihren Nistplätzen in der kanadischen Subarktis zum Golf von Mexiko und wieder zurück. Der Zug findet sich in einer losen V-Formation zusammen, der gewöhnlich ein ausgewachsenes weibliches Tier voranfliegt. Auf diese Weise schneidet jede Gans für die nachfolgende eine Luftschneise und fliegt ihr etwas seitlich voraus, wodurch die Sicht eines jeden Tieres gesichert wird. Schneegänse sind sehr gesellige Vögel. Wenn sie sich auf ihren Zuglinien befinden, kann man häufig erleben, wie 20- bis 30tausend Tiere sich am gleichen Platz niederlassen, um eine gemeinsame Mahlzeit einzunehmen. An ihren Nistplätzen angelangt, beweisen sie ihren ausgeprägten Sinn für Tradition, indem sie den erfahreneren, älteren Vögeln die erste Platzwahl überlassen und darauf achten, daß zwischen den Nestern ein Abstand von etwa 6 Metern eingehalten wird. Sie sind ausgesprochen fürsorgliche Eltern, die ihre Eier stets mit Moos und Gras vor Kälte schützen. Sowohl Gans wie Ganter bleiben während der Brutzeit bei den Eiern. Die jungen Gänse besitzen einen sogenannten Eierzahn, mit dem sie das Ei durchstoßen, um ausschlüpfen zu können – ein Vorgang, der etwa 24 Stunden beansprucht. Als erstes sprengen sie das Ei, um durch den so entstandenen Sprung in der Schale atmen zu können. Am darauffolgenden Tag schlüpfen sie dann mit viel Energie und Kraftaufwand schließlich aus. Die Eltern bleiben während der Hauptwachstumsperiode der jungen Gänse mit ihrem Nachwuchs zusammen. Nachdem die Jungbrut ausgeschlüpft ist, wechseln die Eltern ihr altes Federkleid, was zur Folge hat, daß sie drei bis vier Wochen nicht in der Lage sind auszufliegen. Die jungen Gänse können, sobald ihre sich relativ langsam entwickelnden Flügel mit etwa sechs Wochen die richtige Größe errreicht haben, fliegen.

Wer jemals mit Hausgänsen zu tun gehabt hat, weiß auch schon eine ganze Menge über die Gewohnheiten von Schneegänsen. Diese Vögel verbringen oft Stunden damit, sich gegenseitig Mücken und anderes Ungeziefer aus dem Gefieder zu picken. Sie besitzen einen Zupfinstinkt, der dann zutage tritt, wenn sie Nahrung, Fleisch oder sonstiges zu fassen bekommen. Dieser Instinkt ist es, der für jenes Kneifen verantwortlich ist, das man einmal von einer Gans erhalten haben mag. Gänse können weitaus besser sehen als

Menschen, was natürlich ein Vorteil ist für das Suchen von Insekteneiern sowie auf ihrer jährlichen Wanderschaft. Die Schneegans macht sich gewöhnlich mit einem Schrei bemerkbar, der an eine Hupe erinnert, wenn jedoch einige tausend hupender Gänse im Anzug sind, könnte man sie ebensogut mit einem Rudel wilder Hunde oder bellender Kojoten verwechseln.

Schneegänse hinterlassen aufgrund ihrer Schönheit, ihrer Präzision und ihrer Geräusche einen tiefen Eindruck auf Menschen, wenn sie am Himmel vorbeiziehen. Was uns jedoch wohl am meisten beschäftigen mag, ist die Frage nach dem Ziel ihrer Reise und ihrer Fähigkeit, unfehlbar dort anzukommen. So mancher rastlose Landbewohner kann seinen Zustand innerer Unruhe darauf zurückführen, daß er seine Phantasie allzu oft mit dem Zug jener herrlichen Vögel mitfliegen ließ.

Schneegans-Menschen besitzen wie ihr Totem die geistige Fähigkeit, zu schweben und weite Strecken hinter sich zu bringen. Das ist mit ein Grund, warum sie in der Lage sind, so viel Kraft in sich anzusammeln, wie es für gewöhnlich der Fall ist. Da sie dem Klan der Schildkröten angehören, sind sie stets mit der materiellen Welt verwachsen, bleiben jedoch geistig in der Lage, in ferne Bereiche, jenseits von Waboose, der Hüterin des Nordwindes, vorzudringen.

Schneegans-Menschen werden unter dem 1. Mond von Waboose, dem Mond der Erderneuerung, geboren, und so kommt es, daß ihr Leben wie das der Gänse vom Schnee bestimmt wird. Die Zeit, die im Zeichen von Waboose steht, befähigt sie, sich selbst zu erneuern, indem sie ihren Geist fliegen und ihren Körper gleichzeitig in Ruhe verharren lassen können.

Diese Menschen haben ebenso wie die Gans Achtung vor Traditionen und erkennen bereitwillig jegliche Autorität an. Sie werden, selbst wenn sie in geistiges Neuland vorzudringen versuchen, stets darauf bedacht sein, ein tadelloses

Benehmen an den Tag zu legen, das in Traditionen eingebettet ist und jeder sich über ihm befindenden Autorität Achtung erweist. Schneegans-Menschen sind wie ihr Totem überaus gesellige Wesen, die die Gesellschaft anderer aufrichtig schätzen. Aufgrund ihres zurückhaltenden Wesens verhalten sie sich jedoch auch in Gesellschaft anderer so unauffällig, daß man ihre Anwesenheit oft übersieht. In Gesellschaft tendieren sie zu angenehmer, jedoch nichtssagender Plauderei und sagen stets genau das Richtige, ohne jemals Einblick in ihr Innerstes zu gewähren. Es ist äußerst schwierig, ihren Panzer von Zurückhaltung zu durchbrechen, um in die Bereiche ihres wirklichen Ichs vorzudringen. Da sie von Grund auf sehr anspruchsvoll sind, wählen sie sorgfältig aus, wem sie Einlaß gewähren und wem nicht.

Schneegans-Menschen sind umsichtige Eltern, die stets um die Sicherheit, das Wohlergehen und die Anpassungsfähigkeit ihrer Kinder an die momentanen Gepflogenheiten und die von den Eltern vertretenen Anschauungen besorgt sind. Schneegans-Menschen sehen es gerne, wenn ihr Zuhause und ihre Kinder gut durchorganisiert sind, und der Alltag so perfekt und problemlos wie möglich abläuft. Als Eltern erwarten sie von ihren Kindern wortlosen Gehorsam und die absolute Anerkennung ihrer Autorität und neigen zur Anwendung strenger Strafmaßnahmen, wenn sie erzürnt worden sind. Sie sind aufgrund ihrer äußeren Reserviertheit ihren Kindern gegenüber nicht sehr überschwenglich und erwarten stattdessen, daß diese ihre Liebe durch den reibungslosen Ablauf ihres täglichen Lebens, den sie bemüht sind, ihnen zu gewähren, spüren. Oftmals verlangen sie aufgrund ihres ausgeprägten Sinnes für Traditionen und Pflichtbewußtsein von ihren Kindern mehr, als diese zu erfüllen vermögen.

Schneegans-Kinder sind manchmal im Verlauf ihrer ersten Lebensspanne äußerst ruhig und zurückhaltend. Sie scheinen gerade das notwendigste, was das Leben ihnen abverlangt, erfüllen zu können, jedoch nichts, was darüber hinausgeht. An irgendeinem Punkt ihres Lebens – und dies erinnert an das Verhalten des jungen Gänschens – entscheiden sie sich jedoch dazu, die selbstauferlegte Schale zu durchstoßen, und brechen schließlich mit unerwarteter Energie ins Freie, um von nun an stets einen Platz in der vordersten Reihe für sich zu beanspruchen. Der Zeitpunkt, zu dem dieser Durchbruch stattfindet, ist natürlich von Kind zu Kind verschieden.

Der Drang, im Mittelpunkt zu stehen, begleitet Schneegans-Menschen von nun an durch ihr ganzes Leben, obgleich sie sich nach wie vor so häufig hinter jenem Vorhang von Reserviertheit verstecken, daß sie oftmals geradezu übersehen werden. Sobald Schneegans-Menschen jedoch das Gefühl bekommen, daß sie die ihnen innewohnende Kraft handhaben und selbstbewußt auftreten können, werden sie sich oft im Mittelpunkt des Geschehens wiederfinden, wo sie ihre innere Klarheit mit jenen teilen, die ein offenes Ohr dafür zeigen. Wenn Schneegans-Menschen zu ihrem inneren Gleichgewicht vorgedrungen sind, besitzen sie vieles, was sie mit anderen teilen können, und sind in der Lage, eine Vielzahl von verschiedenen Arbeiten und Aufgaben gründlich und gut zu erledigen.

Menschen dieses Totems sind wie die Schneegänse, die jede winzige Insektenlarve entdecken, geradezu pedantisch veranlagt. Da sie sich nach einer allzu vollkommenen Ordnung sehnen, empfinden sie schon die geringste Kleinigkeit in ihrer Umgebung oder an ihren Mitmenschen, die dieser Ordnung nicht entspricht, als äußerst störend. Sie können Stunden damit verbringen, ihren Freunden einzureden, wie sie sich charakterlich zum Besseren hin verändern und beständiger werden können. Sie entsprechen genau jenem Typ Mensch, der zu Besuch kommt, mit prüfendem Finger über die Kommode fährt, die vollen Aschenbecher ausleert und welke Topfpflanzen gießt. Damit beabsichtigen sie natürlich nicht im geringsten, den Haushalt zu beanstanden, sie können es nur nicht ertragen, von Dingen umgeben zu sein, die ihren Maßstäben von Ordnung nicht entsprechen.

Wenn sich Schneegans-Menschen in einer inneren Disharmonie befinden, zeigt sich auch bei ihnen jener Zupfinstinkt, der für die Gänse so typisch ist. Sie springen auf die leiseste Andeutung von Provokation schnellstens an und versuchen, ihren Mitmenschen häufig den Teppich unter den Füßen wegzuziehen. Wenn sie schlecht gelaunt sind, neigen sie zu Eifersucht, übertriebener Skepsis, Überheblichkeit, Arroganz und Manipulation. Sie verfangen sich leicht in ihrer eigenen Traurigkeit und versuchen, jeden, den sie kennen, mit hineinzuziehen. Da sie zu geistigen Höhenflügen befähigt sind und ungeahnte Kräfte in ihnen aufsteigen können, sind sie Meister der Manipulation, wenn sie sich etwas in den Kopf gesetzt haben. Die Ausdauer des Schildkrötenklans ermöglicht es ihnen, langwierige Rachefeldzüge gegen jene, von denen sie sich mißachtet fühlen, zu führen. Sie sind ohne Zweifel in der Lage, jenen, von denen sie sich beleidigt oder anderweitig verletzt fühlen, übel mitzuspielen. Diese Taktik können sie unerwartet lange aufrechterhalten und dabei jenen, die ihnen nahestehen oder auch nur versehentlich ihren Weg kreuzen, große Schmerzen zufügen. Manche Schneegans-Menschen sind darin so ausdauernd, daß ihre eigene Kraft sich im Versuch, sie auf den rechten Pfad wieder zurückzuführen, gegen sie wendet. In solchen Momenten sind sie sehr anfällig für Störungen des Verdauungsapparates sowie für Arthritis und Rheuma, besonders im Bereich der Knie.

Aufgrund der Wesenszüge, die ihre Zugehörigkeit zum Schildkrötenklan bedingen – Ausdauer, die an Sturheit grenzt, und eine Angst vor allem Neuen, was sich nicht in einem langsamen Veränderungsprozeß ankündigt –, und der Hartnäckigkeit, die ihrem Wesen anhaftet, fällt es

Schneegans-Menschen äußerst schwer, umzukehren, wenn sie einmal auf einen Kurs der inneren Disharmonie geraten sind. Für gewöhnlich bedarf es der Herausforderung ihrer eigenen Kraft oder der Hilfe von jemandem, der ebenso kraftvoll ist wie sie, um aus diesem Teufelskreis herauszukommen. Wenn sie jedoch lernen können, sich zu öffnen, nach außen zu treten, ja leichtsinnig zu sein, haben sie oftmals schon den ersten Schritt zur Wiedererlangung ihres seelischen Gleichgewichts getan.

Die Farbe der Schneegans-Menschen ist das Weiß des Schnees, jener magischen Erscheinungsform, in der das Wasser auf die Erde niederschwebt. Keine Flocke gleicht der anderen, und zusammen lassen sie alles frisch, glänzend, sauber und neu erscheinen. Weiß ist die Summe aller Farben, was soviel heißt, daß es in sich alle anderen Farben des Spektrums birgt. Weiß wird als die Farbe der Reinheit, der Harmonie aller Farben betrachtet. Ebenso heißt es, daß Weiß die Farbe der Vollkommenheit, der Erleuchtung und der Evolution ist. Viele Menschen benutzen Weiß, um sich vor unreinen und negativen Schwingungen zu schützen.

Die Farbe Weiß symbolisiert die höchste Entwicklungsstufe, nach der Menschen dieses Totems streben können. Sie können mit ihrer Kraft und ihrem angeborenen Drang nach Vollkommenheit in hohe geistige Sphären aufsteigen, wenn sie lernen, die Energien, die ihnen zu eigen sind, im Gleichgewicht zu halten. Ebenso können sie geistige Reinheit erlangen.

Dies ist auch eines der wichtigsten Dinge, die Menschen auf ihrer Wanderung um das Medizinrad in diesem Zeichen erlernen können. Hier angelangt können sie alle Energien, die sie auf ihrer Reise angesammelt haben, in Einklang miteinander bringen, um sich somit selbst zu erneuern. Hier können sie die geistige Reinheit erlangen, die ihnen ermöglicht, so große Schritte wie möglich auf dem Pfad ihrer menschlichen Entwicklung zu machen.

Der Mond, der das Wesen und Leben dieser Menschen beeinflußt, ist der Mond der Erderneuerung, der Mond der Wintersonnenwende und der 1. Mond des Jahres. Es ist der Mond, der die Menschen – wie auch alle anderen Kinder der Erdmutter – in die Zeit der Rast und Erneuerung einführt. Als solcher verursacht er natürlich nicht so große emotionale Aktivitäten wie andere Monde des Jahres, was sich wiederum in der Reserviertheit dieser Menschen ausdrückt. Der Mond, der in diesem Zeichen der Rast und Erneuerung steht, läßt aufgrund seiner Wesenheit wenige sichtbare Emotionen aufkommen. Es ist vielmehr ein Mond, der den Menschen bedeutet, sich in die Ruhe ihrer innersten Seele zurückzuziehen, die Geschehnisse des vergangenen Jahres noch einmal rückblickend zu überdenken und sich innerlich wie äußerlich auf das kommende Jahr vorzubereiten.

Schneegans-Menschen ergänzen sich mit Specht-Menschen und kommen am besten mit jenen Menschen aus, die ebenso wie sie dem Schildkrötenklan angehören – dies sind Biber- und Braunbär-Menschen – sowie mit den Angehörigen des Forschklans, Puma- und Schlangen-Menschen. Wenn sie sich jedoch in einem Zustand innerer Ausgewogenheit befinden, sind sie durchaus in der Lage, mit Menschen aller Zeichen zu harmonieren.

Mond der Rast und Reinigung

20. Januar – 18. Februar

Mond der Rast und Reinigung

(Otter) 20. Januar – 18. Februar

Jene Menschen, die während des 2. Mondes des Jahres, des Mondes der Rast und Reinigung geboren sind, haben den Otter als Totem im Tierreich, die Zitterpappel als Totem im Pflanzenreich und das Silber als Totem im Reich der Mineralien. Ihre Farbe ist silber, und sie gehören dem Elementeklan der Schmetterlinge an. Das Geburtsdatum dieser Menschen befindet sich nach dem Medizinrad zwischen dem 20. Januar und dem 18. Februar

Menschen dieses Totems werden wie ihr Mineral, das Silber, von allen, die sie kennen, hochgeschätzt. Silber scheint seit jeher eines der zwei begehrtesten Metalle zu sein, die man auf der Welt kennt. Silber wurde aufgrund seiner Geschmeidigkeit, seiner Schönheit und seines Glanzes seit frühester Zeit als eines der wertvollsten Mineralien betrachtet. Es gibt Berichte, aus denen zu ersehen ist, daß es schon in der frühen Inka-Periode wie auch in den Frühzeiten anderer Kulturen Silberminen gegeben hat. Dem Silber wurde jedoch vor Ankunft der Spanier auf dem amerikanischen Kontinent kein besonderer Wert zugeschrieben.

Silber wurde über Jahrhunderte hinweg als Maßstab materiellen Reichtums gewertet. Es ist einer der gebräuchlichsten Grundstoffe für Münzen, Schmuck und das Tafelgeschirr der Haushaltungen, die sich ein solches leisten konnten. Die alten Adelsgeschlechter ließen ihren Schmuck und Kronen aus Silber anfertigen. In der Kirche wurden die Kelche, die im Heiligen Abendmahl Verwendung fanden, aus diesem edlen Material geschmiedet, während die Reichen ihre Spiegel damit hinterlegen ließen.

Otter-Menschen sind wie ihr Mineral geschätzte und begehrte Zeitgenossen und geben gute Freunde und interessante Weggefährten ab. Sie sind wie das Silber sehr geschmeidig und können sich mit Leichtigkeit allen Situationen anpassen. Sie scheinen aufgrund ihrer Menschenliebe einen gewissen Glanz zu haben, der ihnen ungeachtet ihrer physischen Merkmale äußerliche Schönheit verleiht.

Der Farbe Silber werden vielerlei magische Eigenschaften zugeschrieben. Es heißt, daß es eine Silberkordel ist, die Seele und Körper zusammenhält. Manche Religionen glauben, daß sich über einem Firmament aus Gold eines aus Silber erstreckt und daß letzteres die höchsten Schwingungen der Liebe symbolisiert. Silber ist die Farbe, die mit Großmutter Mond in Verbindung gebracht wird, da uns der Mond vom nächtlichen Himmel silbern entgegenstrahlt. Aufgrund dieser Assoziation glaubt man, daß Silber in der Lage ist, die Kräfte des Mondes, die Kräfte der Wahrnehmung, der Intuition und des richtigen Gefühlsflusses zu verstärken.

Otter-Menschen sagt man nach, daß sie Anlagen zu bestimmten magischen Fähigkeiten in sich tragen. Sie sind für gewöhnlich sehr intuitive Menschen, die stets bemüht sind, hinter dem Augenscheinlichen das zu sehen, was sein könnte, wenn andere sich ihrem eigenen, höheren Wesen öffnen könnten. Wenn sie gelernt haben, ihre eigenen Energien richtig zu gebrauchen, sind sie in der Lage, reine spirituelle Kräfte durch sich fließen zu lassen.

Durch ihre Verbindung mit dem Mond besitzen Otter-Menschen die Fähigkeit zur tiefen Emotionalität, obgleich sie dies manchmal zu verbergen wissen. Sie empfinden tief und sind doch manchmal nicht in der Lage, anderen Menschen ihre innersten Gefühle zu offenbaren. Nicht, daß sie reserviert wären, sie ziehen es vielmehr vor, den Dingen an sich eine leichtere Note zu geben und andere nicht mit den Tiefen ihrer Emotionalität zu behelligen. Manche Otter-Menschen versuchen diesen emotionalen Tiefgang durch intellektuelle Diskussionen aufzufangen. Solche Menschen lieben es, sich in tiefen, eindringlichen, ja sogar hitzigen Diskussionen über jegliche Lebensanschauung zu verspinnen, die gerade im Mittelpunkt der Aufmerksamkeit steht. In solchen Diskussionen setzen sie den ganzen Umfang ihrer erhöhten Wahrnehmung und Intuition ein, den ihnen ihre Verbindung zum Mond gewährt, um andere von ihrer Denkweise zu überzeugen. Es ist äußerst schwierig, einem Otter-Menschen in einer solchen Diskussion zu widerstehen. Otter-Menschen benutzen ihre emotionalen Tiefen, um eine große Vielzahl von Liebesbeziehungen anzustreben, was ihnen auch aufgrund der Intensität ihrer Gefühle und ihres anziehenden Wesens mit Leichtigkeit gelingt. So schwierig es ist, sich in einer Diskussion gegen einen Otter-Menschen zu behaupten, so schwierig ist es auch, ihm auf romantischer Ebene zu widerstehen.

Der Mond dieses Totems ist der Mond der Rast und Reinigung.

Es ist der mittlere Mond von Waboose, der Zeit der Rast und Erneuerung. Dieser Mond folgt dem Mond der Erneuerung, wenn die Sonne wieder nach Norden wandert und der Erde und ihren Kindern noch eine weitere Phase der Ruhe gewährt, bevor die Jahreszeiten einsetzen, die alle Dinge wieder zum Wachstum anregen. Dieser Mond führt einen Zeitabschnitt herbei, in dem Menschen, die sich selbst beobachtet und erneuert haben, sich physisch, geistig und emotional reinigen können, um sich auf die kommenden Tage vorzubereiten, in denen der Rhythmus der entsprechenden Jahreszeit wenig Raum für Ruhe und Muße läßt.

Das Pflanzen-Totem der Otter-Menschen ist die Zitterpappel, die auch als Weißpappel oder amerikanische Espe bezeichnet wird. Zitterpappeln wachsen im gesamten Gebiet der USA und Kanada von Meereshöhe bis hin zur Baumgrenze. Ihre Rinde ist silbrigbraun, während ihre Blätter dunkelgrün mit einem silbernen Schimmer sind. Wenn eine sanfte Sommerbrise durch die Blätter der Pappel fährt, erinnert dies an das Klingeln winziger Glocken. Dieses leise Erzittern der Blätter ist es, was dieser Pappelart ihren Namen gegeben hat. Die Blüten der Pappel sind kleine Kätzchen, einzellige Kapseln, die eine Vielzahl von kleinen Samen haben, denen ein langes Büschel seidiger Härchen anhängt, was ihre Verteilung durch den Wind begünstigt. Die Blüten eines einzelnen Baumes sind eingeschlechtlich. Die Knospe des Baumes wird »Balsam des Gilead« genannt.

Nach Auskünften von indianischen Kräuterkundigen besaßen Blätter, Rinde und Knospen des Baumes ursprünglich medizinische Eigenschaften als anregendes und harntreibendes Mittel. Ein Tee aus Blättern und Rinde wird oft als bitteres Tonikum gegen Störungen der Leberfunktion und des Verdauungsapparates benutzt. Auch findet er häufig als Beruhigungsmittel für hysterische Erregungszustände und Schwächeanfälle Verwendung und wurde zur Bekämpfung von Heufieber eingesetzt. Amerikanische Indianer reinigten mit Hilfe der Zitterpappel ihren Körper während der Frühjahrs-Fast von den Giften, die sich im Laufe des Winters darin angesammelt hatten.

Äußerlich angewandt wird der Tee als Tonikum und Stärkungsmittel betrachtet, wenn er wöchentlich benutzt wird, und bei täglicher Benutzung zur Heilung von ernsthafteren Hauterkrankungen wie Ekzemen und Geschwüren sowie von Verbrennungen. Manche Stämme benutzten das Pulver, das sie von der Rinde kratzten, als Körperpuder und das, was sie aus dem Inneren der Rinde schürften, zur Behandlung von Grauem Star.

Ihr Pflanzen-Totem kann den Otter-Menschen helfen, die Botschaften, die ihnen auf eine sanfte und harmonische Weise zukommen, weiterzugeben, so wie es auch die Blätter des Baumes tun, wenn sie ihr Lied leise erklingen lassen. Es kann ihnen ebenso helfen zu erkennen, daß sie die Fähigkeit besitzen, sich mit allen Winden zu neigen, sie durch sich hindurch oder über sich hinweg sausen zu lassen, ohne jemals daran zu zerbrechen. Otter-Menschen sind von Natur aus biegsam und können von ihrem Baum lernen, wie wichtig es ist, diese Eigenschaft beizubehalten, wenn ihre eigenen Energien weiterhin gut und offen fließen sollen.

Ein Tee aus Blättern und Rinde der Zitterpappel kann Otter-Menschen helfen, von der Intensität, die ihren Körper so manches Mal beherrscht, zu entspannen und ihre inneren Organe bei guter Gesundheit zu halten, damit diese nicht jenen Vergiftungserscheinungen zum Opfer fallen, die sich für gewöhnlich in den Füßen und Knöcheln dieser Menschen festsetzen. Wenn ihre Energien ungehindert fließen können, sind Otter-Menschen in der Regel von guter gesundheitlicher Verfassung, wenn sie diesen Energiefluß jedoch blockieren – besonders den Fluß der Emotionen –, können sie an einer Vielzahl von körperlichen Verstimmungen erkranken: Heufieber, Asthma und Bronchitis. Die Zitterpappel kann jedoch dazu beitragen, diese Vielfalt von Unannehmlichkeiten zu verhindern.

Der Otter selbst wird von vielen Naturkundigen als eines der liebenswürdigsten und verspieltesten Tiere der Wildnis betrachtet. Es gibt in den USA zwei Otterarten – den Fluß- und den Seeotter. Der Seeotter war zu Beginn dieses Jahrhunderts fast ausgestorben, da sein schönes und strapazierbares Fell so begehrt war, daß es Preise bis zu $ 2000 pro Fell erzielte, und er von Jägern aufgrund dessen fast ausgerottet wurde. Vor dieser Zeit war der Seeotter ein äußerst zutrauliches Tier, das gerne und ausgiebig am Meeresstrand umhertollte. Auf diese Weise boten sie den Jägern natürlich eine leichte Beute, die diese einfach mit Knüppeln totschlugen. Inzwischen verbringt der Seeotter, der in den USA nur noch vereinzelt an der Nordküste Kaliforniens zu finden ist, die meiste Zeit seines Lebens im Meer. Er ißt, schläft, sonnt sich, spielt, gebärt und zieht seinen Nachwuchs fast ausschließlich im Wasser auf. Diese Otternart hat ein glänzendes, dunkelbraunes Fell, das mit einzelnen silbernen Haaren durchwirkt und äußerst dicht und fein ist. Die ausgewachsenen Tiere haben ein hellbraunes Gesicht mit weißen Schnurrhaaren. Wie alle Otternarten haben auch sie Schwimmhäute zwischen den Zehen. Wie die Robbe fühlt sich auch der Seeotter im Wasser so gut wie zu Hause und hält sich gewöhnlich an felsigen Küstenstreifen auf, wo er in deren reichhaltig angeschwemmten Betten aus Seetang ruht, spielt und die Jungen gebären kann.

Otter werden zwischen 1 und 1,5 Meter lang und zwischen 35 bis 70 Pfund schwer, wobei Seeotter etwas größer werden als Flußotter. Die Otter gehören zur Familie der Marder, obgleich sie so rücksichtsvolle Tiere sind, daß manche Menschen diese Zuordnung als ungerechtfertigt empfinden. Der Flußotter hat ein schokoladenbraunes Fell mit hellgrauen Bauch- und Halspartien. Der Flußotter braucht ebenso wie sein Bruder der Meere das Wasser zum Leben. Man findet ihn in den meisten größeren Seen, Sümpfen und Flüssen der westlichen USA und in vielen anderen Ländern der Welt. Sie nisten sich meistens in den vergrößerten Schlupflöchern von Wasserratten oder anderen Löchern, die sich ihnen am Flußufer anbieten, ein. Zu ihrem Bau führen sowohl Gänge, die unter der Wasseroberfläche liegen, wie auch solche vom Land her. Manche Otter bauen sich Unterschlüpfe aus Rohr oder Binsen, die indianischen Wigwams gleichen.

Alle Otter besitzen aufgrund ihres schnellen Stoffwechsels einen geradezu unersättlichen Appetit. Sie ernähren sich von Fischen, Schalentieren, Insekten, Enten und Nagetieren. Sie sind in der Lage, den Panzer von Schalentieren mit Hilfe von Steinen zu öffnen, was sie als eine der wenigen Tierarten auszeichnet, die sich den Umgang mit Werkzeugen angeeignet haben. Otter besitzen ein reichhaltiges Vokabular, welches sich aus Schnattern, Schreien, Quietschen, einem schluckauf-artigen Geräusch, Kichern und Zischen zusammensetzt. Manche ihrer Laute können über eine Entfernung von über eine Meile noch gehört werden.

Der Otter wird als einer der würdevollsten, neugierigsten und verspieltesten Vertreter der Wildtiere betrachtet. Wenn er nicht gerade mit Essen, Jagen oder Sonnenbaden beschäftigt ist, spielt er. Otter bauen sich am Flußufer Rutschbahnen, auf denen sie wie Kinder ins Wasser rutschen. Diese werden im Sommer aus Schlamm und im Winter aus Schnee gebaut. Im Wasser schwimmen die Otter in Gruppen und bewegen sich wie Delphine. Sie spielen »follow the leader«*, wobei sie immer wieder aus dem Wasser auftauchen, um sofort wieder unterzutauchen, und es ist durchaus denkbar, daß spielende Otter der Ursprung vieler Legenden um Seeschlangen im Meer wie auch in Seen sind.

Indianische Völker haben die Kraft dieser Tiere erkannt und geachtet. In der Midewiwin oder großen Medizingesellschaft der Ojibwa werden die meisten Medizinbeutel aus der Haut eines Otters angefertigt. Diesen Beuteln wurden große Kräfte zugeschrieben.

Manche Naturwissenschaftler haben die Frage nach dem Grund der Andersartigkeit der Otter innerhalb der Marderfamilie mit der Vermutung beantwortet, daß die Ottern sich vielleicht verpflichtet gefühlt haben, das Ansehen der Marder durch ihr gutes Beispiel wiederherzustellen. Und in den Augen mancher Menschen haben sie dies sicherlich getan.

---

* »follow the leader«: »Folgt dem Anführer« – amerikanisches Kinderspiel, bei dem alle Beteiligten sich an der Hand fassen und vom ersten, dem Anführer, in wilden Schleifen und Kurven hinter sich her gezogen werden.

Otter führen ein gemütliches und aktives Familienleben, innerhalb dessen beide Elternteile an der Erziehung der Kinder beteiligt sind. Der Otter-Nachwuchs bleibt länger im Schoße der Familie, als dies bei den meisten anderen wildlebenden Tieren der Fall ist. Otter sind spielerische und stets um den anderen bemühte Partner. Wenn ein Otter stirbt, wird dessen Partner seinen Tod über Monate hinweg betrauern.

Da der Otter das Tier-Totem der Menschen ist, die im Zeichen des Mondes der Rast und Reinigung geboren sind, ist es leicht einsehbar, daß sie so begehrte Lebensgefährten sind. Sie sind wie ihr Totem klug, mutig, verspielt, hilfsbereit und sanftmütig. Sie besitzen einen großen Sprachschatz und können mit Worten und Philosophien so spielerisch umgehen wie mit anderen Dingen auch.

Menschen dieses Totems haben auch in einer anderen wesentlichen Hinsicht Ähnlichkeiten mit dem Otter: Sie scheinen es als ihre Aufgabe zu betrachten, anderen Menschen in den Augen der Welt zu einem guten Ansehen zu verhelfen. Sie sind visionär und humanitär veranlagt und verbringen häufig einen Großteil ihrer Zeit damit, ihren Mitmenschen hilfreich beizustehen. Sie genießen es sogar, anderen Menschen dienen zu können und von neuen Wegen zu träumen, auf denen sie ihre Hilfe anbieten können. Sie haben aufgrund ihres scharfsichtigen und intuitiven Wesens eine glückliche Hand bei der Suche nach Möglichkeiten, anderen Menschen zu helfen.

Wirft man einen näheren Blick auf karitative oder alternative Einrichtungen, so wird man feststellen, daß sie häufig gerade von Otter-Menschen ins Leben gerufen worden sind. Das Bedürfnis, anderen zu dienen und sich nützlich zu erweisen, ist einer der überragenden Wesenszüge der Otter-Menschen, und wenn sie keine Möglichkeit gefunden haben, dieses Bedürfnis auf größerer Ebene auszuleben, so doch zumindest im persönlichen Bereich.

Wenn man mit einem Otter-Menschen befreundet ist und einmal eines einfühlsamen Zuhörers, einer helfenden Hand, ja selbst einer finanziellen Leihgabe bedarf, wird dieser stets zur Stelle sein, um so viel zu geben, wie er nur zu geben vermag. Gleichzeitig sind sie jedoch auch praktisch veranlagte Menschen, die, wenn ihnen das erbetene Darlehen wenig sinnvoll erscheint, zunächst versuchen werden, dies deutlich zu machen. Gelingt ihnen dies jedoch nicht, werden sie selbstverständlich bereit sein, das Geld dennoch zur Verfügung zu stellen, obgleich sie von dem Erfolg der Sache nicht überzeugt sind. Sie werden geduldig darauf warten, bis man schließlich das höhere Wissen ihrer Intuition erkennt. Diese Menschen sind dank ihrer erhöhten Wahrnehmungsfähigkeit häufig in der Lage, sich geistig an die Stelle anderer zu versetzen und zu jeder Zeit aufrichtig deren tiefste Gefühle nachzuempfinden.

Während Otter-Menschen für gewöhnlich weichherzige, liebevolle und sanftmütige Wesen sind, sind sie doch durchaus fähig, erstaunlich heftig zu reagieren, wenn sie das Gefühl haben, daß man einen Tritt braucht, um wieder auf den rechten Pfad zurückzufinden. Wenn ihre Energie nicht völlig blockiert ist, werden sie jedoch niemals aus purer Bosheit oder Schadenfreude um sich schlagen. Es kommt äußerst selten vor, daß man auf einen rachsüchtigen Otter-Menschen trifft. Sie sind jedoch furchtlos und sehr mutig und scheuen sich nicht davor, eine unliebsame Stellung vor ihren Freunden oder Arbeitskollegen einzunehmen, wenn sie der Überzeugung sind, daß diese Position richtig ist.

Sie besitzen verborgene, oft auch offen an den Tag tretende physische Fähigkeiten, die von ihren intuitiven Anlagen herrühren. Viele Otter-Menschen treffen mit Hilfe dieser Fähigkeiten ihre alltäglichen Entscheidungen und staunen anschließend selbst über ihre Fähigkeit, die richtigen Entscheidungen zu treffen. Wenn sie sich nicht selbst die Zeit genommen haben, diese Fähigkeiten zu untersuchen und zu entwickeln, wissen sie oft nicht einmal, wo diese Kräfte herrühren. Auch die hellseherischen Fähigkeiten, die die meisten Otter-Menschen bis zu einem bestimmten Grad besitzen, auch wenn sie sich nur in der Tatsache ausdrücken, daß sie häufig kraftvolle und prophetische Träume haben, haben ihren Ursprung in diesen Kräften.

Die Hauptursache dafür, daß Otter-Menschen auf einen falschen Pfad geraten, liegt meistens darin, daß sie sich vor jenen Kräften, die in ihrem Innersten schlummern, ängstigen und versuchen, diese zu blockieren. Dies mag dann der Fall sein, wenn sie ihre intellektuellen Anlagen so stark entwickeln, daß sie den Zugang zu ihrer eigenen Intuition verlieren. Wenn dies geschieht, werden sie sehr unglückliche Menschen und fangen an, viele der positiven Eigenschaften, die sie für gewöhnlich besitzen, zu verlieren. Gleichzeitig werden sie anfällig für Verdauungsstörungen. Wenn sie sich in einer Phase der inneren Blockierung befinden, müssen sie zumindest darauf achten, ihre Anpassungsfähigkeit nicht zu verlieren, da sie sonst Gefahr laufen, sich in eben jenem Zustand zu verfangen, was den Fluß ihrer Kräfte zum Stillstand bringen würde. In einem solchen Fall fangen sie an, in den meisten Bereichen ihres Lebens falsche Entscheidungen zu treffen, und ihre Freunde und Familienangehörigen werden sich äußerst schwertun, ihnen aus diesem Teufelskreis zu helfen, da Otter-Menschen aufgrund ihres für sie typischen Verlangens, alle Dinge problemlos zu gestalten, niemals die Wurzel ihrer eigenen Probleme eingestehen werden.

Ihre Zugehörigkeit zum Klan der Schmetterlinge erhöht die meisten positiven Eigenschaften der Otter-Menschen. Da ihr eigenes verträumtes Wesen manchmal ohnehin schon von den umherschwirrenden Geistern der Lüfte beeinflußt wird, müssen Otter-Menschen darauf achten, daß sie ihren Sinn für Realität entwickeln, um sich nicht mit zu vielen

Träumen herumschlagen zu müssen, von denen keiner Wirklichkeit wird.

Diese Menschen geben wie ihr Totem gute, warmherzige, sanfte und fürsorgliche Eltern ab. Sie widmen ihren Kindern gerade so viel Aufmerksamkeit, wie diese brauchen, um sich sicher und geborgen zu fühlen, und achten gleichzeitig darauf, genügend eigenen Freiraum zu bewahren. Sie besitzen das Einfühlungs- und Wahrnehmungsvermögen, um stets zu erkennen, was ihre Kinder brauchen und wann diese Bedürfnisse echt sind. In der Regel sind sie auch in der Lage, loszulassen, wenn ihre Kinder älter werden, und ihnen den nötigen Freiraum zu gewähren, den sie brauchen, um selbständige Menschen zu werden. Sie müssen jedoch darauf achten, ihren Kindern nicht die eigenen Träume aufzubürden, wozu sie besonders dann neigen, wenn sie sich in einer Phase der emotionalen Blockierung befinden.

Als Kinder scheinen Otter-Menschen oftmals in Gedanken an fernen Orten zu verweilen, was vielleicht darauf zurückzuführen ist, daß ihre intuitive Kraft ihnen erlaubt, sich an Plätze zu erinnern, an denen sie sich in einem anderen Leben aufgehalten haben. Es bedarf manchmal jahrelanger Erfahrungen, bis Otter-Menschen jene praktische Veranlagung und Anpassungsfähigkeit gewinnen, die ihr späteres Leben bestimmen. Während dieser Entwicklungsphase ist es notwendig, sie gegen jedmöglichen Schaden zu schützen, da sie manchmal so geistesabwesend sind, daß sie mögliche Gefahren nicht wahrnehmen. Es vergehen viele Jahre, bis Otter-Menschen beherzt und angstfrei ihren Weg gehen können. In dieser Beziehung gleichen sie wiederum den kleinen Flußottern, die sich so lange vor dem Schwimmen ängstigen, bis ihre Eltern sie durch einen kühnen Stoß dazu überlisten. Haben sich Otter-Menschen einmal in den Fluß des Lebens eingefunden, verschwinden all jene Probleme, mit denen sie sich in ihrer Kindheit herumgeschlagen haben, wie von selbst.

Wenn der Mensch das Medizinrad umwandert und an dieser Position anlangt, wird er die Möglichkeit haben, jene erhöhte Wahrnehmungsfähigkeit und Intuition in seiner eigenen Wesenheit zu entdecken und zu entwickeln. Oftmals wird er dabei an bislang unberührte Quellen der Sanftmut und der aufrichtigen Anteilnahme für seine Mitmenschen stoßen. In Zeiträumen, in denen der Mensch im Zeichen des Otter-Menschen steht, ist er in der Lage, Pläne zu schmieden, wie man der Erdmutter und ihren Kindern besser dienen kann.

Während Otter-Menschen mit nahezu jedermann harmonieren können, ergänzen sie sich besonders mit Angehörigen des Stör-Totems. Am leichtesten werden sie Freundschaft mit Hirsch- und Raben-Menschen schließen, da diese ebenfalls wie sie dem Klan der Schmetterlinge angehören, sowie mit den Vertretern des Donnervogelklans, den Habicht- und Wapiti-Menschen.

Mond der Großen Winde

19. Februar – 20. März

Mond der Großen Winde

(Puma) 19. Februar – 20. März

Menschen, die während des Mondes der Großen Winde, zwischen dem 19. Februar und dem 20. März, geboren sind, haben den Puma als Totem im Tierreich, den Wegerich als Totem im Pflanzenreich und den Türkis als Totem im Reich der Mineralien. Ihre Farbe ist das Blaugrün des Türkis, und sie gehören dem Elementeklan der Frösche an.

Der Türkis ist einer der ältesten Kult- und Schatzsteine, die man kennt. Er wird in Ägypten seit mindestens 6000 Jahren vor Christus und auf dem amerikanischen Kontinent seit etwa 1000 Jahren abgebaut. Der Türkis ist eine Verbindung von wasserhaltigem Aluminiumphosphat mit Kupfer und Eisen. Seine Farbe kann von Himmelblau über Bläulichgrün bis zu einem Tiefgrün reichen. Er besitzt einen Wachsglanz und ist einer der wenigen Edelsteine, die nicht funkeln und dennoch so hochgeschätzt werden. Der Türkis wird häufig in nierenförmigen Klümpchen in Adern fast gleichartigen Gesteines gefunden, vor allem jedoch in Verbindung mit Kupfer, Eisen oder Silber. Viele Türkise sind von Äderchen oder Gesteinshüllen dieser anderen Erze durchsetzt.

Das indianische Volk bezeichnete den Türkis als »Himmelsstern«. In einer alten indianischen Legende heißt es, daß der Himmel blau sei, weil ein goldener Geister-Adler auf der Spitze eines Berges aus Türkis säße und die Farbe dessen auf den Himmel reflektiere. Man schreibt dem Türkis eine Vielzahl von Kräften zu. Früher herrschte vielerorts der Glaube, daß Menschen, die einen Türkis trugen, sich niemals einen Knochenbruch zuziehen könnten, da der Türkis, um seinen Träger zu schützen, zuerst zerbrechen würde. Aufgrund dieses Glaubens wurden das Geschirr und der Schweif von Pferden mit Türkisen geschmückt, um sie vor einem Sturz zu bewahren.

In manchen Ländern wurde der Türkis in Verlobungsringe eingearbeitet, da man glaubte, daß der Stein so lange seine blaue Farbe behalten würde, wie sich das Paar die Treue hielte, jedoch in Grün umschlagen würde, wenn einer von beiden untreu würde. Das scheint jedoch eine äußerst harte Prüfung für denjenigen gewesen zu sein, der eine etwas fettige Haut hatte, da der Türkis ein sehr poröser Stein ist, der seine Farbe bei jeder geringsten Berührung mit Hautölen oder nahezu jeder Flüssigkeit verändert.

Viele indianische Völker der USA glaubten, daß der Türkis seinen Besitzer vor Schaden oder Gefahren beschützen könne, und arbeiteten ihn aus diesem Grund in ihre Schilder ein, um feindliche Waffen abzuwehren. Der Türkis wurde sowohl in den USA wie auch in Zentral- und Südamerika vielfach in Zeremonien benutzt und zu Fetischgegenständen oder anderen Schmuck- und Nutzgegenständen verarbeitet. Die Navajo pflegten früher Türkise unter Einhaltung bestimmter Gebete als Teil ihrer Regen-Zeremonien in den Fluß zu werfen. Die Apachen glaubten, daß man Türkise am Ende eines Regenbogens finden könne. Andere Stämme befestigten einen Türkis-Kiesel an Bogen oder Pfeil, da sie glaubten, daß der Pfeil dadurch sein Ziel nicht verfehlen könne.

Puma-Menschen haben wie ihr Stein die Anlage zu vielen außergewöhnlichen Kräften. Sie besitzen eine reichhaltige natürliche Medizin, die ihnen viele Geheimnisse des Lebens und des Universums erschließen kann.

Sie können, wie der Türkis, Menschen des Himmels sein, die Einblick in viele Lebensbereiche haben, welche anderen verschlossen bleiben. Aber sie müssen auch wie ihr Stein gut geschliffen werden, um ihre richtige Farbe zeigen zu können. Die natürlichen Kräfte dieser Menschen können sich ohne die richtige Lebenserfahrung und ohne den festen Willen, an sich zu arbeiten, nicht entwickeln, sondern werden sich vielmehr gegen sie richten und sie in launische, ja melancholische Menschen verwandeln. Dies mag gerade jenen widerfahren, die die Geheimnisse des Himmels zwar vernehmen können, nicht aber erkennen, wie man eine Brücke von der Erde zum Himmel baut und sich dennoch auf der irdischen Ebene gut zurechtfindet.

Puma-Menschen besitzen oft heilende Kräfte und sind wie ihr Stein häufig Anhänger der verschiedensten Religionen und religiösen Zeremonien. Da sie dem Froschklan angehören, besitzen sie die geistige Fähigkeit, in eine Vielzahl von andersartigen Sphären abzuheben, und die meisten Puma-Menschen benutzen diese Fähigkeit, um sich die besten Dinge des Lebens zu sichern. Diese Menschen fühlen sich häufig im mystisch-magischen Bereich wohler als im diesseitigen. Aus diesem Grund ist es wichtig, daß sie darauf achten, in der Erde verwurzelt zu bleiben oder sich zumindest mit erdverbundenen Menschen zu umgeben, da sie sonst Gefahr laufen, in jene anderen Bereiche zu entschwinden, ohne in der Lage zu sein, von selbst wieder zurückzufinden.

Das Pflanzen-Totem der Puma-Menschen ist der Wegerich, eine weitverbreitete Heilpflanze. Es gibt allein 200 verschiedene Wegerich-Gewächse auf der Welt. Die Blätter aller Wegerich-Pflanzen wachsen in einer Rosette vom Fuß der Pflanze aus, sind jedoch bei manchen Arten breiter und bei manchen Arten spitz zulaufend. Sie sind dunkelgrün und haben deutlich sichtbare Längsrippen. Der Blütenschaft des Wegerich ist mattweiß und wird zwischen 15 und 20 Zentimeter groß.

Die ganze Pflanze wird als Heilkraut benutzt. Indianische Völker setzten sie sowohl äußerlich wie innerlich zu kühlenden, schmerzlindernden wie auch heilenden Zwecken ein. Der Wegerich wirkt blutreinigend, schmerzstillend und entgiftend. Als Tee oder Kompresse kann er wahre Wunder bewirken, wenn es darum geht, alte oder neue Wunden zu heilen oder Stiche und Bisse zu behandeln. Er hat, sowohl innerlich wie äußerlich angewandt, dieselben heilenden Kräfte und wurde aus diesem Grund auch dazu benutzt, um Magen- oder Darmgeschwüre, Entzündungen in diesem Bereich sowie Nieren- oder Blasenbeschwerden zu behandeln. Als Bad oder Kompresse ist er in der Lage, die meisten Formen von Schmerzen wirksam zu lindern.

Es ist ratsam, die Blätter des Wegerich in Essig zu tauchen, über Nacht trocknen zu lassen und sie auf die Füße aufzulegen, bevor man Schuhe anzieht, da Puma-Menschen äußerst anfällig sind für Bein- und Fußbeschwerden und der Wegerich, so angewandt, schmerzstillend wirkt. Die lindernde innerliche Wirkung des Wegerich kann Puma-Menschen helfen, ihre inneren Organe bei guter Gesundheit zu erhalten, wenn sie sich in einer melancholischen Gemütsverfassung befinden. In solchen Momenten sind sie anfällig für Entzündungen im Magen- und Darmbereich, was eine Folge davon ist, daß sich Puma-Menschen um allzu viele Dinge allzu große Sorgen machen. Äußerlich angewandt hilft der Wegerich, alle Formen von Hauterkrankungen, die als Folge von Streß und Kummer auftreten, zu bekämpfen.

Da der Wegerich so weit verbreitet und so stark in der Erde verwurzelt ist, kann er Puma-Menschen vieles über die eigene Notwendigkeit, seine Wurzeln in die Erde zu treiben, bevor sie hoch nach den Sternen greifen, erzählen.

Die Farbe der Puma-Menschen ist türkis. Das Blau symbolisiert sowohl den Himmel wie auch das geistige Verlangen.

Es weist auf einen sich auf der Suche befindenden, spirituell veranlagten Menschen hin, der zu selbstauferlegtem Ringen und Melancholie neigt. In seiner Reinstform symbolisiert es das idealistische, selbstlose, künstlerische und spirituelle Gefühl. Es heißt, daß die Farbe eines Menschen, der sich auf der Suche nach dem rechten Pfad befindet, blau ist.

Die Vermischung von Grün und Blau ist dem Puma-Menschen insofern behilflich, als es ihm ein Gleichgewicht zwischen Geist und Persönlichkeit, zwischen Himmel und Erde bietet. Wenn sie stets daran denken, sich sowohl mit Grün wie auch mit Blau zu umgeben, wird ihnen dies helfen, ihren Frohsinn zu behalten und ihr physisches wie psychisches Wohlergehen wiederherzustellen, wenn dieses einmal aus dem notwendigen Gleichgewicht geraten ist. Da Puma-Menschen von Grund auf spirituell veranlagte Wesen sind, bevorzugen sie in der Regel ein reines Blau, aber sie sollten dennoch die Vorteile nicht vergessen, die ihnen eine Beimischung von Grün oder das Blaugrün an sich bietet. Es ist für sie besonders dann von Vorteil, diese Farbe zu tragen oder um sich zu wissen, wenn sie heilende Arbeit leisten.

Das Tier-Totem der Menschen, die im Mond der Großen Winde geboren sind, ist der Puma – der Löwe des amerikanischen Kontinents. Unglücklicherweise wird dem amerikanischen Löwen nicht der gleiche Respekt gezollt wie seinem afrikanischen Gegenstück.

Der Puma wurde in der Vergangenheit häufig verkannt und fälschlicherweise gefürchtet, was oftmals zu seiner rücksichtslosen Vernichtung führte. Der Puma ist auch als Kuguar, Silberlöwe, Panther, Schreier und Geister-Katze bekannt. Er ist der größte Vertreter der Katzen-Familie auf dem amerikanischen Kontinent und wird für gewöhnlich zwischen 2 und 2½ Meter groß und zwischen 150 und 300 Pfund schwer. Er verliert mit dem Erwachsenwerden sein geflecktes Fell und bekommt einen gelbbraunen bis grauen Mantel mit hellen Bauchpartien. Sein Schwanz und seine buschigen Ohren sind braun oder schwarz und scheinen niemals stillzustehen. Der Puma hat ein schönes Gesicht und einen runden Kopf mit weit vorspringenden Schnurrhaaren.

Den Puma findet man heute noch in den westlichen Teilen der USA sowie in Florida, Mexiko und Kanada. Bevor sich die westliche Zivilisation auf dem nordamerikanischen Kontinent ausbreitete, konnte man ihn in allen Winkeln und Ecken der Vereinigten Staaten antreffen. Als Folge der rücksichtslosen Verfolgung durch den weißen Mann hat sich der Puma heute weitgehendst in steiles Canyon-Gebiet oder Gebirgs-Terrain zurückgezogen. Pumas richten ihren Bau in felsigen Höhlen, ausgewaschenen Löchern oder dichtem Gebüsch ein. Der Puma gilt als der beste Kletterer unter den Katzen. Wenn er verfolgt oder gejagt wird, kann er sich mit Leichtigkeit auf Bäume flüchten, obgleich er es grundsätzlich vorzieht, auf dem Boden zu bleiben. Pumas sind schnelle Läufer, jedoch für längere Strecken nicht ausdauernd genug. Ihr Revier erstreckt sich über weitflächiges, individuell abgestecktes Gebiet, und ihre sozialen Strukturen erlauben nicht, daß sich diese Gebiete überschneiden. Sie achten sorgfältig darauf, ihre Bereiche zu markieren, um fremde Pumas fernzuhalten. Der Puma hat einen heiseren, hohen Schrei, der zwar äußerst selten zu hören ist, aber sehr furchteinflößend sein kann. Für gewöhnlich sind Pumas eher lautlose Katzen, die nur dann knurren, Zähne fletschen und spucken, wenn sie in die Enge getrieben werden.

Pumas ernähren sich hauptsächlich von Rotwild, nehmen manchmal jedoch auch mit kleineren Tieren vorlieb. Sie sind leidenschaftliche Jäger, die sich oft mit ihrem Partner zusammentun, um bessere Beute zu machen. In solchen Fällen jagt ein Puma hinter der Beute her, während der andere im Gebüsch auf der Lauer sitzt. Sie erlegen nicht mehr, als sie verzehren können, und greifen nur dann Haustiere an, wenn ihre natürlichen Ernährungsquellen versiegt sind und ihnen keine andere Wahl bleibt. Der Puma ist aufgrund seiner Geschwindigkeit, Kraft und Ausdauer einer der geschicktesten Jäger der Wildnis. Geschmeidig und anmutig, wie er ist, bewegt sich der Puma in Kreisen so lautlos und geschwind durch sein Revier, daß er manchmal auch »die schleichende Katze« genannt wird. Er ist ein äußerst geduldiger Jäger, der sich häufig mehrmals anschleicht, bis er die erwünschte Position gefunden hat. Pumas harren manchmal einen ganzen Tag und eine ganze Nacht auf einem Felsen oder Ast aus, bis sie ihre Beute erfolgreich erlegt haben. Weibliche Pumas sind in der Regel geschickter als die männlichen Tiere.

Ein häßliches Gerücht, das über Pumas verbreitet wird, besagt, daß sie Jagd auf Menschen machen. Es konnte jedoch bislang kein einziger Fall nachgewiesen werden, in dem ein gesunder Puma einen Menschen angefallen hätte. Sie lieben es zwar, einem Menschen zu folgen, aber dies geschieht lediglich aufgrund der für Katzen so typischen Neugierde und nicht aus Jagdlust. Wenn sich Pumas paaren, dann ist in den meisten Fällen das weibliche Tier der aktive Teil. Sie verfolgt das Männchen ihrer Wahl und versetzt ihm etliche Prankenhiebe, um seine Aufmerksamkeit zu gewinnen. Wenn er das ihm entgegengebrachte Interesse erwidert, fechten sie einen kurzen Kampf miteinander aus, um schließlich ihre Partnerschaft zu besiegeln. Die männlichen Tiere kümmern sich in der Regel kaum um die Aufzucht der Jungen, die meistens im Frühjahr geboren werden. Ein Puma-Wurf besteht gewöhnlich aus zwei Jungen. Das Muttertier ist sehr liebevoll und bekümmert um ihren Nachwuchs und beschützt ihn gegen jeden Angreifer, sei es nun Raubtier, Jäger oder Hunde. Ein Puma könnte auf dem Boden ein ganzes Rudel Hunde erfolgreich abwehren, aber diese jagen ihn gewöhnlich auf einen Baum, wo ihn der Jäger problemlos erlegen kann.

Menschen, die den Puma als Tier-Totem haben, haben

vieles mit dieser königlichen Katze gemein. Sie ziehen sich gern in die höheren Bereiche ihrer eigenen Gedanken und Seele zurück, da sie oft das Gefühl haben, von ihren Mitmenschen mißachtet zu werden. Sie sind äußerst empfindsame Menschen, die selbst durch eine zufällige und völlig harmlose Bemerkung leicht verletzt sind. Sie brauchen wie der Puma eine eigene Höhle, in die sie sich zurückziehen können, um über sich und die Welt nachzudenken. Wie ihr Totem sind auch sie gute Bergsteiger, obgleich die meisten ihrer Besteigungen eher in die Höhen des menschlichen Geistes führen denn auf Gebirgsgipfel.

Im geistigen Bereich sind sie schnelle Läufer, die in der Lage sind, ferne Reiche zu bereisen, die anderen oft verschlossen sind. Puma-Menschen brauchen ein eigenes Revier als wesentliche Voraussetzung für ihr persönliches Wohlergehen und inneres Gleichgewicht. Wenn es ihnen versperrt ist, in die richtigen spirituellen Bereiche auszuweichen, werden sie launisch und unzufrieden. Mit der richtigen Anleitung können sie jedoch hochproduktive Menschen sein.

Wie ihr Totem haben auch Puma-Menschen die Angewohnheit, ihr Revier abzustecken, ob es sich nun um den Bereich ihrer persönlichen Lebensauffassung handelt oder um Geschäfte und Beziehungen. Ist dies einmal geschehen, sehen sie es ungern, wenn andere ohne ihre ausdrückliche Aufforderung eindringen, und sind in einem solchen Fall sogar verletzt. Sie scheinen dabei besonders das Eindringen von Menschen ihres eigenen Totems zu fürchten, da ihnen wohl die potentielle Kraft, die sie mit anderen teilen, sehr bewußt ist.

Puma-Menschen sind oft sehr schweigsam, besonders wenn es sich um Dinge ihres persönlichen Gefühlslebens handelt. Sie tun sich zwar, wenn es ihnen gutgeht, leicht, die Art von Unterhaltung in Gang zu bringen, die anderen Menschen angenehm ist, aber sie werden dabei niemals etwas von ihrem wahren Ich preisgeben, bis sie absolutes Vertrauen zu ihrer Umgebung gefaßt haben. Aufgrund ihrer guten Intuition, die von ihrer Fähigkeit herrührt, in andere geistige Bereiche vorzudringen, können sie mit Leichtigkeit herausspüren, welche Art von Unterhaltung gewünscht wird, und werden sich auch für gewöhnlich die Mühe machen, diese herzustellen, da sie sanftmütige Seelen sind, die anderen Menschen ihre aufrichtige Wertschätzung entgegenbringen können.

Da Puma-Menschen dazu neigen, ihre tiefsten Gefühle zu verschweigen, fühlen sie sich oft von ihrer Umwelt abgeschnitten und als Außenseiter, die von niemandem verstanden werden. Diese Gefühle unterdrücken sie sehr lange, manchmal sogar ein Leben lang. Wenn sie von Menschen umgeben sind, denen sie genügend Vertrauen entgegenbringen können, und diese Gefühle an die Oberfläche gelangen, können sie in einem einzigen Aufschrei aus ihnen herausbrechen, der sowohl für sie wie für ihre Freunde erschreckend sein kann. Puma-Menschen müssen lernen, anderen so viel Vertrauen entgegenzubringen, daß sie ihre Gefühle offenbaren können, selbst wenn es sie zunächst beängstigen mag, denn sie werden niemals ihr wahres geistiges Ich finden, wenn eine ein Leben lang unterdrückte Gefühlswelt auf ihnen lastet. Dieser blockierte Energiefluß ist es, der sie oftmals in die endlosen Tiefen der Depression und Melancholie stürzt und sie daran hindert, Boden unter den Füßen zu gewinnen, was sie jedoch wiederum befähigt, erfolgreich nach den Sternen zu greifen. Die Angst vor ihren unterdrückten Emotionen kann sie auch daran hindern, klare Entscheidungen zu treffen – ein Wesenszug, der sie manchmal recht unentschlossen erscheinen läßt.

Puma-Menschen sind wie ihr Totem Jäger, die jedoch meistens ihrer spirituellen Entwicklung nachjagen und außerachtlassen, was sich auf der materiellen Ebene befindet. Sie genießen diese Jagd als solche und auch, sie mit anderen Menschen zu teilen, die sich als wahre Freunde oder aufrichtige Suchende erwiesen haben. Ein ausgeglichener Puma-Mensch ist geistig und körperlich so geschmeidig und anmutig wie sein Totem. Puma-Menschen sind auch intelligent genug, um zu wissen, daß sie sich in Geduld üben müssen, wenn sie die Dinge, nach denen sie streben, erfolgreich verfolgen wollen. Sie werden in ihrer Suche gewöhnlich eine Vielzahl von Annäherungspraktiken durchprobieren, bevor sie sich auf die Position, die sie schließlich einnehmen, festlegen. Auch dieser Wesenszug bringt ihnen den Ruf der »Unentschlossenheit« ein.

In Beziehungen zwischen zwei Puma-Menschen wird die Frau ähnlich ihrem Totem der aktive Teil der Partnerschaft sein – sie muß es sein, wenn die Beziehung jemals zustande kommen soll. In Beziehungen mit anderen Menschen wird jedoch der weibliche Puma-Mensch passiv darauf warten, daß der Mann die Führung übernimmt. Dies trifft auch auf den Puma-Mann in Beziehungen zu Frauen anderer Totems zu. Puma-Menschen muß man förmlich dazu überlisten, mit jemandem eine Beziehung einzugehen, und anschließend unentwegt versichern, daß man die Beziehung mit ihnen auch fortsetzen will. Während Puma-Menschen lernen können, sich sicher im spirituellen Bereich zu bewegen, brauchen sie stets die Versicherung, daß sie das Richtige im materiellen Bereich tun.

Die Unsicherheit und Launenhaftigkeit, denen Puma-Menschen oftmals unterworfen sind, werden intensiviert durch ihre Zugehörigkeit zum Froschklan. Froschklan-Menschen sind empfänglich für den wechselhaften Fluß menschlicher Emotionen, und diese zusätzliche Empfindsamkeit ist es, die bewirkt, daß Puma Menschen noch stärker ihre Aufmerksamkeit auf die potentielle Fallgrube menschlicher Beziehungen richten. Der positive Gesichtspunkt dieser Zugehörigkeit zum Froschklan ist ihre Fähigkeit, um die schöpferischen und einigenden Kräfte des Universums zu wissen und mit ihnen fließen zu können.

Puma-Männer haben keine leichte Stellung in ihrer Elternschaft. Sie haben Schwierigkeiten, den starken physischen Anforderungen eines Kindes an seine Eltern gerecht zu werden. Während sie ihnen von ganzem Herzen zugetan sind, fällt es ihnen schwer, diese Liebe und Zuneigung auch zu zeigen. Puma-Frauen tun sich in dieser Beziehung etwas leichter, da sie ähnlich ihrem Tier-Totem eine beschützende und hingebungsvolle Einstellung zu ihren Kindern haben, solange diese noch jung sind und diesen Schutz brauchen. Sobald die Kinder jedoch älter werden, fängt dieser starke Mutterinstinkt an nachzulassen, und die Mutter wird wieder verstärkt ihren eigenen Interessen nachgehen, vornehmlich in den spirituellen Bereichen, in denen sie sich so wohl fühlt.

Puma-Kinder brauchen ein großes Maß an Liebe und Schutz, da sie sehr verträumt sind und immer noch stark in jenen Bereichen verhangen sind, aus denen sie gerade entlassen worden sind. Es ist infolgedessen ratsam, sie so schnell wie möglich an die Erde zu binden, damit gewährleistet wird, daß sie ihre Kindheit glücklich und unbeschadet überstehen. Man sollte sie auch schon im Kindesalter dazu anhalten, so viele Gefühle wie möglich zum Ausdruck zu bringen, um ihnen dieses für spätere Jahre zu erleichtern. Sie sind heitere, intuitive und sanftmütige Kinder, man kann jedoch nie mit Sicherheit wissen, ob sie das, was man ihnen sagt, auch hören – und dieser Verdacht besteht in den meisten Fällen wahrscheinlich zu Recht.

Puma-Kinder sind überaus kreativ, und es ist unnötig, ihnen eine Unmenge von Spielzeug zur Verfügung zu stellen, da sie aus fast allem, was ihnen gefällt, etwas bauen können. Diese Kreativität setzt sich auch in den heranwachsenden Puma-Menschen fort und läßt sie, soweit sie es schaffen, mit der Erde verwurzelt bleiben, zu hervorragenden Künstlern auf allen Ebenen werden. Ihre Kreativität tritt häufig sowohl in ihrer spirituellen Suche wie auch in künstlerischer Form zutage.

Wenn Puma-Menschen ihr inneres Gleichgewicht verloren haben, können sie mit unerwarteter Heftigkeit auf jeden reagieren, der sie ihrem Empfinden nach verletzt hat. Wenn sie sich in die Ecke getrieben fühlen, fahren sie ihre Krallen aus und liefern einen bemerkenswerten Kampf. Manchmal erfüllt dieses Kämpfen für sie einen konstruktiven Zweck, da es zumindest eine Möglichkeit bietet, einige der Gefühle, die sie so gerne unterdrücken, auszuleben. Häufig dient es auch als Ventil, um sie aus ihren melancholischen Phasen herauszureißen. Der Puma-Mensch kann jedoch in diesem Kampf auch andere ernsthaft verletzen, was ihm oftmals nicht bewußt wird.

Der Mond des Puma-Totems ist der Mond der Großen Winde – ein Mond der Geheimnisse, wenn der Wechsel der Jahreszeit bevorsteht und die Winde ungehindert aus allen Himmelsrichtungen über uns hereinbrausen können. Es ist eine Zeit der rasch wechselnden Energien, wenn alle Kinder der Erde sich auf die Zeit des neuen Wachstums vorbereiten, die der Zeit der inneren und äußeren Ruhe folgt. Die Tatsache, daß sie unter diesem Mond geboren sind, intensiviert die geheimnisvolle und rastlose Seite der Puma-Menschen und verstärkt ihre Fähigkeit, mit den Energien, die sie durchfließen, umzugehen.

Dies ist der 3. Mond der Waboose, der Hüterin aus dem Norden. Ihr Geschenk der Reinheit hilft Puma-Menschen, ihre spirituelle Reinheit trotz der Schwierigkeiten, die sie auf der materiellen Ebene begleiten, zu erlangen. Ihr Geschenk der Erneuerung hilft ihnen, selbst aus den tiefsten Zuständen von Melancholie wieder ans Licht zurückzufinden.

Puma-Menschen ergänzen sich mit Braunbär-Menschen und kommen am besten mit den anderen Angehörigen des Froschklans – Specht- und Schlange-Menschen – aus, sowie mit den Vertretern des Schildkrötenklans – Biber- und

Schneegans-Menschen. Wenn sie sich jedoch in einem Zustand des inneren Gleichgewichts befinden, können sie zumindest auf einer oberflächlichen Ebene mit fast allen Menschen zurechtkommen. Sie sollten jedoch darauf achten, wie sie sich Hirsch-Menschen gegenüber verhalten, da sie diesen manchmal – ähnlich wie der Puma dem Maultierhirsch – unbewußt sehr bösartig begegnen können.

Wenn sich Menschen anderer Zeichen in dieser Position auf dem Medizinrad befinden, werden sie so viel Energie erfahren, wie sie gerade in der Lage sind zu verarbeiten, manchmal sogar mehr. Auf diese Weise werden sie auch mit dem Gefühl des drohenden Chaos konfrontiert, das Puma-Menschen häufig beschleicht und ihnen erschwert, die Aufrechterhaltung ihres inneren Gleichgewichts zu erlernen.

Menschen, die diese Position durchwandern, werden ebenso die Möglichkeit haben, in Bereiche vorzudringen, die ihnen zu anderen Zeiten verschlossen bleiben.

Mond der Knospenden Bäume

21. März – 19. April

Mond der Knospenden Bäume

(Roter Habicht) 21. März – 19. April

Jene, die während des Mondes der Knospenden Bäume, des ersten Mondes von Wabun des Ostens, geboren sind, haben den Feueropal als Totem im Reich der Mineralien, den Löwenzahn als Totem im Pflanzenreich und den Roten Habicht als Totem im Tierreich. Ihr Geburtsdatum fällt zwischen den 21. März und den 19. April, ihre Farbe ist gelb, und sie gehören dem Elementeklan der Donnervögel an.

Der Opal ist wie der Quarz eine Zusammensetzung aus Siliziumdioxyd unter einer Beimengung von Wasser. Man findet Opal in Sedimentgesteinen sowie in den Hohlräumen von vulkanischem Gestein eingeschlossen. Ebenso kommt er in der Umgebung von heißen Quellen vor und kann der mineralische Bestandteil in versteinertem Holz sein. Der Opal kommt so gut wie in allen Farbschattierungen vor und hat einen glasigen bis wächsernen Glanz. Da der Opal porös ist, kann er sich leicht verfärben. Ebenso leicht kann er, oftmals ohne ersichtlichen Grund, zerspringen und hat die Tendenz, sein Wasser abzugeben. Feueropale, die mit kleinen, gleichmäßig verteilten Lichtstrahlen durchzogen sind, werden als Nadelfeueropale bezeichnet. Die Opale, die die normale quaderförmige Formation haben, heißen Harlekins und werden als die schönsten und seltensten Steine der Opalfamilie betrachtet.

Der Opal findet wie der Türkis seit frühesten Zeiten verschiedenartigste Verwendung. Er wurde früher als Symbol der Hoffnung betrachtet, und man sagte ihm nach, daß er seinen Träger unsichtbar machen könnte, wenn dieser nicht gesehen zu werden wünschte. Der Feueropal wurde aufgrund seines »Feuers«, das einem Sonnenauf- oder -untergang oder aber auch dem aufgehenden Mond ähneln kann, mit den Kräften von Sonne, Mond und Feuer in Verbindung gebracht.

Der Opal hat in Europa einen äußerst interessanten geschichtlichen Werdegang, innerhalb dessen ihm eben genannte Eigenschaften schon in frühester Zeit zugeschrieben wurden. In Rom wurde er als Edelstein des Adels bekannt, und es wird berichtet, daß er von einem römischen Senator so hoch geschätzt wurde, daß dieser es vorzog, eher ins Exil zu gehen, als daß er seinen Opal an Mark Antonius gegeben hätte, der ihn für Kleopatra begehrte. Opale befinden sich in den Kronjuwelen Frankreichs sowie im Besitz des Reichskabinetts von Wien. Eine Geschichte, die in England verfaßt wurde, stellte den Opal als einen Stein dar, dem unheilvolle Kräfte anhaften, was zum Anlaß hatte, daß er von dieser Zeit an in englischsprachigen Ländern als Unglücksbote galt, bis er wieder in neuerer Zeit in Mode kam.

Opale kann man in fast allen Teilen der USA finden, obgleich jene, die als wirklich wertvoll gelten, ausschließlich im Nordwesten des Landes vorkommen. Ungarn, Mexiko und Australien sind die Länder der Welt, in denen es die meisten Opale gibt. Manche Gebiete haben Opale der verschiedensten Art anzubieten, aber in der Regel hat jedes Gebiet eine einzige Opalart mit einer besonderen Farbe, Feuer und Glanz. So stammen die meisten schwarzen Opale aus Australien, die milchigweißen bis durchsichtigen Steine hingegen vorwiegend aus Mexiko. Manche Opale verlieren ihr Feuer, wenn sie mit Wasser in Berührung kommen, während andere es verlieren, wenn sie aus dem Wasser entfernt werden. Läßt man einige durchsichtige Opalkiesel durch die Finger rieseln, muten sie wie ein wahrer Schauer von Sternschnuppen an.

Roter-Habicht-Menschen können häufig wie ihr Stein, sowohl im wörtlichen wie auch im übertragenen Sinne, in dem Umkreis von heißen Plätzen gefunden werden, an denen eine stete Spannung herrscht. Sie lieben die Sonne und die Wärme und begeben sich mit Vorliebe in Situationen, die von reger Aktivität geprägt sind und in denen ihre starken geistigen, physischen wie emotionalen Energien gefordert werden. Auch sind sie wie ihr Stein porös, und ihre Seelen können leicht getrübt werden, wenn sie sich mit den falschen Ideen oder Menschen zusammentun. Sie sind in der Regel aufgeschlossene Menschen, die sich für jede neue Idee oder Anschauung erwärmen können, und übernehmen manchmal Dinge, die sich im nachhinein als schädlich für sie erweisen. Wenn sie sich in den falschen Situationen befinden oder unter zu starker Anspannung stehen, können sie auch wie ihr Stein zerbrechen und die Lebenskraft verlieren, die ihnen für gewöhnlich ihr Feuer und Sprühen verleiht.

Roter-Habicht-Menschen können wie ihr Stein so beschaffen sein, daß in ihnen ohne Unterlaß kleine Sprühfeuer von Energie glimmen, oder aber so, daß sie nur gelegentlich aufblitzen, wenn das Feuer der Lebenskraft in ihnen auflodert. Sie können jedoch auch jenen »Harlekinen« gleichen, in denen das stetig glühende Feuer einer regelmäßigen Feuerformation wohnt. Welche dieser drei Möglichkeiten auf sie zutrifft, hängt davon ab, wie gut sie es gelernt haben, das Feuer der Lebenskraft, die so schwerelos durch ihre Adern hindurchfließt, zu zügeln und zu nutzen. Es ist selten, auf einen Habicht-Menschen zu treffen, dem es gelungen ist, seine Energie so weit unter Kontrolle zu halten, daß sie ihm allzeit zur Verfügung steht. Dieser Typ des Habicht-Menschen ist für seine Umwelt von großem Wert, da er nicht nur in der Lage ist, neue Projekte ins Leben zu rufen, sondern diese auch mit Stärke seiner Energie am Leben erhalten kann.

Roter-Habicht-Menschen verkörpern oftmals wie ihr Stein ein Symbol der Hoffnung für jegliche neue Idee, die sich am Horizont zeigt. Sie sind Katalysatoren, die in der Lage sind, eine Idee in die Wirklichkeit umzusetzen. Sie haben wie ihr Stein eine direkte Verbindung zur Sonne und zum Feuer, was wiederum durch ihre Zugehörigkeit zum Klan der Donnervögel noch verstärkt wird. Ihre Verbindung zum Mond, der in diesem Fall ihre persönlichen Emotionen symbolisiert, bereitet ihnen weitaus mehr Schwierigkeiten, ist jedoch wesentlich für das erfolgreiche Erlernen, mit ihren eigenen Energien umzugehen. Das Feuer, das in Habicht-Menschen brennt, rührt von ihrer intensiven Gefühlswelt, die in der Regel stärker brennt als in anderen Menschen. Da sie jedoch Menschen sind, die eine Klarheit bevorzugen, fürchten sie häufig die Verworrenheit ihrer eigenen und fremder Gefühle.

Ihre Abstammung vom Mond der Knospenden Bäume, dem 1. Mond des Frühjahres, dem Mond des Äquinoktiums*, verhilft diesen Menschen zu einem weiteren Aufschwung auf der Energie-Ebene. Es ist der Mond, der eine der schnellsten Wachstums-Perioden für alle Kinder der Erde einleitet, und somit für die in diesem Zeichen Stehenden die Energie des schnellen Wachstums und der Veränderung mit sich bringt. Diese Tatsache trägt dazu bei, daß Roter-Habicht-Menschen eine augenscheinliche Anpassungsfähigkeit besitzen, die sich aber auch darin ausdrücken kann, daß sie mit rasender Geschwindigkeit von einer Anschauung oder einem Projekt zum anderen überwechseln.

* Äquinoktium = Tagundnachtgleiche

Der Löwenzahn, das Pflanzen-Totem der Habicht-Menschen, wird den meisten Menschen wohlbekannt sein und in jenen Liebhabern von ebenmäßig sattgrünen Rasenflächen eine äußerst unangenehme Vorstellung wachrufen. Für jene, die ihn jedoch nicht kennen – der Löwenzahn ist eine glänzend-grüne Rosette von gezahnten Blättern, dessen Blütenstiel, der bis zu 15 oder mehr Zentimeter hoch wird, eine einzige gelbe Blüte trägt, die sich in eine weiße, flauschige Kugel verwandelt, wenn sich die Samen gebildet haben, eine Kugel, die mit einem einzigen Windstoß zerstäubt und sich davontragen läßt. Wurzel und Stiel der Pflanze scheiden eine milchige Flüssigkeit aus, wenn sie verletzt werden. Während offiziell nur die Wurzel als der heilwirksame Teil der Pflanze gilt, ist in Wirklichkeit doch die gesamte Pflanze von großem Nutzen.

Gärtner sollten, anstatt den Löwenzahn mit Giften zu vernichten, warten, bis er in Blüte steht, um ihn dann samt Wurzel und allem aus dem Erdreich zu entfernen. Die Wurzel kann getrocknet als Kaffee-Ersatz oder Kräutermedizin verwendet werden, während die Blätter gekocht ein ausgezeichnetes Wildgemüse ergeben. Die Blätter schmecken, besonders wenn sie älter sind, etwas bitter und haben eine leicht betäubende Wirkung. Man bereitet sie am besten so zu, indem man sie vor dem Kochen etwa eine halbe Stunde in Salzwasser einweicht oder sie in mehreren Wasserbädern weichkocht, wobei man das vorhergehende immer wegschüttet. Löwenzahnblätter besitzen etwa siebenmal soviel Vitamin A pro Gramm wie Karotten oder Salat, plus einer ausreichenden Menge von Vitamin B, C und G sowie Kalzium, Phosphor, Eisen und natürliches Natrium, das blutreinigend und alkalisierend wirkt.

Naturheilkundige in vielen Kulturen dieser Welt benutzten die Löwenzahnwurzel als Tonikum, mit dessen Hilfe die ausscheidenden Organe des Körpers gereinigt und geöffnet werden können. Sie hilft auch, diese Organe und den Körper als solchen zu beruhigen und zu entspannen. Der Löwenzahn wurde auch als harntreibendes Mittel benutzt, und um den Blutzuckerspiegel des Körpers auszugleichen. Manche eingeborenen Völker benutzten die Wurzel als Beruhigungsmittel.

Habicht-Menschen haben wie der Löwenzahn die Angewohnheit, überall aus dem Nichts aufzutauchen, da sie gewöhnlich von einem Projekt zum nächsten schwirren. Diese Angewohnheit läßt sie für Menschen, die Schwierigkeiten haben, mit deren Energiepegel zurechtzukommen, und die Vorteile nicht sehen, die Habicht-Menschen bei Dingen, die sie interessieren, ohne Zweifel bringen können, nicht gerade liebenswert erscheinen. Der gesamte Energiefluß der Habicht-Menschen kann wie alle Teile des Löwenzahns für Menschen sehr nützlich sein, die in der Lage sind, diese Energien umzusetzen und weiterzuleiten. Habicht-Menschen sind wie ihre Pflanze eine Fundgrube von nützlichen Dingen für jene Menschen, die sich die Zeit nehmen, sie zu verstehen.

Habicht-Menschen haben die Begabung, dabei behilflich zu sein, die Dinge, Ideen und Menschen, mit denen sie in Berührung kommen, zu öffnen und zu reinigen. Da sie selbst so offen und direkt sind, enttäuscht es sie, bei anderen auf Unaufrichtigkeit oder Manipulation zu stoßen, und sie werden sich offen dazu äußern, wenn sie den Eindruck haben, daß diese Eigenschaften vorhanden sind. Habicht-Menschen sind aufrichtig und besitzen häufig den richtigen Blick für die Dinge und Geschehnisse ihrer Umwelt. Menschen, die ihnen zuhören, werden entdecken, daß sie ihnen den nötigen Anstoß geben können, die eigenen Gefühle und Gedanken zu offenbaren – und eine solche Offenbarung ist der erste Schritt zur inneren Reinigung und Befreiung von allen negativen Wesenszügen.

Habicht-Menschen können von der beruhigenden, entspannenden Wirkung des Löwenzahns profitieren, da sie sich oft sehr schwer tun, ihren Energiefluß zu dämmen, wenn die Arbeit des Tages einmal getan ist. Eine Mischung aus Löwenzahn und anderen Kräutern kann nützlich sein, um Blutstauungen im Kopf aufzulösen, von denen sie oft geplagt werden. Roter-Habicht-Menschen haben aufgrund ihrer Kopflastigkeit häufig Probleme mit Erkrankungen des Kopfbereichs. Sie neigen dazu, weit häufiger als andere Menschen, ihren Kopf »versehentlich« anzuschlagen, vielleicht weil sie allzuoft in Dinge hineinstürzen, ohne sich vorher die Zeit zu nehmen, diese zu überblicken.

In dieser Beziehung gleichen sie ihrem Tier-Totem, dem rotschwänzigen Habicht. Der rotschwänzige Habicht gehört der Gattung *buteo* an, was bedeutet, daß es sich um einen Habicht mit einer breiten Flügelspanne und einem fächerförmigen Schwanz handelt. Das ausgewachsene Tier dieser Gattung ist der einzige Habicht mit einem roten Schwanz. Es ist ein großer Vogel, der oft 60 Zentimeter lang wird und eine Flügelspannweite von bis zu 1,50 Meter erreicht. Noch nicht ausgewachsene Vögel haben einen braunen Körper mit braungemaserten Bauchpartien. Die Oberseite ihres Schwanzes ist braun und wird erst rot, wenn sie ausgewachsen sind, während die Unterseite mit waagerecht verlaufenden, braunen Querstreifen gezeichnet ist. Ausgewachsene Habichte haben eine helle Phase, in der Brust, Hals und Bauch weiß mit braunen Streifen sind. Während ihrer dunklen Phase sind sie am ganzen Körper bräunlichschwarz. Der breite, abgerundete Schwanz ist während beider Phasen rötlichbraun und hebt sich beim Fliegen deutlich ab. Der rotschwänzige Habicht hat sehr zu Unrecht auch den Beinamen »Hühnerhabicht« bekommen, was viele Farmer in dem Glauben, daß er über ihr Geflügel herfiele, dazu veranlaßt hat, ihn gedankenlos abzuknallen. In einer wissenschaftlichen Studie, die innerhalb des letzten Jahrzehntes durchgeführt wurde, wurde aufgedeckt, daß Geflügel nur etwa 10% der Ernährung eines Habichts ausmacht, welche sich zum größten Teil aus Mäusen, Maulwürfen, Eichhörnchen, Kaninchen und Insekten zusammensetzt. In dem Moment, wo der Habicht jedoch nahezu ausgerottet war, fielen Heerscharen von Nagetieren über die Ernten her – nur ein Beispiel für die ausgleichende Gerechtigkeit der Natur. Der rotschwänzige Habicht scheint eine besondere Vorliebe für Klapperschlangen-Fleisch zu haben. Glücklicherweise sind die Beine des Habichts mit Schuppen bedeckt, was ihnen wirksamen Schutz gegen Schlangenbisse verleiht. Sie sind jedoch keineswegs immun gegen Schlangengift, wodurch sie manchmal, wenn sie ihrem Lieblingsfleisch nachstellen, mit der Rolle des Opfers vorliebnehmen müssen. Wenn Habichte eine Schlange greifen, reißen sie als erstes den Kopf ab, um sich gegen den tödlichen Biß zu schützen.

Rotschwänzige Habichte werden häufig von Krähen, Dohlen, Eulen, anderen Habichten und Singvögeln im Zuge territorialer Auseinandersetzungen angegriffen, aber diese Angriffe enden nur selten mit einer Verletzung oder gar mit dem Tod eines der Beteiligten. Man kann oft beobachten, wie kleinere Vögel Habichte und andere Raubvögel im Flug angreifen. In solchen Fällen haben die kleineren Vögel den eindeutigen Vorteil, schneller zu sein, und sie wissen nur allzugut, daß sie nicht gefaßt werden können, solange sie sich im Flug über ihrem großen Bruder befinden. Rotschwänzige Habichte können bis zu 14 Jahre alt werden. Sie nisten gewöhnlich in einem hohen Baum, Kaktus oder Yucca* oder in einem Felsvorsprung. Im Frühjahr legen sie 2 bis 3 weiße, hellbraun gesprenkelte Eier. Beide Elternteile kümmern sich um die Aufzucht der Jungen und kehren oftmals über Jahre hinweg immer wieder an den gleichen Nistplatz zurück. Es gab früher im gesamten Gebiet der USA zahlreiche Habichtarten, heute findet man ihn jedoch hauptsächlich nur noch in den Weststaaten, in Mexiko und

---

* Palmlilie

Kanada. Rotschwänzige Habichte sind jedoch so anpassungsfähig, daß man sie auch heute noch in fast allen Teilen der Vereinigten Staaten findet. Im Flug hört sich ihre Stimme wie ein pfeifender Wasserkessel an – ein kehliges »skeeck«, aus der Nähe klingt es jedoch mehr wie »guhrunk«.

Rotschwänzige Habichte sind hervorragende Flieger. Sie segeln und kreisen über erstaunlich lange Zeiträume und verstellen dabei ihren Schwanz in einem besonderen Winkel zum Körper. Es ist eine wahre Freude, sie an einem windigen Tag zu beobachten, wenn sie mit offensichtlichem Vergnügen auf den Luftböen dahinreiten. Sie können besonders in der Paarungszeit wahre Kunststücke vollführen, indem sie beispielsweise ihren Partner im Flug berühren oder sich mehrere tausend Fuß im Sturzflug fallen lassen.

Die rotschwänzigen Habichte sind zusammen mit dem Adler, dem großen Vogel des Ostens, Vögel mit besonderer Bedeutung für die eingeborenen Völker des amerikanischen Kontinents. Die Angehörigen der Pueblo-Gesellschaften bezeichneten sie als Rote Adler und schrieben ihnen wie dem Adler besondere Verbindungen zum Himmel und zur Sonne zu. Da sie in ihren hohen Flügen in der Lage sind, die Erde klar zu erkennen, wurden ihre Federn oftmals zu zeremoniellen Zwecken benutzt, um der Sonne und dem Schöpfer Gebete zu überbringen. Habicht-Federn wurden ebenso wie Adler-Federn in Heilungsritualen und in den Regenzeremonien des Südwestens benutzt. Auch heute noch finden sie Verwendung in den Zeremonien sowie in der Herstellung von Fächern und Tanzturnüren mancher Stämme. Die Ojibwa und andere Völker glaubten, daß der Klan des Rotschwänzigen Habichts einer der führenden Klans sei, und schrieben dessen Mitgliedern die Gaben von Besonnenheit und Voraussicht zu.

Manche Menschen, die während des Mondes der Knospenden Bäume geboren sind, sind wie der Rotschwänzige Habicht hochgewachsene Menschen – wenn nicht von Körper, so doch von Geist – und haben die Fähigkeit, ihre Flügel zu einer großen Spannweite auszubreiten. Roter-Habicht-Menschen sind wie ihr Totem Jäger, obgleich das Ziel ihrer Jagd neue Taten und Projekte, die es anzugehen gilt, sind sowie die Erforschung neuer Philosophien. Diese Menschen tendieren dazu, helle und dunkle Phasen zu durchleben. Während der ersteren sind sie freudig und offen für alles, was ihnen begegnet, wohingegen sie, in der letzteren sich befindend, sich in einsame Gefilde zurückziehen wollen, um das ausfindig zu machen, was ihnen die Welt so verquer erscheinen läßt.

Roter-Habicht-Menschen sind gewöhnlich furchtlose Wesen, die häufig dem, was sie als Klapperschlangen der Welt betrachten, ohne die geringste Rücksicht auf ihre eigene Sicherheit nachstellen. Wie bereits erwähnt, haben diese Menschen wenig Geduld mit Menschen, die ihnen heuchlerisch oder ungerecht erscheinen. Diesen werden sie ohne Umschweife ihre Meinung sagen, ob diese nun bereit sind, sie zu hören oder nicht. Manchmal schlagen sie sich jedoch auch mit Schlangen herum, die eindeutig eine Nummer zu groß für sie sind, und in eben solchen Momenten laufen sie Gefahr, eher als Opfer denn als Sieger aus dem Kampf hervorzugehen. Die Schlange wird in vielen alten Mythen als Vertreterin der Unterwelt betrachtet, während der Adler oder Habicht den Zenit vertritt, was jedoch keine völlig richtige Deutung ihres Symbolcharakters ist. Nichtsdestotrotz haben Habicht- und Schlangen-Menschen seit der Zeit, in der diese zwei Tiere als Antagonisten abgebildet wurden, manchmal große Schwierigkeiten miteinander, wenn sie nicht beide an den Punkt gelangt sind, an dem sie ihren Symbolismus richtig verstehen können und begreifen, daß sie sich nicht nur bekämpfen, sondern auch ergänzen können.

So wie der Habicht den Kopf der Schlange abreißt, um sich vor ihrem tödlichen Biß zu schützen, so werden auch

Habicht-Menschen radikal gegen jene vorgehen, die sie als potentielle Feinde empfinden. In einem solchen Fall verhalten sie sich ganz so, als sei die beste Verteidigung ein guter Angriff. Wenn sie erzürnt sind, können ihre verletzenden Bemerkungen so schmerzlich sein wie der Griff ihrer Klauen. So wie der Habicht im Flug häufig von kleineren Vögeln angegriffen wird, so werden auch Habicht-Menschen von Leuten angegriffen, die sie oder die spontane Energie, die zutage tritt, wenn sie wieder einmal auf den Flügeln einer neuen Idee oder eines neuen Projekts dahinsegeln, nicht begreifen können. Diese Angriffe enden jedoch in der Regel nicht mit Verletzungen, sondern leiten manchmal sogar Gespräche ein, die Mißverständnisse auf beiden Seiten klären können. Wenn man gelernt hat, seine Habicht-Freunde aufrichtig zu lieben und ihnen zu vertrauen, wird man ihren herrlichen Flügeln die gleiche Bewunderung zollen können wie denen ihres Tier-Totems. In solchen Momenten fließt die Lebenskraft dieser Menschen in einer solchen Fülle durch sie und ihre Umgebung hindurch, daß man selbst oft in die Lüfte mitgerissen wird. In einem solchen Zustand können sie mit ihren Gedanken und ihrer Seele wahre akrobatische Kunststücke vollführen, in denen sie die Dinge des Lebens, die sich den menschlichen Blicken manchmal hinter aufziehenden Wolken entziehen, deutlich erkennen können.

Der Himmel ist der Lebensbereich der Habicht-Menschen. Von hier aus können sic deutlich erkennen, wie sich die Dinge auf Erden verhalten sollten. Ihre Stärke liegt darin, neue Ideen oder Projekte auf eine positive Weise anzugehen oder aber festgefahrene Dinge auf das richtige Gleis zurückzulenken. Sie hegen den aufrichtigen Wunsch, Gutes zu tun und dafür zu sorgen, daß sich alle Dinge auf die bestmögliche Weise entfalten können. Sie besitzen einen angeborenen Optimismus, einen starken Willen und eine große Entschlußkraft, die Dinge richtigzustellen. Sie sind selbständige Menschen und Denker und in ihren Gedanken und

Gefühlen äußerst aufrichtig. Während ihre Handlungen manchmal etwas übereilt wirken, haben sie gewöhnlich alle Gesichtspunkte reiflich durchdacht, bevor sie sich zu einer Entscheidung durchgerungen haben.

Ihr Wesen ist in vielen Dingen so frisch und offen wie das eines Kindes, das kurz vor dem Sprechen steht. Mit dem Kind teilen sie jedoch auch die geringe Konzentrationsspanne und verlieren oft frühzeitig das Interesse an einer Sache, wenn diese noch in den Anfängen steht. Es scheint ihnen kein Bedürfnis zu sein, so lange dabei zu bleiben, bis sie die Sicherheit gewonnen haben, daß es wirklich funktioniert. Um ihre Energien im Gleichgewicht zu halten, ist es notwendig, daß sie lernen, mehr Geduld und Ausdauer zu üben.

Habicht-Menschen haben wie die Federn ihres Tier-Totems die Fähigkeit, hoch in den Wolken zu segeln und mit dem Schöpfer Kontakt aufzunehmen. Meistens verausgaben sie sich jedoch schon dabei, festzustellen, wie die Dinge auf Erden laufen müßten, und vergessen damit völlig, daß ihnen auch die Fähigkeit, mit den höheren Sphären in Verbindung zu treten, zu eigen ist. Sie müssen lernen, diese Gabe zu nähren und zu nützen, erst dann werden sie in der Lage sein, ihre Kräfte im Gleichgewicht zu halten.

Sie sind aufgrund ihrer Klarsichtigkeit, Voraussicht und Energie gute Führungspersönlichkeiten, vorausgesetzt, daß sie gelernt haben, ihre Energien zu lenken und so lange bei einer Sache zu verharren, wie ihre Anwesenheit erforderlich ist. Wenn sie einmal gelernt haben, die Energie zu lenken, die sie durchfließt, gelingt ihnen fast alles, was sie angehen, aber dieser Lernprozeß ist oftmals lang und schmerzlich und führt sie durch viele dunkle Phasen ihrer Gefühlswelt hindurch.

Die Farbe des Roter-Habicht-Menschen ist gelb – das Gelb der Frühlingssonne und des Löwenzahns. Diese Farbe hilft ihm, seine große Intelligenz zu stimulieren und seine Gedanken in Erkenntnisse umzusetzen. Ebenso hilft sie ihnen, empfänglich zu sein für die Dinge und Menschen, die ihnen begegnen, sowie ihre wesenstypische Freundlichkeit, gute Gesundheit und seelisches Wohlbefinden beizubehalten. Roter-Habicht-Menschen sind, abgesehen davon, daß sie häufig mit dem Kopf gegen eine Wand rennen, in der Regel widerstandsfähig und robust, wenn sie stets daran denken, ihre Gesundheit auch zu pflegen.

Ihre Zugehörigkeit zum Klan der Donnervögel intensiviert einen Großteil der natürlichen Wesenszüge der Habicht-Menschen und verleiht ihnen noch mehr Energie und Durchsetzungsvermögen, als sie ohnehin schon besitzen. Sie müssen weit mehr als die anderen Vertreter dieses Klans darauf achten, daß sie nicht an einem Punkt so heftig aufflackern, daß sie völlig ausbrennen. Sie müssen lernen, die Energie, die ihnen ihre Klan-Zugehörigkeit verleiht, zu zügeln, damit das Feuer, das in ihnen brennt, stets den Dingen und Menschen, die sie berühren, Wärme und Licht zuführen kann.

Da sie unter dem 1. Mond der Wabun geboren sind, der Hüterin des Geistes aus dem Osten, wird die Energie der Habicht-Menschen mit der Einsicht, die ihnen Wabun bringt, gezügelt. Sie hilft ihnen auch, ihre Energie in Kanäle zu leiten, die ihnen den Weg eröffnen, in sich und anderen eine geistige Evolution einzuleiten.

Diese Menschen sind in ihrer Kindheit äußerst willensstark und manchmal schwer unter Kontrolle zu halten. Sie haben einen weitaus höheren Energiepegel als selbst Erwachsene dieses Zeichens, und es mag äußerst anstrengend sein, mit ihnen fertig zu werden. Sie sind freundlich, aufgeschlossen und intelligent und für gewöhnlich von guter Gesundheit, wenn man sie dazu bringen kann, sich gelegentlich zu entspannen. Ist dies nicht der Fall, werden sie anfällig für Koliken, Erkältungen und andere Beschwerden, die ihre Ursache in Nerven- und Kopferkrankungen haben.

Roter-Habicht-Menschen begeben sich ebenso enthusiastisch wie in alle anderen neuen Bereiche in die Elternschaft hinein. Werden ihre Energien jedoch nicht in die richtigen Bahnen gelenkt, können sie ebenso schnell auch das Interesse daran verlieren, und die Kinder werden, zumindest was die emotionale Ebene anbelangt, sich plötzlich sich selbst überlassen finden, während Vater oder Mutter bereits wieder in neue Bereiche vorzudringen versuchen, die ihr kurzweiliges Interesse erweckt haben. Sie werden stets freundlich und aufrichtig mit ihren Kindern umgehen und sie schnell zur Ordnung rufen, wenn sich diese an einer falschen Weggabelung befinden. Sie neigen dazu, mit ihren Kindern nicht anders umzugehen als mit ihren Freunden, was manchmal dazu führen kann, daß ihren Kindern die besondere emotionale Stütze fehlt, die diese gewöhnlich in ihren Eltern suchen.

Da sie von Natur aus freundliche und umgängliche Menschen sind, können sie in der Regel mit jedermann zurechtkommen, ihre besondere Erfüllung finden sie jedoch in Freundschaften mit den anderen Vertretern des Donnervogelklans, den Stör- und Wapiti-Menschen, sowie mit den Angehörigen des Schmetterlingsklans – Hirsch-, Rabe- und Otter-Menschen. Ihre persönliche Ergänzung finden sie im Totem des Raben.

Während Menschen anderer Zeichen auf dem Medizinrad die Position der Habicht-Menschen durchwandern, entdecken sie in sich neue Tiefen der Kraft und die Fähigkeit, die Dinge der irdischen Ebene klar zu erkennen und mit ihnen zu arbeiten. Sie können in sich auch Ansätze zur Führungskraft entdecken, von deren Existenz sie bislang nichts ahnen konnten.

Mond der Wiederkehrenden Frösche

20. April – 20. Mai

Mond der Wiederkehrenden Frösche

(Biber) 20. April – 20. Mai

Menschen, die im Mond der Wiederkehrenden Frösche, zwischen dem 20. April und dem 20. Mai, geboren sind, haben den Biber als Totem im Tierreich, die Blaue Camasspflanze* als Totem im Reich der Pflanzen und den Chrysokoll im Reich der Mineralien. Ihre Farbe ist blau, und sie gehören dem Elementeklan der Schildkröten an.

Der Stein dieser Menschen, Chrysokoll, ist dem Türkis in vielem sehr ähnlich. Wie der Türkis wird auch er häufig als Nebenprodukt des Kupferabbaus gewonnen. Der Chrysokoll ist ein wasserhaltiges Kupfer-Silikat. Seine Färbung reicht von Tiefgrün bis hin zu Blaugrün und einem tiefen Blau. Er hat einen Glasglanz und doch gleichzeitig ein geradezu irdenes Aussehen. Der Chrysokoll hat die Eigenschaft, an der Zunge kleben zu bleiben, wenn man ihn in den Mund nimmt, und kann durch diese Eigenheit häufig bestimmt werden.

Wie der Türkis wurde der Chrysokoll von altersher als Schmuckstein verwendet, obgleich er nicht ganz so wertvoll eingeschätzt wird wie dieser. Die leuchtend blaue Farbe, die

---

* Blaue Camasspflanze, eine ausschließlich in Nordamerika vorkommende Vertreterin der Lilienfamilie, auch Quanash genannt.

dieser Stein häufig besitzt, hat ihm zusammen mit seinem irdenen Glanz den Ruf verliehen, ein Stein zu sein, der seinem Träger dazu verhelfen kann, die Elemente von Himmel und Erde in sich zu vereinigen. Er wird als Stein der guten Medizin betrachtet, der seinem Besitzer zu Glück und guter Gesundheit verhelfen kann. Ebenso wird ihm nachgesagt, daß er Körper, Herz und Seele des Menschen zu reinigen vermag. In früheren Zeiten, und auch heute noch, wurde er zu Fetischgegenständen und Nuggets verarbeitet, die jene Farbe, welche häufig mit dem reinen Türkis assoziiert wird, besitzen und beibehalten. Der Chrysokoll behält in der Regel seine ursprüngliche Farbe besser, als es der Türkis vermag.

Biber-Menschen können von diesem Stein lernen, die Kräfte von Himmel und Erde in sich zu vereinigen. Die meisten Biber-Menschen sind von Natur aus und aufgrund ihrer Zugehörigkeit zum Schildkrötenklan sehr erdverbunden, manchmal sogar zu erdverbunden. Sie können sich darin verlieren, allein auf der irdischen Ebene Befriedigung zu suchen, ohne jemals im Himmel nach den Lehren Ausschau zu halten, die in diesem Bereich für sie verborgen liegen.

Wie ihr Stein scheinen auch die Biber-Menschen mit Glück gesegnet zu sein, obgleich dieses scheinbare Glück oftmals nur ein Ergebnis von harter Arbeit und einem guten Gespür dafür ist, wann sie sich zum richtigen Zeitpunkt am richtigen Ort einfinden sollten. Sie besitzen, besonders wenn sie ihren Stein tragen, eine gute Gesundheit und eine ausgeprägte körperliche Widerstandskraft, sofern sie stets daran denken, ihre Tendenz, sich gehenzulassen, zu zügeln. Diese Menschen werden wie ihr Stein ihre ursprüngliche Farbe oder Wesen beibehalten, wenn nicht etwas wirklich Drastisches dazwischenkommt, was eine Veränderung herbeiführt. Sie sind äußerst stabile Menschen und fühlen sich in solchen Situationen am wohlsten, die ihnen erlauben, soviel von dieser ursprünglichen Stabilität wie nur möglich beizubehalten. Nur selten wird man auf einen Biber-Menschen stoßen, der sich freiwillig einer Belastung aussetzt, außer es handelt sich um jemand, der sich gerade in einer anderen Position auf seiner Reise um das Medizinrad befindet. Wenn Biber-Menschen reisen oder ihre Umgebung einer Veränderung unterziehen, gehen sie so systematisch wie möglich vor. Sie fühlen sich einfach wohler, wenn sie zumindest von ein paar wohlvertrauten Dingen umgeben sind. Die Stabilität ihres Wesens, die jeder Wechselhaftigkeit entgegenwirkt und eine Eigenheit ihres Totemsteins widerspiegelt, läßt gute und zuverlässige Freundschaften mit Menschen dieses Zeichens entstehen. Haben sich Biber-Menschen einmal für eine Freundschaft mit dir entschieden, werden sie diesen Entschluß auch nicht so schnell wieder rückgängig machen. Sie sind treue Gefährten und können Menschen oder Projekte, die von einem eher wechselhaften Wesen sind, stabilisieren.

Wie der Chrysokoll können Biber-Menschen den Dingen und Menschen, mit denen sie in Berührung kommen, einen Hauch von Reinheit verleihen. Dies rührt von ihrer wesenseigenen Treue, Stabilität und Bereitschaft, mit Freundschaften und anderen Beziehungen in einer Weise umzugehen, die nach heutigen Maßstäben so rein und strahlend erscheint, als sei es das Überbleibsel einer besseren Zeit und eines besseren Ortes.

Die Pflanze, die mit den Menschen dieses Totems in Verbindung gebracht wird, ist die Blaue Camasspflanze, eine wildwachsende Angehörige der Lilienfamilie. In den USA kann man die verschiedensten Vertreter dieser Pflanzengattung finden, und es ist von großer Wichtigkeit, sie genau zu unterscheiden. Im Osten des Landes wächst die wilde Hyazinthe oder Meereszwiebel, die der im Westen vorkommenden Blauen Camass in vielen Dingen ähnelt, nur daß sie etwas kleinwüchsiger ist und ihre Blüten eine weniger intensive Blaufärbung haben. Die Blaue Camass besitzt grasähnliche Blätter, die 20 bis 35 Zentimeter groß werden und rosettenartig vom Stilansatz ausstrahlen. Diese Blüten der Pflanze, die sich Anfang Mai zeigen, sind leuchtend blau. Sie wachsen auf einem einzigen Stengel und setzen sich aus drei Kelchblättern und drei Blütenblättern zusammen. Die Pflanze an sich kann bis zu 2 Fuß, ja manchmal sogar 3 Fuß hoch werden.

Es gibt eine weitere Camass-Art, die in der Regel im näheren Umkreis der Blauen Camass gefunden werden kann. Blätter, Stiel und Knollen dieser Gattung sind denen der Blauen Camass zwar zum Verwechseln ähnlich, sie besitzt jedoch im Gegensatz zu den leuchtend blauen Blüten gelbe oder grünlichweiße Blüten. Diese Pflanze ist als Todes-Camass bekannt und darf unter keinen Umständen verzehrt werden, da sie, je nachdem wieviel man zu sich nimmt, Erkrankungen übelster Art, ja sogar den Tod herbeiführen kann. Es heißt, daß die Knollen oder Blätter der Todes-Camass ein Brennen auslösen, wenn man sie mit der Zunge berührt. Um sicherzugehen, ist es ratsam, die Knollen der Camass dann auszugraben, wenn die Pflanze in voller Blüte steht, obwohl die Knolle, die einer kleinen Zwiebel ähnelt, größer werden würde, wenn man sie bis Ende des Sommers im Erdreich belassen würde.

Die Blaue Camass stellte eines der Hauptnahrungsmittel vieler eingeborener Stämme in den USA dar. Diese markierten die eßbaren Pflanzen mit Rindenstückchen, wenn sie in Blüte standen, um sie dann auszugraben, wenn sie im Spätsommer ihre optimale Größe erreicht hatten. Eingeborene Völker kochten die Knollen der Camass, indem sie ein Loch im Erdreich aushoben, den Boden und die Seitenwände mit flachen Steinen auslegten und ein Feuer in der so entstandenen Grube entfachten. Sobald die Steine rotglühend waren, wurde die Holzglut wieder herausgeholt und die Grube mit Farn, Zweigen und anderen Pflanzenteilen ausgelegt. In diesen Löchern wurden nun bis zu 100 Pfund Knollen eingefüllt, die wiederum mit Ästen, Erde und Matten zugedeckt wurden. Dann bohrte man mit einem Stock ein Loch, in das Wasser gefüllt wurde, und ließ die Knollen etwa einen Tag vor sich hin dämpfen. Wenn sie gar gekocht waren, wurde ihre Haut abgezogen und die geschälte Knolle zu flachen Pfannkuchen gepreßt. Camass-Knollen riechen und schmecken wie brauner Zucker oder Ahornzucker. Sie wurden auch, bevor man den Zucker kannte, zum Süßen von Speisen benutzt. Blaue-Camass-Knollen kann man zu Melasse verarbeiten, wenn man sie solange kocht, bis alle Flüssigkeit fast verdampft ist. Viele weiße Siedler Amerikas lernten die Blaue Camass erst durch die eingeborenen Bewohner des Landes kennen und benutzten diese Knolle, um einen sonst eintönigen Speiseplan etwas aufzubessern.

Obgleich die Blaue Camass stärkehaltig zu sein scheint, enthält sie doch keinerlei Stärkemittel, sondern das Insulin, ein zusammengesetzter Zucker, der auch in der Löwenzahnwurzel und der Jerusalem-Artischocke zu finden ist. Aufgrund dieses Stoffes, der die Funktion der Bauchspeicheldrüse beeinflußt, wurde die Blaue Camass von den eingeborenen Menschen regelmäßig genossen, um den Blutzuckerspiegel zu regulieren und die Zuckerkrankheit abzuwehren. Wenn man große Mengen dieser Pflanze verzehrt, kann sie auch als Abführ- und Brechmittel wirken.

Wie gut doch diese Pflanze gerade zu den Biber-Menschen paßt, die sich ebenso wie sie der Schönheit und Nützlichkeit einer Sache gleichzeitig bewußt werden können. In Blüte inspiriert die Camass all jene, die ein Auge für ihre Schönheit haben. Ein großes Feld blühender Camasspflanzen wirkt wie ein tiefblauer See. Von der Nähe betrachtet, üben ihre zarten Blüten durch ihre Schönheit eine ungeheure Faszination aus. Selbst die weiße Todes-Camass bietet einen Anblick, der das Auge durchaus erfreut. Die Blaue Camass hat jedoch auch nebst der Freude, die ihre Schönheit verbreitet, einen hohen Nährwert anzubieten; von dieser Pflanze haben sich unzählige Völkergruppen über Jahrtausende hinweg ernährt. Die Blaue Camass stellt eine jener Gaben der Erdmutter dar, die den eingeborenen Völkern eine stabile und gesunde Ernährung sicherten. Wie ihre Pflanze haben Biber-Menschen die Fähigkeit, jene Menschen, mit denen sie in Beziehung stehen, zu stabilisieren. Da ihre eigenen Wurzeln tief im Boden verankert sind, können sie den Menschen oder Projekten, denen sie sich anschließen, einen festen Halt geben. Wie die Knolle der Blauen Camass vermögen sie die Dinge, mit denen sie zu tun haben, zu stärken und zu versüßen, da ihre eigene Stabilität gewöhnlich von der Zufriedenheit bereichert wird, die sie empfinden und weitergeben, wenn sie sich im Gleichgewicht mit den Energieströmen, die sie durchfließen, befinden.

So wie sich die guten Eigenschaften der Blauen Camass in der Todes-Camass umkehren, so kehren sich auch die positiven Eigenschaften der Biber-Menschen um, wenn ihre Energien nicht frei fließen können. In solchen Phasen verkrallen sich Biber-Menschen so endgültig in ihre Stabilität, daß sie das Leben an sich und alles, was sie berühren, förmlich ersticken. Wenn Biber-Menschen sich in einem Zustand der starken Unzufriedenheit befinden, können sie diese innere Disharmonie ebenso stark übertragen wie ihre seelische Ausgeglichenheit. In solchen Zeiten brauchen Biber-Menschen den geistigen Ausgleich einer übermäßigen Dosis der Blauen Camass, um wieder etwas in Bewegung zu kommen.

Die Farbe der Biber-Menschen ist blau – das schillernde Blau der Blauen Camass oder des tiefblauen Chrysokoll. Für Menschen dieses Zeichens symbolisiert dieses Blau eine Phase der physischen Ruhe und psychische Zufriedenheit, die von einem inneren Grundgefühl des Friedens und Glücks herrühren. Diese von der Farbe Blau ausgehenden Emotionen sind eine notwendige Voraussetzung dafür, daß Biber-Menschen mit den spirituellen Aspekten dieser Farbe arbeiten können. Biber-Menschen müssen glücklich mit der Erde verwurzelt sein, bevor sie die spirituellen Sehnsüchte, die ebenfalls in ihrem Herzen schlummern, entdecken können.

Da sie unter dem Mond der Wiederkehrenden Frösche geboren sind, dem 2. Mond von Wabun des Ostens, werden diese Menschen zu einem steten inneren Wachstum angehalten, weil dies einer der Monde des Frühjahrs ist, einer Zeit also, in der alle Dinge auf Erden sich in neuem Wachstum regen. Dieser Anstoß ist notwendig, damit Biber-Menschen nicht in ihren Wünschen nach Zufriedenheit verhaftet bleiben. Da sie im Zeichen von Wabun geboren sind, werden diese Menschen auch ermutigt, die materielle Ebene des Seins zu überwinden und nach geistiger Erleuchtung zu streben. Wie bereits erwähnt, erhöht ihre Zugehörigkeit zum Schildkrötenklan die Erdverbundenheit und Stabilität der Biber-Menschen und intensiviert eine Vielzahl ihrer weiteren Wesenszüge. Ihre Zugehörigkeit zu diesem Klan bedeutet ebenso, daß sie sich sehr davor in acht nehmen müssen, in ihren Gedanken, Gefühlen oder Handlungen zu stur oder unbeweglich zu bleiben, da sie damit nur den lebenswichtigen Energiefluß, der sie in Bewegung hält, blockieren würden.

Der Biber, das Tier-Totem jener, die unter dem Mond des Wiederkehrenden Frosches geboren sind, ist nebst dem Menschen das einzige Lebewesen, das in der Lage ist, seine Umwelt drastisch zu verändern, um für seinen eigenen Frieden, Sicherheit und Wohlbefinden zu sorgen. Der Biber ist das größte aller Nagetiere der USA und das zweitgrößte der Welt nach dem südamerikanischen Capybara. Ausgewachsene Biber können ein Gewicht von bis zu 70 Pfund erreichen und hören in keinem Stadium ihres Lebens zu wachsen auf. Ein Biber kann 3 bis 4 Fuß lang werden. Sein Körper ist auf erstaunliche Weise an seine Lebensweise und Umwelt angepaßt. Während er ein Landsäugetier ist, bringt er doch viel Zeit im Wasser zu. Sein Lungen- und Herzgefäß-System ist so eingerichtet, daß er in der Lage ist, so viel Sauerstoff aufzunehmen, um für mehr als 15 Minuten unter Wasser zu bleiben.

Er hat einen langen, breiten, flachen Schwanz, der mit Schuppen bedeckt ist und ihm beim Schwimmen als Ruder und bei der Arbeit an Land als Stabilisator dient. Seine Vorderpfoten sind so wendig, daß er beim Fressen einen Ast halten und wenden – so wie wir einen Maiskolben halten –, aber auch mit diesen Händen Schlamm und Blätter für seine Bauten herbeischleppen kann. Seine Hinterpfoten haben Schwimmhäute, und wenn er sie spreizt, sind sie so groß wie ein Pingpongschläger, wenn er sie spreizt, was dem Biber seine erstaunliche Geschicklichkeit und Geschwindigkeit beim Schwimmen ermöglicht. Sein braunes Fell ist dichtgewachsen und durch das Fett, das durch eine Moschusdrüse ausgeschieden wird, wasserabstoßend. Die Zähne des Bibers sind groß, hoch angesetzt und wachsen nach, wenn sie abbrechen oder gar ausfallen, was für ein Tier, das Bäume fällt, um sich zu ernähren und seine Unterkunft zu bauen, lebensnotwendig ist. Biber haben hinter ihren Schneidezähnen Hautfalten, die ihren Mund verschließen können und ihnen damit ermöglichen, unter Wasser zu arbeiten, ohne Wasser zu schlucken. Sie haben klappenartige Ohren und Nasenlöcher, die sich unter Wasser automatisch verschließen, sowie durchsichtige Membranhäute, die ihre Augen schützen.

Da der Biber seiner Umwelt so wunderbar angepaßt ist, möchte man meinen, daß er überall anzutreffen sein müßte. Er hat wenige natürliche Feinde und besitzt erstaunliche Mechanismen, sich gegen diese zur Wehr zu setzen. Dies wäre auch tatsächlich der Fall, wenn es nicht zwei Dinge gäbe, die der Mensch mehr zu brauchen glaubt als den Biber selbst: sein Pelz, aus dem lange Zeit Herrenhüte angefertigt wurden, sowie seine Moschusdrüse, die *castoreum* ausscheidet, das mindestens seit den frühen Griechen bis hinein ins 18. Jahrhundert als Allheilmittel gehandelt wurde. *Castoreum* enthält Salizylsäure, einen der Hauptbestandteile des Aspirins, und wurde früher wie auch heute noch als Fixativ in teuren Parfums verwendet.

Der Biber war damit so begehrt, daß die Suche nach ihm wohl ebenso stark die Erforschung des Nordamerikanischen Kontinents durch die Weißen vorangetrieben hat wie alle anderen Faktoren. Vom 17. Jahrhundert an entsandte die Hudson Bay Company Fallensteller in großen Zahlen auf Biberjagd, und unzählige Vermögen, so auch das der Familie Astor, begründen sich auf den Handel mit Biberpelzen. Die Biber waren somit aufgrund ihres Wertes für die menschliche Gesellschaft bis Anfang des 19. Jahrhundert nahezu ausgerottet. In den Jahren 1907 bis 1909 lagen die jährlichen Fangquoten für Biber in den USA bei 80000. Bis zum Jahre 1912 war diese horrende Zahl glücklicherweise auf 7000 zurückgegangen.

Die Menschen entdeckten schließlich, daß Biber ihren Teil dazu beitrugen, den Grundwasserspiegel zu regulieren, und somit von außerordentlichem Wert waren für die Erhaltung der Fisch- und Tierwelt, der Vegetation und der Schönheit der Landschaft. Dieser wertvolle Beitrag besteht in den Dämmen und Bauten, die sich die meisten Biber errichten, um sich zu schützen und wohl zu fühlen. Diese verblüffenden Holzkonstruktionen, die durch Schlamm und Blätter abgedichtet sind, helfen, alte Weiher zu erhalten und neue zu schaffen, in denen auch andere Pflanzen und Tiere Lebensraum finden. Die Dämme und Kanäle der Biber sind die Arbeit natürlicher Ingenieure. Kanäle, die sich 700 Fuß oder mehr erstrecken können, überbrücken in der Regel mehrere Höhenunterschiede mit Hilfe von Schleusen, die in regelmäßigen Abständen eingefügt sind, um den Wasserspiegel zu regulieren. Die Biber benutzen diese Kanäle, um eine Wassertiefe herzustellen, die es ihnen ermöglicht, einen Stamm in ihren Teich zu transportieren, damit sie genügend Nahrung und Rohstoffe vorrätig haben, um ihre Dämme zu reparieren. Die Dämme werden gebaut, damit der Biber das ganze Jahr über ein tiefes Gewässer mit einem relativ gleichbleibenden Wasserspiegel zur Verfügung hat. Ein Biber braucht seinen Teich, um sich vor Feinden zu schützen und so viel Nahrung aufzubewahren, um über den Winter zu kommen, wenn es schwierig wird, Bäume zu beschaffen, die die Grundlage seiner Ernährung darstellen. Sie verzehren die Blätter und das süße Innere der Rinde und benutzen die Stämme zum Bauen. Sie bevorzugen die Rinde der Zitterpappel, was Otter-Menschen an dieser Stelle zur Kenntnis nehmen sollten.

Biber sind sehr schweigsame Wesen. Man kann gelegentlich einen bellen, zischen oder quietschen hören, aber für gewöhnlich beschränken sie sich auf ein leises Miauen, das sie wiederum nur innerhalb ihres Baues verlauten lassen. Wenn Gefahr droht, schlagen sie mit ihren breiten Schwänzen auf das Wasser, um ihre Artgenossen zu warnen. Biber paaren sich für die Dauer eines Lebens und leben in der Regel in Kolonien von etwa 5 erwachsenen Tieren zusammen. Sie sind liebevolle Eltern, die ihren Nachwuchs über einen Zeitraum von zwei Jahren oder bis zum nächsten Wurf bei sich behalten. Zu diesem Zeitpunkt trennen sich die Jungtiere von ihrem Elternhaus und suchen sich einen eigenen Partner oder eine eigene Unterkunft. Sobald sich der Nachwuchs einstellt, jagt die Mutter den männlichen Partner aus dem Bau, bis die Jungen in der Lage sind, sich selbständig zu bewegen. Das Männchen verbringt seine Exilzeit mit anderen Vätern, die das gleiche Schicksal teilen. Ältere männliche Tiere, die ihren Partner verloren haben, werden manchmal recht mürrisch, und es heißt, daß die Biber einer Kolonie in solchen Fällen zusammenkommen, um darüber zu beraten, ob jener Verursacher von Disharmonie in der Gruppe davongejagt werden sollte. Solche alten Biber leben in der

Regel alleine in einem Böschungsloch und bemühen sich nicht einmal mehr darum, einen Bau zu finden.

Menschen dieses Totems sind wie der Biber in der Lage, ihre Umwelt eingreifend zu verändern, um für ihren eigenen Frieden, Sicherheit und Wohlbefinden zu sorgen. Sie können und werden auch Veränderungen auf vielerlei Ebenen herbeiführen: ob nun im psychischen, geistigen oder emotionalen Bereich. Wie der Biber werden sie diese Veränderungen auf eine langsame, behutsame, aber konstante und findige Weise zuwege bringen. Haben sie einmal ihre Umwelt in Ordnung gebracht, werden sie wie ihr Totem anfallende Reparaturarbeiten mit Sorgfalt erledigen, um sie auch in diesem Zustand zu erhalten. Ein geordneter und sicherer Rahmen ist eine grundsätzliche Voraussetzung für eine fruchtbare Arbeit und das innere Wachstum dieser Menschen, und es muß auf allen bisher erwähnten Ebenen geordnet sein und bleiben. Nicht, daß Biber-Menschen grundsätzlich Veränderungen scheuen, sie können vielmehr einfach ungehemmter wachsen, wenn sie sich in einer Umgebung befinden, die ihnen ein Gefühl der Sicherheit und Zufriedenheit vermittelt.

Wie der Biber fühlen sich die meisten Menschen dieses Totems sehr zum Wasser hingezogen: sei es, um darin zu schwimmen oder zu segeln oder nur um einen Spaziergang am Ufer von Seen, Flüssen oder Weihern zu machen. Das Wasser scheint ihnen die Möglichkeit zu bieten, die Dinge klarer zu erkennen und ihrem Leben eine bessere Perspektive zu verleihen. Biber-Menschen sind klug und gewandt und tun sich leicht, alles das zu erlernen, was ihnen notwendig und nützlich für ihr persönliches Fortkommen erscheint.

Wie der Biber sind sie sowohl geistig wie körperlich in der Lage, sich schnell ihrer Umwelt anzupassen, wenn sie diese einmal in Ordnung gebracht haben. Aufgrund dieser Anpassungsfähigkeit können diese Menschen auf fast jedem

Gebiet oder jeder Sache, der sie sich verschrieben haben, erfolgreich ans Ziel gelangen. Sie sind auch gerade auf der physischen Ebene sehr kreative Menschen, und man wird selten die Unterkunft eines Biber-Menschen zu Gesicht bekommen, die nicht in ihrer Ausstattung ein großes Maß an Originalität aufweist. Sie verwenden einen Großteil ihrer Zeit darauf, genau den richtigen Hintergrund für ihre eigene Persönlichkeit zu schaffen. Diese schöpferische Kraft kann auch auf anderen Ebenen mit erstaunlichen Ergebnissen angewandt werden.

Biber-Menschen sind wie ihr Totem zu wahren Wunderwerken im technischen Bereich befähigt, ob sie sich nun vorgenommen haben, ihr Heim, ihre Arbeit oder auch ihre Freunde zu gestalten. Wenn sie bestimmen, daß die Dinge sich verändern müssen, um besser zu funktionieren, werden sie sich auch verändern. Wenn man ihnen die notwendige Zeit läßt, können Biber-Menschen die meisten Arbeiten oder Projekte so umgestalten, daß sie für alle daran Beteiligten besser, reibungsloser und harmonischer ablaufen. Sie setzen diese schöpferische Kraft bisweilen dazu ein, um ihren Freunden und Vertrauten zu helfen, ihr Leben so umzugestalten, daß es auf eine zufriedenstellendere und freundlichere Art und Weise abläuft. Wenn sie all diese Aufgaben erfolgreich erledigt haben, werden sie ihre Energien auf die spirituellen Bereiche richten, in denen sie ebensogut zu Hause sein können.

Diese Menschen neigen oft zu Schweigsamkeit, wenn sie sich in einer Umgebung unsicher fühlen. Haben sie sich jedoch einmal eingewöhnt, werden sie ihre Gedanken sehr bereitwillig zum Ausdruck bringen. Mit ihren Gefühlen verhält es sich jedoch anders, diese können sie so wirkungsvoll zurückhalten, wie der Damm des Bibers das Wasser eines Teiches zurückhält. Biber-Menschen müssen lernen, ihre Gefühle Stück für Stück freizugeben, oder sie laufen unweigerlich Gefahr, eines Tages in einer Flutwelle von Emotionen zu ertrinken. Es fällt ihnen äußerst schwer, dies zu erlernen, da sie selbständige Wesen sind, die in der Regel ihre Umwelt nicht mit ihren eigenen Problemen behelligen wollen.

Wenn Biber-Menschen nicht lernen, ihre Gefühle offener zum Ausdruck zu bringen und das Leben in seiner Veränderlichkeit zu akzeptieren, können sie äußerst sture und unglückliche Menschen werden und neigen in dieser Verfassung dazu, sich dem Essen, Trinken oder anderen Dingen übermäßig hinzugeben, nur um ihre innere Unzufriedenheit zu dämpfen. Wenn sie sich zu lange in einem solchen Zustand befinden und ihre Bedürfnisse abbremsen, können sich Blockierungen in Hals oder Kehle einstellen oder aber, als Ursache ihrer übermäßigen Eß- und Trinksucht, Erkrankungen der Leber oder Bauchspeicheldrüse.

Biber-Menschen nehmen wie ihr Totem ihre Beziehungen sehr ernst. Wenn sie einen Partner gefunden haben, hegen sie den aufrichtigen und tiefen Wunsch, ein ganzes Leben an seiner Seite zu verbringen. Die Stabilität einer guten Beziehung gibt ihnen oftmals die Zufriedenheit, die sie brauchen, um sich in neue Richtungen zu entwickeln, und sie werden jene, die sie lieben, mit ihrer Liebe geradezu überschütten. Weibliche Biber-Menschen neigen dazu, besonders wenn sie jung sind, sich ihren Kindern gegenüber äußerst hingebungsvoll, ja fast besitzergreifend zu verhalten. Sie können auch den Fehler begehen, es den Biber-Weibchen nachzutun und den Mann durch ihre einseitige Aufmerksamkeit für die Kinder aus dem Haus zu treiben. Sobald die Kinder älter werden, fangen Biber-Menschen jedoch an, die Bande zu lockern, und geben ihnen oftmals einen regelrechten Schubs, um sie aus dem behüteten Elternhaus zu befördern, wenn es an der Zeit für sie ist, ihr eigenes Leben aufzubauen. Biber-Menschen haben ein gutes Zeitgefühl, um den richtigen Moment dafür zu erkennen.

Als Kinder können Biber-Menschen sehr launisch sein, bis sie einen eingespielten Lebensrhythmus haben. Haben sie einmal die Sicherheit eines routinierten Tagesablaufs, sind sie äußerst zufriedene Kinder und ungewöhnlich umgänglich. Sie sind schöpferisch begabt und können sich über einen langen Zeitraum hinweg selbst beschäftigen. Es ist jedoch nicht ratsam, mit Biber-Kindern lange Reisen ohne ein genaues Ziel zu unternehmen. Die Unsicherheit, die ihnen eine solche Reise aufbürdet, kann die Freude aller daran Beteiligten gründlich trüben.

Biber-Menschen ergänzen sich mit Angehörigen des Schlangen-Totems. Sie kommen gut mit Schneegans- und Braunbär-Menschen aus, die mit ihnen dem Schildkrötenklan zugeordnet werden, sowie mit den Vertretern des Froschklans – den Puma- und Specht-Menschen.

Wenn Angehörige anderer Totems diese Position auf dem Rad einnehmen, können sie lernen, ihre eigenen Behausungen auf der irdischen Ebene in Ordnung zu halten, damit sie alles, wonach sie streben, von einer Warte der inneren Ruhe und Zufriedenheit aus suchen können. Ebenso können sie die Werte von Stabilität, Geduld und Ausdauer erlernen und die Fähigkeit, sich mit der Erdmutter, die uns alle erhält, besser zu verwurzeln.

Mond der Maisaussaat

21. Mai – 20. Juni

Mond der Maisaussaat

(Hirsch) 21. Mai – 20. Juni

Menschen, die unter dem Mond der Maisaussaat, zwischen dem 21. Mai und dem 20. Juni, geboren sind, haben den Moosachat als Totem im Reich der Mineralien, die Schafgarbe als Totem im Reich der Pflanzen und den Hirsch als Totem im Reich der Tiere. Ihre Farben sind weiß und grün, und sie gehören dem Elementeklan der Schmetterlinge an.

Ihr Stein, der Moosachat, ist eine faserige Form des Chalzedons oder des kryptokristallinen Quarzes. In allen Achatarten sind die Farbschattierungen entweder ganz zufällig oder in Schlangenlinien angeordnet. Im speziellen Fall des Moosachats sind die Farbbänder so angelegt, als enthielte er versteinertes Moos. Man glaubte auch noch bis zum Beginn dieses Jahrhunderts, daß die Zeichnung des Steins von Moos verursacht wurde. Eine wissenschaftliche Analyse klärte auf, daß das vermeintliche »Moos« Manganoxyd, Eisen oder andere Mineralien sind. Die gängigste Form des Moosachats in unserer heutigen Zeit ist der durchsichtige, weiße Quarz mit grünem Moos oder der weißliche und bläuliche Quarz mit schwarzem Moos. Moosachat kann man in den meisten Regionen der USA und an vielen anderen Plätzen der Erde finden. Am häufigsten kommt er in Flußbetten vor.

Der Moosachat ist ein Stein mit heilenden Kräften. Es hieß früher, daß er wohltuend für die Augen sei, man benutzt ihn jedoch auch als Pendel, um andere Körperteile zu behandeln. Manche Menschen tragen einen Moosachat stets bei sich, um seine heilenden Eigenschaften zu erproben. Da der Stein einen zarten Pflanzenwuchs zu enthalten scheint, wurde er als Verbindungsglied zwischen der Stein- und Pflanzenwelt betrachtet, was seinem Besitzer wiederum ermöglichte, beide Welten besser zu begreifen. In alten Zeiten glaubte man, daß es durstlöschend sei, einige Kügelchen Moosachat im Mund zu behalten. Ebenso wurde geglaubt, daß die Fähigkeit des Steines, die Mineralien- und Pflanzenwelt zu verbinden, ihm auch die besondere Kraft verleihe, Regen heraufzubeschwören, wenn die Pflanzenwelt diesen dringend benötigte. Aus eben diesem Grund wurde der Stein in vielen Regen-Zeremonien benutzt.

Hirsch-Menschen haben wie ihr Stein besondere Heilkräfte, wenn sie lernen, diese zu entfalten. Menschen dieses Totems können außergewöhnliche Fähigkeiten in nahezu jedem Bereich entwickeln, wenn sie nur gewillt sind, intensiv daran zu arbeiten. Hirsch-Menschen haben wie der Moosachat eine wohltuende Wirkung auf die Augen ihrer Mitmenschen. Sie fühlen sich selbst zur Schönheit hingezogen und bemühen sich, diese auf ihre Umwelt zu übertragen. So sind sie oft in der Lage, aus dem gewöhnlichsten Material die schönsten Dinge zu gestalten, und dank dieser Fähigkeit wird das Zuhause, der Arbeitsplatz und andere Orte, an denen sich Hirsch-Menschen aufhalten, zu anziehenden Plätzen für alle Beteiligten.

Menschen dieses Totems besitzen wie ihr Stein besondere Fähigkeiten, sich geistig mit ihren Verwandten in der Mineralien- und Pflanzenwelt zu verbinden. Sie fühlen sich gewöhnlich sowohl zu Pflanzen wie auch zu Mineralien stark hingezogen und haben die Begabung, Vertreter dieser beiden Reiche in anziehender Weise zusammenzubringen, ob nun in einem Terrarium oder in einem Garten. Hirsch-Menschen fühlen sich am wohlsten, wenn sie zumindest einen Teil ihrer Zeit in Gebirgs- oder Hügellandschaften verbringen können, wo die Erdmutter die anderen Elemente, zu denen sie eine besondere Nähe verspüren, vereint hat.

Die Schafgarbe, das Pflanzen-Totem der Hirsch-Menschen, ist eine schön anzusehende, nützliche und vielseitige Pflanze, die äußerst fruchtbar ist. Die Schafgarbe kann man an fast allen offenen Plätzen finden, sei es nun in der Stadt oder auf dem Land. Sie hat einen intensiven Duft und einen starken adstringierenden Geschmack, der von der in ihr enthaltenen Gerbsäure und dem Bitterstoff Achillein herrührt. Sie ist eine ganzjährige Pflanze, deren Blätter so fein verästelt sind, daß sie wie ein flaumiger Farn wirkt. Ihre Blätter sind es, die sich als einer der ersten Boten des Frühjahrs zeigen, und bis zum Sommer kann die Pflanze eine Höhe von etwa 1 Meter erreichen. Die weißen Blüten der Schafgarbe blühen fast den ganzen Sommer über. Sie wachsen an der Spitze des Stengels in unzähligen kleinen Köpfchen, die zusammen eine flache Trugdolde ergeben. Der Blütenstand kann einen Durchmesser von bis zu 30 Zentimeter erreichen. Die Schafgarbe wird in Europa *Achillea Millefolium* genannt, nach Achilles aus der griechischen Sage, dem man zuschreibt, daß er den medizinischen Wert der Pflanze entdeckt hat, obgleich auch anzunehmen ist, daß die Urbewohner Amerikas diesen schon lange vorher kannten. Die Ojibwa nannten die Schafgarbe Wabeno-Wusk – Pflanze der Dämmerung oder Pflanze des Ostwinds.

Alle Teile der Schafgarbe können medizinisch verwertet werden. Die Ureinwohner Amerikas benutzten sie als Tonikum für Erschöpfungszustände und Verdauungsstörungen. Die Schafgarbe wirkt gleichzeitig nervenstärkend, stoffwechselanregend und blutreinigend, indem sie die Poren öffnet, damit die Giftstoffe entweichen und die Schleimhäute sich beruhigen können. Aufgrund dieser Eigenschaften ist die Schafgarbe äußerst heilsam für Erkältungen, Grippeerkrankungen und verwandte Krankheiten. Nimmt man Schafgarbe gleich zu Beginn einer Erkältung ein, kann man sich ihrer manchmal innerhalb von 24 Stunden wieder entledigen.

Die Schafgarbe kann auch harntreibend wirken, wenn dies vonnöten ist, hat jedoch nicht diese Wirkung, wenn sie nicht erforderlich ist. Ebenso wirksam bekämpft sie Hämorrhoiden, die besonders unangenehm während Schwangerschaften und Entbindungen auftreten. Äußerlich angewandt wirkt die Schafgarbe als lokales Betäubungs- und Desinfektionsmittel. Wenn man ein Blatt der Schafgarbe kurz kaut und auf einen Mückenstich auflegt, wird man feststellen können, daß der unangenehme Juckreiz innerhalb kürzester Zeit nachläßt. Auf dieselbe Weise scheint sie auch Zahnschmerzen zu lindern. Achilles behauptete, daß es heilsam sei, den Saft der Pflanze in das Auge zu träufeln, um eine Rötung oder Entzündung zu lindern. Im Orient benutzte man die Stengel der Schafgarbe, um das I GING zu werfen.

Die Schafgarbe kann für Angehörige des Hirsch-Totem eine sehr nützliche Heilpflanze sein, da diese häufig anfällig für ernsthafte Erkrankungen der Lungen, Drüsen und Bronchialwege sind. Wenn sich Hirsch-Menschen in einem Zustand der inneren Ausgewogenheit befinden, können ihnen diese Erkrankungen jedoch nicht mehr anhaben als einfache Erkältungs- oder Grippeerkrankungen, die ihre Atemwege angreifen. Die Schafgarbe ist ein ausgezeichnetes Heilmittel gegen solcherlei Krankheiten. Äußerlich angewandt, ist die Schafgarbe nützlich, um die Prellungen und Schürfungen zu anästhesieren und desinfizieren, die sich Hirsch-Menschen bisweilen zuziehen, wenn sie die Kontrolle über ihre Energien verlieren und in allzu heftige Reaktionen verfallen.

Wie sehr ähnelt diese Pflanze doch den Vertretern des

Hirsch-Totems! Auch sie sind nützliche, vielseitige Menschen, die aufrichtig darum bemüht sind, der Welt, in der sie leben, Freude und Schönheit zu bescheren. Man wird sie jedoch in jedem exponierten Bereich antreffen, in dem sie sich einer Vielfalt von Arbeiten oder spielerischen Aktivitäten widmen. Hirsch-Menschen können wie ihre Pflanze äußerst »adstringierend« auf ihre Umwelt wirken, da sie manchmal über einen geradezu beißenden Humor verfügen, der besonders dann zutage tritt, wenn sie sich auf irgendeine Weise in die Enge getrieben fühlen oder sich in einen Bereich hineingewagt haben, in dem sie sich nicht sonderlich wohl fühlen. Während ihr Äußeres aus Milch und Honig zu bestehen scheint, fließt doch oftmals ein Bächlein Essig durch ihre Adern.

Hirsch-Menschen wirken wie ihre Pflanze häufig stärkend auf ihre nähere Umgebung. Gewöhnlich ist ihre Energie so sprudelnd, daß sie mühelos eine Handvoll anderer Menschen in ihr Kielwasser mitreißen können. Hirsch-Menschen geben gute Freunde ab, die einem beistehen, alle Probleme, mit denen man konfrontiert wird, zu bewältigen. Sie werden dich ermutigen, dich ihnen und dem Leben zu öffnen und all das herauszulassen, was sich als Schwierigkeiten im Innersten anstaut. Solange man seine Probleme auf interessante Weise vorzutragen vermag, solange kann man sich ihrer aufmerksamen Zuhörerschaft sicher sein – hüte dich jedoch davor, dich allzuoft zu wiederholen, ihre Gedanken sind zu schnell, als daß sie die Geduld aufbringen könnten, sich immer wieder dieselben Probleme anzuhören. Sie werden versuchen, dich mit ihrer aufrichtigen Besorgnis und vielseitigem Charme zu beruhigen und deinen Kummer zu lindern. Angehörige des Hirsch-Totem sind wahre Menschenfreunde, die sich aufrichtig darum bemühen, ihren Freunden Trost zu spenden und sie aufzuheitern, egal um was für ein Problem es sich handelt. Es beunruhigt jedoch auch sie, wenn man in Bereiche vorstößt, die ihnen allzu persönlich und tief erscheinen. Sie befürchten nämlich dann, daß man, wenn man sich ihnen völlig öffnet, das gleiche auch von ihnen erwarten könnte, und Hirsch-Menschen sind trotz ihrer Geselligkeit äußerst zurückhaltend, wenn es darum geht, anderen Einblick in die Tiefen ihres Seins zu gewähren.

Hirsch-Menschen haben die Begabung, viel und ausgiebig zu reden. Sie können sich mit jedermann über jedes Thema ergehen – bis zu einem Punkt, wo es zu persönlich wird und sie ungeniert und unter Aufwendung ihres ganzen Charmes das Thema der Unterhaltung so schnell wechseln, daß es nicht einmal auffallen wird, daß sie »vergessen« haben, jene Frage nach ihrem eigenen Wohlsein und Leben zu beantworten.

Hirsch-Menschen können sich wie die Schafgarbe und der Moosachat mit Leichtigkeit heilende Kräfte aneignen. Sie haben die gleiche Gabe wie diese Totems, die Augen der Menschen, mit denen sie arbeiten, zu öffnen, zu heilen und ihnen somit zu helfen, alle Dinge klarer zu erkennen. Und dennoch sind sie selten in der Lage, die Dinge selbst klar zu sehen, da ihr Auge so damit beschäftigt ist, von einer Idee zur anderen zu schweifen, daß sie sich nie wirklich die Zeit nehmen, die Wahrheit, die in den einzelnen Dingen verborgen liegt, zu ergründen.

Ihre Angehörigkeit zum Schmetterlingsklan verstärkt diese Tendenz, von einer Sache zur nächsten zu springen. Alle Schmetterlings-Menschen haben die Angewohnheit, einen Großteil ihrer Zeit damit zu verbringen, durch die Lüfte zu flattern, eine Sache nach der anderen zu prüfen und niemals wirklich dazu bereit zu sein, sich auf irgend etwas Konkretes einzulassen. Der Mond der Hirsch-Menschen – der Mond der Maisaussaat, der letzte Mond des Frühjahrs, wenn sich die Dinge in die Pfade des Wachstums hineinbegeben haben – verhilft ihnen jedoch zu einem gewissen Maß an Stabilität und eröffnet ihnen etwas von der Wesenheit von

Wabun, der Hüterin des Geistes aus dem Osten. Zu diesem Zeitpunkt befinden sich die Samen bereits im Erdreich, haben gekeimt und ihre richtige Gestalt angenommen. Wabuns Geschenk der Erleuchtung fällt Hirsch-Menschen am leichtesten zu, wenn sie gelernt haben, ihre richtige Form und Gestalt zu erkennen.

Die Farben der Hirsch-Menschen sind weiß und grün. Ihr Weiß des gestaltlosen Seins, des Raumes, in dem alles möglich zu sein scheint. Es ist das Weiß eines neu in die Welt entlassenen Kindes in seiner ganzen Reinheit und Unschuld. So wie auch dieses Weiß alle Farben des Regenbogens in sich birgt, neigen Hirsch-Menschen dazu, zahllose Möglichkeiten in sich zu tragen. Ihr Grün ist das Grün der Natur, der Heilung und Erneuerung. Dieses Grün kann sich jedoch auch in eine Farbe der Selbstgerechtigkeit verwandeln – der Selbstgerechtigkeit eines Menschen, dessen Meinung stets vorherrschen sollte.

Das Tier-Totem jener Menschen, die während des Mondes der Maisaussaat geboren sind, ist natürlich der Hirsch, jenes feinfühlige, anmutige und wachsame Wesen, das allen durch seinen bloßen Anblick Schönheit und Freude beschert. In den Vereinigten Staaten gibt es drei Hirscharten: der Maultier-Hirsch, der Weißwedel-Hirsch und der Schwarzwedel-Hirsch. Ein jeder von ihnen lebt in der Regel in verschiedenen Regionen: Der Maultier-Hirsch bewohnt sämtliche Weststaaten der USA und Kanada; der Weißwedel-Hirsch kommt vorwiegend im Osten des Landes vor, obgleich auch manche Rudel in Kalifornien und den Nordwest-Staaten zu finden sind; und die Schwarzwedel-Hirsche leben in der Sierra Nevada und ihrem Ausläufer, dem Kaskadengebirge. All diese verschiedenen Hirscharten sind relativ anpassungsfähig, obgleich der Schwarzwedel-Hirsch eine entschiedene Vorliebe für Waldregionen zeigt.

Während es in Größe und Gewohnheit einige Unterschiede zwischen diesen drei Hirscharten gibt, sind sie in der Regel alle zwischen 70 Zentimeter und 1 Meter hoch (bis zur Schulter gemessen) und bis zu 400 Pfund schwer. Der Weißwedel-Hirsch ist der kleinste unter ihnen und der Maultier-Hirsch der größte Vertreter. Der Weißwedel-Hirsch hat seinen Namen aufgrund der weißen Unterseite seines Schwanzes erhalten, den er dazu benutzt, anderen Hirschen Zeichen zu geben. Der Schwarzwedel-Hirsch hat einen schwarzen Schwanz und der Maultier-Hirsch ungewöhnlich große Ohren, die an die Ohren eines Maulesels erinnern. Hirsche haben eine blökende Stimme, die manchmal der eines Schafes ähnelt. Sie schnaufen, wenn sie aufgebracht sind, stoßen quiekende Laute aus, wenn sie angegriffen werden oder Schmerzen erdulden müssen, und haben manchmal ein ganz besonderes Blöken, wenn sie ihre Kitze rufen. Weißwedel- und Schwarzwedel-Hirsche bewegen sich in einer Reihe von langen anmutigen Sprüngen vorwärts, während der Maultier-Hirsch sich mit steifbeinigen, kurzen Sätzen fortbewegt. Die Grundfarbe des Weißwedel-Hirsches ist das Rotbraun des Sommers, das im Laufe des Winters ergraut. Schwarzwedel-Hirsche sind hingegen dunkelbraun und im Winter dunkelgrau mit weißen Bauchpartien. Die Kitze aller drei Hirscharten sind bei der Geburt gefleckt, was für sie während der ersten 6–8 Wochen, in denen sie versteckt bleiben, einen natürlichen Schutz darstellt, bis sie in der Lage sind, mit ihren Müttern mitzulaufen. Kitze werden als zusätzlicher Schutz der Natur ohne Fährte geboren.

Die Böcke stoßen jedes Jahr ihr Geweih ab, das anschließend wieder nachwächst. Es heißt, daß sie dieses verlieren, um sich selbst zu schwächen und die neugeborenen Kitze und Hirschkühe in dieser Zeit nicht belästigen zu können. Das Geweih wird im Januar oder Februar abgeworfen, und es ist erst bis zur Paarungszeit – im Spätherbst – wieder vollständig nachgewachsen. Während das Geweih nachwächst und sich in jenem weichen, samtenen Stadium befindet, müssen sich die Böcke sehr in acht nehmen, da das

Geweih in dieser Zeit ungewöhnlich stark durchblutet und daher sehr empfindlich ist. Dieser Wachstumsprozeß entzieht ihnen einen Großteil ihrer körperlichen Kraft.

Hirsche leben mit Ausnahme der Paarungszeit in Rudeln oder kleinen Gruppen mit anderen Angehörigen ihres eigenen Geschlechts zusammen. Während der Paarungszeit sind die Böcke sehr eigenbrötlerisch. Im Gegensatz zu anderen Mitgliedern der Hirschfamilie versuchen sie nicht, sich einen Harem zuzulegen, sondern springen vielmehr von Kuh zu Kuh und berücksichtigen dabei ganz das Interesse des Weibchens. Während dieser Zeit begeben sich die Böcke, die im ersten Teil des Jahres noch enge Freunde gewesen sind, mit ihrem vollausgebildeten Geweih oftmals gegeneinander auf den Kampfplatz. Gewöhnlich gehen diese Kämpfe nicht tödlich aus, es sei denn, ihr Geweih verhakt sich ineinander und sie müssen elendig verhungern. Nach der Paarung werden die Hirschrudel gewöhnlich von einer älteren Kuh bis zum Ende des Winters geführt. Im Frühjahr gebären die Kühe ihren Nachwuchs, der oft aus Zwillingen, ja sogar Drillingen bestehen kann. Diese Neigung zur Mehrfachgeburt ist oft die Ursache für eine Überbevölkerung unter den Hirschen, was wiederum zur Folge hat, daß viele Hirsche in kargen Wintern, in denen Blätter, Triebe, Knospen, Wurzeln und Gras nur sehr spärlich sind, verhungern müssen. Die Feinde der Hirsche sind Kojoten, Hunde, Bären und Wildkatzen sowie Waldbrände, Menschen und Autos. Man schätzt, daß jährlich über 400 000 Hirsche auf den Straßen überfahren werden.

Hirsch-Menschen sind wie ihr Totem empfindsame, anmutige, bewegliche und wachsame Wesen. Sie sind von Natur aus intuitiv veranlagt, was ihnen ermöglicht, zumindest die Gefühle, die sich an der Oberfläche ihrer Mitmenschen abspielen, leicht zu erraten. Da ihre eigene Gefühlswelt so wechselhaft ist, haben sie in der Regel die meisten Stimmungen und Launen, in denen sich andere Menschen befinden, schon längst durchlebt. Dies verleiht ihnen die Fähigkeit, anderen zuzuhören und – sei es nur mit einem Ohr – die Gefühle und Probleme ihrer Freunde und Bekannten zu verstehen. Sie haben große Schwierigkeiten, anderen ihre ungeteilte Aufmerksamkeit zu widmen, da ihre eigenen Gedanken und Gefühle von dem, was man ihnen erzählt, zu neuen Sprüngen angeregt werden und es sie drängt, diese sogleich mitzuteilen. Hirsch-Menschen vermögen es jedoch, ihre eigenen Gefühle so geschickt und anmutig in das Gespräch einzubringen, daß der Gesprächspartner kaum zur Kenntnis nimmt, daß er unterbrochen worden ist. Aufgrund ihrer erhöhten Wachsamkeit entgeht es ihnen jedoch nicht, wenn sie ein Gespräch zu häufig unterbrechen, und sie bemühen sich dann um so mehr zuzuhören, so daß man niemals mit einem Gefühl von ihnen weggehen wird, nicht ihre volle Aufmerksamkeit erhalten zu haben.

Das Verlangen nach Schönheit in ihrer Umgebung ist ein tiefgreifender Wunsch in jedem Hirsch-Menschen. Sie umgeben sich gerne mit schönen Landschaften oder einem reizvollen Zuhause und mit Menschen, die ihnen zumindest auf einigen Ebenen schön erscheinen. Dies heißt jedoch nicht, daß sie nur Kontakt mit physisch schönen Menschen suchen. Hirsch-Menschen sind intuitiv und einfühlsam genug, um zu wissen, daß Schönheit nicht nur eine Sache der äußeren Hülle, sondern auch des inneren Kerns ist. Diese Menschen bereiten wie der Hirsch jenen Mitmenschen, die sie kennen und schätzen, oftmals Freude. Es ist dies ein tiefes Verlangen, das im Innersten ihres Herzens wohnt, da sie wohl wissen, daß Freude eine notwendige Voraussetzung ist, um die Schönheit der Welt schätzen zu können.

Angehörige des Hirsch-Totems sind kluge, findige und schöpferische Menschen. Sie haben sowohl auf der physischen wie auf der emotionalen Ebene die Begabung, aus den einfachsten Dingen etwas von großer Schönheit zu schaffen. Sie sind oftmals in vielerlei Hinsicht Künstler oder Musikanten, was ihrer innersten Seele die wahre Erfüllung bringt. Dies drückt sich manchmal auf ungewöhnlichste Art und Weise aus. Es mag sein, daß sie kulinarische Kunstwerke, besonders wirksame Kräutertinkturen oder genial erdachte Theorien hervorbringen anstelle von Ölgemälden oder Aquarellen. Es ist ihnen gleich, in welchem Bereich sie sich ausdrücken, wenn sie nur schöpferisch arbeiten können und das Ergebnis schön ist. Emotional gesehen können Hirsch-Menschen durch ihr aufrichtiges Interesse, ihr Einfühlungsvermögen und ihre Klugheit die Schönheit in den Menschen, die sie umgeben, förmlich zum Leben anregen. Sie haben einen unfehlbaren Blick für die Schönheit in allen Menschen und suchen diese stets auch anderen zu offenbaren.

Diese Menschen haben wie der Hirsch ein großes Spektrum von Geräuschen, mit Hilfe derer sie sich gewöhnlich sehr enthusiastisch ausdrücken, und dieser Enthusiasmus ist ansteckend! Wenn ein Hirsch-Mensch in Gelächter ausbricht, wird er im Nu jeden im Raum damit anstecken.

Manchmal teilen jedoch Hirsch-Menschen auch eine andere Eigenschaft mit ihrem Totem, die sich weniger positiv auswirkt. Da sie sich zur gleichen Zeit zu so vielen verschiedenen Menschen gleich stark hingezogen fühlen, haben sie Schwierigkeiten, sich auf eine Beziehung zu beschränken. Es gibt so viele Menschen, die sie aufrichtig anziehend finden, daß es ihnen manchmal nahezu unmöglich ist, sich für einen einzigen zu entscheiden. Dies trifft sowohl auf die Männer dieses Totems wie auch auf die Frauen zu, obgleich es oftmals im männlichen Vertreter stärker auftritt. Diese Menschen genießen es, wie der Hirsch, auch mit Vertretern des eigenen Geschlechts zusammen zu sein und mit ihnen die besonderen Qualitäten, die sie gemein haben, zu teilen.

Es ist dringend vonnöten, daß Hirsch-Menschen es lernen, eine Beziehung zu finden, in der sie sich so wohl fühlen, daß sie die Bereiche ihres Seins, die sie für gewöhnlich zu verbergen suchen, offenbaren können. Ebenso müssen sie lernen, den Wert von Beständigkeit in ihrem Leben anzuerkennen, da sie ansonsten ihr ganzes Leben damit verbringen werden, von einer Idee zur anderen zu springen, ohne jemals das zu finden, was sie wirklich suchen. Sie haben immense Schwierigkeiten, ihre Zeit und Energie einzuteilen und ihr Leben in einer effektiven Weise einzurichten. Wenn sie dies nicht lernen, können sie leicht anfällig werden für Krankheiten, die sie zwangsweise bremsen werden, oder für Zustände, in denen ihr Körper ebenso sprunghaft und nervös sein wird, wie ihre Gedanken es ohnehin schon sind. Wenn sie es nicht schaffen, Menschen zu finden, denen sie sich öffnen können, werden sie auch anfällig für Blockierungen ihres Organismus werden.

Hirsch-Menschen sind liebevolle Eltern, obgleich es manchmal einer ungeheuren Umstellung bedarf, bis sie sich dem Rhythmus eines Kindes anpassen können. Sie ziehen es wie die Hirschkuh häufig vor, ihre Kleinsten in einem sicheren Versteck zu belassen, während sie selbst ihren Geschäften nachgehen und erst dann zurückkommen, wenn es an der Zeit ist, ihnen Nahrung und Liebe zukommen zu lassen. Hirsch-Männern fällt die Rolle des fürsorglichen Vaters wesentlich schwerer als den Frauen. Es scheint ihnen etwas völlig Neues und Fremdes zu sein, und sie müssen sich einen gewaltigen Ruck geben, um sich mit der Entwicklung eines Kleinkindes auseinandersetzen zu können. Sobald das Kind älter geworden ist und mit den Eltern mitlaufen kann, fühlen sich beide Teile wohler.

Hirsch-Kinder sind dank ihrer Einfühlsamkeit, ihrer Intuition und Kreativität durchaus in der Lage, sich selbständig zu beschäftigen. Sie freuen sich daran, andere zu unterhalten und zu erfreuen. Worin sie wiederum den erwachsenen Hirsch-Menschen gleichen. Sie können sich wie Kitze mit Leichtigkeit und ohne aufzufallen, ihrer Umgebung anpassen, womit sie Bedrohungen aus allen Bereichen entgehen. Da sie in der Regel ruhige, leicht zu beschäftigende und unterhaltsame Kinder sind, verkörpern sie häufig das Idealbild eines Kindes, wonach sich alle Eltern sehnen.

Während Menschen dieses Totems fast mit allen anderen Menschen gut zurechtkommen, tun sie sich besonders leicht mit Raben- und Otter-Menschen, die ebenso wie sie dem Schmetterlingsklan angehören, sowie mit den Vertretern des Donnervogelklans – den Roter-Habicht-Menschen und den Stör-Menschen. Ihre Ergänzung finden sie im dritten Vertreter des Donnervogelklans, dem Wapiti-Menschen.

Wenn Menschen anderer Monde sich in dieser Position auf dem Medizinrad einfinden, werden sie etwas von ihren eigenen Fähigkeiten entdecken, einfühlsamer, beweglicher zu sein und die Schönheit des Lebens in all seinen Ausdrucksformen schätzenzulernen. Ebenso werden sie jedoch auch die Kräfte und Schwächen kennenlernen, die ein schnelles Dahinfließen der Lebensenergie mit sich bringt.

Mond der Kraftvollen Sonne

21. Juni – 22. Juli

Mond der Kraftvollen Sonne

(Specht*) 21. Juni – 22. Juli

Jene Menschen, die im Mond der Kraftvollen Sonne, zwischen dem 21. Juni und dem 22. Juli, geboren sind, haben den Karneol als Totem im Reich der Mineralien, die Heckenrose als Totem im Pflanzenreich und den Specht als Totem im Tierreich. Ihre Farbe ist das Rosa der Rose und des Spechts, und sie gehören dem Elementeklan der Frösche an.

Der Stein dieser Menschen ist wie der Moosachat ein Chalzedon, eine kryptokristalline Form des Quarzsteines. Karneol ist ein klares Chalzedon, dessen Farbe von Rosa über Rot bis hin zu Gelb variieren kann. Die gelbe Art wird gewöhnlich als Sardion bezeichnet, die Bezeichnung »Karneol« wird genaugenommen nur auf den durchsichtigen Vertreter dieses Minerals angewandt. Die milchige Form dieser Steine ist Jaspis.

Der Karneol wurde schon in frühester Zeit in allen Teilen der Welt zu Schmuck und anderen Ornamenten verarbeitet. Es war wohl der erste harte Stein, in den man in alten Zeiten Gravierungen schnitt. Der Karneol wurde aufgrund seiner Farbe oft mit dem Blut in Verbindung gebracht, und man

* Flicker – eine ausschließlich in Amerika vorkommende Spechtart, die sich im äußeren Erscheinungsbild und Verhaltensweise von den europäischen Spechtarten unterscheidet.

benutzte ihn in Notfällen häufig, um Verletzungen zu behandeln, da es hieß, daß er den Blutfluß einer Wunde zum Stillstand bringen könne. In solchen Notfällen ließ man ihn wie ein Pendel an einer Schnur oder einem Lederriemen über der Wunde baumeln, da man glaubte, daß die kreisförmigen Bewegungen des Steines den Blutfluß eindämmen und den Heilungsprozeß einleiten würden.

Der Karneol wird aufgrund seiner Farbe und seiner Eigenschaften auch mit dem menschlichen Herzen in Verbindung gebracht. Ein Karneol galt als Geschenk des Herzens und wurde oft als Symbol einer Liebesbezeugung weitergegeben. In alten Zeiten glaubte man, daß das Tragen eines Karneols dazu beitragen würde, das Herz bei guter Gesundheit und für alle Gefühle offen zu halten, die sich in ihm ansammeln. Mütter trugen häufig einen Karneol, um ihre Herzen für die Bedürfnisse und Nöte ihrer Kinder aufnahmebereit zu halten.

Specht-Menschen werden wie ihr Stein oft mit der Vorstellung verbunden, ihre Umgebung und besonders ihr Zuhause auszuschmücken, da es ihnen äußerst wichtig ist, ein bequemes und schönes Heim zu haben. Specht-Menschen sind sehr häuslich und fühlen sich am ausgeglichensten, wenn ihre häusliche Umgebung, sei es nun physisch, geistig oder emotional, in Ordnung und schön anzusehen ist. Sie werden wie ihr Stein schnell von neuen Gedanken und Gefühlen in Beschlag genommen und sind – hat dieser Wechsel einmal stattgefunden – in ihrem Festhalten an jenem Konzept, für das sie sich entschieden haben, unerschütterlich. Bevor sie jedoch irgendwelchen Neuerungen Einlaß in ihr Leben gewähren, werden sie einige Zeit damit verbringen, abzuwägen und zu analysieren, wie sich diese Neuerungen zusammensetzen und wie sie mit den anderen Konzepten, die ihr Leben bestimmen, zusammenpassen.

Specht-Menschen werden wie ihr Stein sowohl wörtlich wie bildlich mit dem Blut in Verbindung gebracht. Menschen dieses Totems haben eine besondere Verbindung mit der Milz, dem Blutkreislauf sowie mit Brust und Bauch. Sie haben die Fähigkeit, offen und ungehemmt mit dem Leben zu fließen, so wie auch das Blut frei und ungehemmt durch einen gesunden Körper fließt. Es ist gut, Specht-Menschen in Notfällen zur Stelle zu wissen, da ihre intuitiven Kräfte helfen können, den wahren Auslöser des Notfalles zu erkennen, und ihr besorgtes Eingreifen der verletzten Person das Gefühl geben kann, auf die bestmögliche Art versorgt zu werden.

Specht-Menschen sind äußerst einfühlsam für die Zeichen und Botschaften ihres eigenen Herzens. Wenn sich ein Specht-Mensch verliebt, dann ist das eine Liebe, auf die man bauen kann und die, mit Ausnahme der Untreue von der anderen Seite, allem standhält. Wenn sie sich in ihrem inneren Gleichgewicht befinden, sind Menschen dieses Totems offen und voller Liebe für ihre Mitmenschen. Ihre Herzen können alles, was sie umgibt, seien es nun Pflanzen, Mineralien, Tiere oder Menschen, förmlich mit ihrer Liebe überfluten. Specht-Menschen sind gewöhnlich sehr liebevolle Eltern, die bereit sind, für das Glück ihrer Kinder große Opfer zu bringen. Sie sind die Menschen, deren Haus oftmals mit Kindern überquillt, seien es nun die eigenen oder Kinder aus der Nachbarschaft, die eine Sonderportion Liebe oder Zuwendung brauchen – und diese werden Specht-Menschen in Fülle vergeben.

Die Pflanze dieser Menschen ist die Heckenrose, jener wunderbare Busch, der zu unzähligen Gedichten und ungezählten Liedversen inspiriert hat. Die Heckenrose ist eine aufrecht wachsende Staude mit stacheligen Zweigen und zusammengesetzten Blättern, die aus 5 bis 7 scharf gesägten Blättchen bestehen. Diese gleichen den Blättern der Edelrose, sind jedoch etwas kleiner. Die Blüte hat 5 Blütenblätter, die von dem fleischig gelben Rand des Blütenbodens ausstrahlen. Farblich können sie von Hell bis Leuchtendrosa variieren. Wenn die Blüte abgefallen ist, bildet sich die als Hagebutte bekannte Frucht heran, eine orangefarbene Beere. Viele Hagebutten haben eine fleischige Schale, die mit kleinen weißen Samen gefüllt ist, manche sind jedoch kernlos.

Während viele Kräuterführer den Geschmack der Schale als angenehm und mild bezeichnen, weisen andere darauf hin, daß er durchdringend würzig und äußerst ausgeprägt sei. Hagebutten sind eine der vitaminhaltigsten Pflanzen, die es gibt. Die Rosen blühen von Mai bis Juli und bereichern in dieser Zeit ihre gesamte Umgebung mit ihrem herrlichen Duft. Die Hagebutten können im Herbst geerntet werden.

Man kann die Hagebutte den gesamten Herbst und Winter über roh verzehren, was bei vielen indianischen Stämmen üblich war. Man kann sie jedoch auch trocknen, als Tee trinken, zu Mehl vermahlen oder in Marmeladen oder Suppen verwenden. Es heißt, daß etwa 40% des Vitamin-C-Gehalts durch Kochen entzogen wird und durch Trocknen etwa 65%. In alten Kochbüchern kann man noch gute Rezepte zur Verarbeitung der Hagebutte entdecken, während die modernen Bücher es häufig versäumen, darauf hinzuweisen.

Hagebutten sind aufgrund ihres hohen Vitamin-C-Gehaltes ausgezeichnete Heilmittel für Erkältungen, Halsschmerzen und Grippeerkrankungen. Läßt man die Blütenblätter der Heckenrose in kochendem Wasser ziehen, ergibt sich ein köstlicher Tee, der eine leicht adstringierende und beruhigende Wirkung auf den menschlichen Organismus haben soll. Auch die Zweige und Wurzeln der Pflanzen können geschält und als Tee aufgekocht werden, was wirksam gegen Erkältungskrankheiten sein soll. Früher benutzte man Hagebuttentee dazu, um Gallensteine und Nierensteine aufzulösen und zu entfernen sowie um das Blut von Menschen zu reinigen, die an Blut- und Leberleiden erkrankt waren. In jenen Tagen wurde das destillierte Wasser der Blätter und

Blüten dazu benutzt, das Herz zu kräftigen, die Lebensgeister anzuregen und körperliche Gebrechen aller Art zu bekämpfen, die den sanft kühlenden Effekt der Pflanze benötigten.

Eingeborene Völker benutzten die Hagebutte zusammen mit der Minze und der Himbeere als Tee, der sowohl Erwachsenen wie Kindern zu körperlichem und seelischem Wohlbefinden verhalf. Nach den Berichten eines Kräutermannes der Mohawk gibt es eine indianische Prophezeiung, daß nach dem Eindringen der Europäer auf dem amerikanischen Kontinent ein Heilmittel für bösartige Erkrankungen benötigt werden würde, die den Niedergang dieser Zivilisation zur Folge haben könnten. Dieses Heilmittel gegen Krebserkrankungen würde – so heißt es weiter in der Prophezeiung – einer Rosenkreuzung entstammen, die ein Mensch indianischer Herkunft entwickeln würde.

Rosenwasser, das aus den Blüten der Pflanze hergestellt wurde, verwendete man in alten Zeiten häufig in Augen-Tinkturen, um die Augen von den unangenehmen Nebenwirkungen des Heuschnupfens zu befreien. Die Heckenrose, auch Hundsrose genannt, wurde ebenfalls von Kräuterkennern dazu benutzt, um den Geruch weniger wohlriechender Pflanzen zu überdecken, die zu medizinischen Zwecken eingenommen werden mußten. Rosenblätter werden heute noch zu einem Öl verarbeitet, das in der Herstellung von Parfums oder Haarwassern Verwendung findet, und die getrockneten Blütenblätter sind einer der Hauptbestandteile von Duftkissen, die man zwischen Kleider sowie in Schränke und Schubladen legt. Specht-Menschen können von ihrer Pflanze die große Auswahl von Möglichkeiten kennenlernen, die ihnen zur Verfügung stehen, wenn sie sich im richtigen Fluß ihrer Lebensenergie befinden. Sie können wie die Rose wahrhaft schöne Menschen sein, die in der Lage sind, andere sowohl mit ihrer Schönheit wie ihrer Nützlichkeit zu inspirieren. Specht-Menschen haben wie ihre Pflanzen etwas Wildes an sich und eine besondere Anziehungskraft, sofern sie sich in einer natürlichen Umgebung befinden. Wenn ihr Leben in voller Blüte steht, können sie jeden, der sie betrachtet, aufrichtig beglücken, und wenn die ersten Blüten anfangen welk zu werden, werden diese von den Früchten der Weisheit ersetzt, die jene Phase hervorbringt. Specht-Menschen werden wie die Hagebutte häufig ihrer äußeren Schale wegen, jener sichtbaren Attribute, mit denen sie sowohl im physischen wie im emotionalen Bereich reich beschenkt sind, auserwählt. Und doch schlummert im Inneren dieser Menschen ein tiefes Wissen, das ebenso nutzbringend ist wie ihre sichtbaren Kenntnisse, wenn man sich nur die Mühe macht, sich durch diese hindurchzuarbeiten.

Specht-Menschen, die nicht im Einklang mit sich selbst stehen, können ebenso hohl erscheinen, wie manche Menschen es dem Geschmack der Hagebutte nachsagen. In dieser Verfassung können sie sogar träge und faule Menschen werden, die sich weit häufiger in unausgegorenen Emotionen verlieren, als sich in einer realistischeren und anhaltenderen Sache zu engagieren. Wenn sich Specht-Menschen in einem Zustand der inneren Disharmonie befinden, scheinen sie zu keinem selbständigen Gedanken und zu keiner stabilen emotionalen Beziehung imstande zu sein. Wenn sie sich jedoch in Einklang mit ihrem Inneren befinden, sind sie äußerst empfindsam und in der Lage, die Dinge um sich herum aufzunehmen und auch widerzuspiegeln. Dann sind sie auch befähigt, selbständige Entscheidungen zu fällen, ob es nun geistiger oder emotionaler Art sei, und auch zu diesen zu stehen.

Hagebutten- oder Rosenblättertee kann Menschen dieses Totems helfen, ihr Blut zu reinigen und Erkältungs- und Grippeerkrankungen abzuwehren, damit diese sich nicht ausbreiten und Magen, Leber oder andere empfindliche innere Organe angreifen. Diese Tees können ebenso das Herz der Specht-Menschen stärken, da ihr manchmal wahlloses

Verteilen von Liebe sie völlig geschwächt zurückläßt. Der ausgeglichene Specht-Mensch befindet sich in der Regel bei guter Gesundheit und wird die Blüten und Früchte seiner Pflanze als ein schmackhaftes und wohlriechendes Getränk genießen, das ihm zu körperlichem und seelischem Wohlbefinden verhilft.

Die Farbe der Specht-Menschen ist Rosa, welches entweder das Rosa der noch nicht erreichten Reife oder aber der universellen, allheilenden Liebe sein kann – je nachdem in welchem Stadium des Wachstums sich der betreffende Mensch befindet. Specht-Menschen, die noch nicht zu ihrer Mitte vorgedrungen sind, werden oft von einem tosenden Meer von Emotionen überspült, das sie davon abhalten wird, einen Ort der Harmonie und inneren Ruhe zu erlangen. Jene Menschen, die jedoch ihre Richtung im Leben gefunden haben, werden in der Lage sein, ihre eigenen Emotionen und Empfindsamkeiten in solche Pfade zu lenken, die allen Menschen, die damit in Berührung kommen, helfen werden.

Die sprunghafte Emotionalität der Specht-Menschen wird natürlich durch ihre Zugehörigkeit zum Froschklan noch intensiviert. Angehörige dieses Klans finden sich oft im kraftvollen, jedoch auch ziellosen Fluß ihrer eigenen Gefühlsintensität wieder.

Als erste der Menschen, die von Shawnodese, dem Hüter des Geistes aus dem Süden, gelenkt werden, wird ihre natürliche Wesensveranlagung noch verstärkt, da Shawnodese die Zeit des schnellen Wachstums und die Eigenschaft des Vertrauens symbolisiert. Dies drängt Specht-Menschen dazu, ihre Gefühle intensiver zu erleben, damit sie die Fähigkeit erlangen, im Leben soviel wie möglich und vor allen Dingen mit Vertrauen zu wachsen.

Ihr Mond, der Mond der Kraftvollen Sonne, verhilft ihnen jedoch auch zu Stabilität, während er ihren Drang nach vorne etwas abbremst, da die Zeit der Kraftvollen Sonne die Jahreszeit ist, in der wir zwar schnell, jedoch nur in der richtigen Richtung wachsen sollten. Die Sonne hilft uns dabei, indem sie unsere Kraft für oberflächliche Aktivitäten anzapft und uns gleichzeitig auf unsere rechten Pfade lenkt. Dies ist der Mond der Sommersonnenwende, die Zeit des Jahres, wenn alle Dinge der Erde danach trachten müssen, Blüte zu entfalten und Früchte zu tragen.

Das Tier-Totem jener Menschen, die während des Mondes der Kraftvollen Sonne geboren sind, ist der häufig vorkommende und geheimnisvolle Specht. Die amerikanische Bezeichnung für den Specht wurde abgeleitet von der lateinischen Gottheit Picus, in den sich Circe verliebt hatte. Als diese ihn bat, die Sonne als Schwiegervater anzunehmen, weigerte er sich und wurde in einen Specht verwandelt. Es gibt in den USA zwei Spechtarten: der Gelbschaftspecht, der seinen Namen aufgrund der gelben Unterseite seiner Flügel hat, lebt gewöhnlich östlich der großen Ebenen, während der Rotschaftspecht, der seinen Namen aufgrund der fast korallroten Unterseite seiner Flügel hat, westlich der großen Ebenen lebt. Beide Spechtarten sind graubraun mit einem weißen Rumpf, einem roten Halbmond um den Hals, einem schwarzen Halbmond auf der Brust und etwas unterhalb davon schwarzen Tupfen. Beide Spechtarten kann man an einer Vielzahl von verschiedenen Plätzen antreffen: im Wald, im Umkreis von ländlichen Anwesen, ja selbst in Vororten. Im Gegensatz zu anderen Spechten halten sie sich viel auf dem Boden auf und können wie Singvögel auch aufrecht auf Ästen sitzen. Sie sind Trommler, die ihre Lieder auf abgestorbenen Ästen, Blechdächern und Holzhäusern schlagen. Dies geschieht manchmal, um Insekten anzuziehen, manchmal jedoch aus purer Freude am Spielen. Während der Paarungszeit geben sie besonders hervorragende Vorstellungen ihrer musikalischen Talente.

Spechte ernähren sich von Insekten, wilden Samen und Beeren, mit einer gelegentlichen Beigabe von Getreide oder Mais. Sie besitzen ein reichhaltiges Spektrum von Geräuschen, das von »yuk-yuk-yuk« über »wicker-wicker-wicker« und »wake up-wake up« (wach auf – wach auf), was manchmal als »cheer up – cheer up« (fasse Mut – fasse Mut) interpretiert wird, bis zu »cook – cook – cook – cook« reicht. Der Flug des Spechts ist kraftvoll und zielstrebig, wenn er sich einmal mit einer Reihe von wellenartigen Sprüngen nach oben und unten in die Luft geschwungen hat. Wie alle Vertreter seiner Familie hat er einen kräftigen Schnabel, eine lange Zunge und jeweils zwei Vorder- und Rückzehen mit scharfen gekrümmten Krallen, die es ihm ermöglichen, sich am Baum festzuhalten, während er nach Larven gräbt.

Der Specht schlägt ein kürbisförmiges Loch in einen Baumstamm, in das er sein Nest einrichtet und das später häufig von anderen Vogelarten weiterbewohnt wird. Diese Nester sind gewöhnlich 2 bis 7 Meter hoch, während ihre Öffnungen nur etwa 5 Zentimeter im Durchmesser sind. Spechte können 6 bis 25 Eier legen, wobei 8 jedoch der Durchschnitt ist. Wie die meisten Vögel sind auch Spechte gute und fürsorgliche Eltern, die ihren Nachwuchs bestens versorgen, bis es Zeit ist, ihn aus dem Nest zu werfen und auf seine eigenen Pfade zu entlassen.

Der Specht ist für viele indianischen Stämme der USA ein Vogel besonderer Bedeutung. Er gilt als überaus mutiges Wesen, und die Legende erzählt, daß er rote Flügel hat, weil er sich einem Feuer, das der Erdbebengeist entfacht hatte, in der Absicht, es zu löschen, zu sehr genähert hatte und Flügel und Schwanz von den lodernden Flammen rot gefärbt wurden. Spechte werden jedoch auch besonders wegen ihres Trommelns geschätzt – ihr Trommelschlag repräsentiert wie der Schlag einer jeden Trommel den Puls des Herzens und der Erde. Auch aufgrund ihrer Lieder werden Spechte als besondere Vögel betrachtet, und ihre Federn werden in religiösen Gegenständen und Zeremonien benutzt. Da diese rot sind, werden sie mit Blut in Verbindung gebracht und häufig den Kriegsgeistern dargeboten. Rote Specht-Federn, die auf

Gebetsstöcken befestigt sind, werden als Kriegsopfergaben gegen menschliche oder geistige Feinde betrachtet. Spechtfedern im Haar kennzeichnen den Träger als Mitglied einer Medizin-Gesellschaft.

Menschen dieses Mondes können von dem Specht über ihre latent vorhandenen mystischen Begabungen erfahren, die nur dann in ihnen zutage treten, wenn sie im Gleichgewicht einer äußerst ausgeglichenen Umgebung aufgefangen werden. Specht-Menschen haben die Fähigkeit, die reale Ebene zu durchdringen und die Dinge mit anderen Augen wahrzunehmen. Sie sind aufgrund dieser Fähigkeit sehr intuitiv veranlagt, und die Wahrnehmung, die sie auf diese Weise erreichen, ist es, die ihnen am meisten dazu verhelfen kann, den richtigen Pfad im Leben zu finden. Viele Specht-Menschen erkennen nicht, welcher Kraft sie durch das Leben folgen, und finden es schwer, anderen Menschen zu erläutern, wie sie ihre Entscheidungen treffen. Menschen, die logischer veranlagt sind, empfinden Specht-Menschen oft als nachlässige, irrationale Denker, da sie sehr stark auf ihre Intuition vertrauen, ohne jedoch zu begreifen, was es ist, das sie so unsichtbar lenkt.

Menschen dieses Mondes müssen wie ihr Totem ihren Gesang im Leben singen und trommeln dürfen, egal was sie im Moment als Gesang begreifen. Bevor sie jedoch das innere Gleichgewicht erlangt haben, um diesen Gesang auch vortragen zu können, brauchen sie ein geschütztes Nest. Specht-Menschen sind sehr häuslich und hegen stärker als andere Menschen den tiefen Wunsch nach einem richtigen Zuhause. Sie sind nicht eher glücklich, als bis sie sich ein bequemes und harmonisches Nest eingerichtet haben, in das sie nach ihren Flügen immer wieder zurückkehren können. Ein Teil dieses harmonischen Nestes müssen jedoch Menschen sein, mit denen sie sich tief verbunden fühlen. Specht-Menschen können wie ihr Totem hervorragende Nester bauen, die von ihnen selbst und von anderen nach ihnen ausgezeichnet bewohnt werden können. Egal wie schön ihr Zuhause sein mag, sie empfinden es nicht als vollständig, wenn es nicht mit anderen, die sie aufrecht lieben, geteilt werden kann. Zwischenmenschliche Beziehungen spielen im Leben dieser Menschen eine sehr wichtige Rolle, und sie verwenden einen Großteil ihrer Energie darauf, gute Beziehungen mit anderen aufzubauen und zu festigen.

Menschen dieses Totems sind wie der Specht gute Eltern, die ihre Kinder in Liebe und Geborgenheit betten. Im Gegensatz zum Specht haben sie jedoch große Schwierigkeiten, ihre Kinder ziehen zu lassen, wenn die Zeit gekommen ist, das elterliche Nest zu verlassen. Ein solcher Beweis seiner Liebe ist eine der härtesten Prüfungen, denen sich ein Specht in seinem Leben unterziehen muß.

Specht-Kinder sind bisweilen sehr fordernd. Sie müssen während ihrer Kindheit schon so viel Liebe bekommen, wie sie später im Zuge Ihres Erwachsenwerdens weitergeben können. Man muß ihnen häufig seine Liebe förmlich beteuern, und sie haben ein starkes Verlangen nach einem sicheren Familienleben. Als Gegenleistung für die Liebe und Geborgenheit, die sie während der Kindheit fordern, werden sie ihren Mitmenschen später all die Liebe und Aufmerksamkeit geben, die sie aufzubringen vermögen. Wenn sie in ihrer Kindheit all das bekommen, was sie von ihren Eltern brauchen, wird es für sie leichter sein, als Erwachsene ein gutes inneres Gleichgewicht zu erlangen.

Haben sich Specht-Menschen aller Altersstufen einmal ein glückliches und behütetes Zuhause gesichert, werden sie sich mit ihren mütterlichen Instinkten anderen, größeren Zielen zuwenden. Specht-Menschen werden ihre Liebe erst einmal ihrer erweiterten Familie zukommen lassen, dann jedermann in der Nachbarschaft und schließlich ihrem ganzen Land. Aber mit dieser liebenden Verbrüderung ist ihnen nicht Genüge getan, denn sie sind intuitiv genug, um zu wissen, daß ihre Liebe nicht von großen und beliebigen Gruppen aufgefangen werden kann. An diesem Punkt, der Erkenntnis angelangt, ist es wichtig für sie, in sich zu gehen, um die Stimmen ihrer eigenen Herzen zu hören und zu erlernen, wer die richtigen Zielscheiben ihrer überschwenglichen Liebe und Hingabe sein sollten.

In der Regel stoßen sie auf Gruppen, mit denen sie harmonieren können und lernen damit, in den Chor einzustimmen, der ihnen als richtig erscheint. Dabei kann es sich um eine karitative oder brüderlich/schwesterliche Organisation handeln, häufiger jedoch wird es eine religiöse oder mystische Gemeinschaft sein, zumal die mystische Wesenheit der Specht-Menschen nach Erfüllung verlangt, sobald sie sich eine gesicherte materielle Basis verschafft haben. Haben Specht-Menschen einmal eine Gruppe gefunden, die die gleichen Pfade eingeschlagen hat wie sie, werden sie sich ihr mit größter Hingabe widmen und sich glücklich schätzen, den Strom ihrer Liebe, der sie so kräftig zu durchfließen vermag, in die richtigen Bahnen leiten zu können.

Specht-Menschen müssen etwas oder jemandem dienen können, das größer ist als sie selbst oder ihre Familie.

Wenn sie sich nicht den materiellen Frieden verschaffen können, der ihnen erlaubt, ihre Suche auf anderen Ebenen fortzusetzen, werden sie oft sehr unglückliche Menschen sein, die ihre meiste Energie und Zeit damit verbringen, sich in den negativen Emotionen zu suhlen, die bisweilen von ihnen Besitz ergreifen können. In solchen Phasen sind sie anfällig für eine ganze Reihe von inneren Strömungen, die daher rühren, daß ihre Energie und ihr Blut nicht durch die richtigen Kanäle fließen. In solch schwierigen Zeiten brauchen Specht-Menschen Sicherheit sowohl auf der materiellen wie auf der spirituellen Ebene, um einen ganzheitlichen Heilungserfolg erzielen zu können.

Wenn Menschen anderer Totems sich in diese Position auf dem Medizinrad begeben, werden sie die Möglichkeit haben, von ihren eigenen Bedürfnissen Liebe zu geben und zu empfangen, zu erfahren sowie zu lernen, ihrer eigenen Wahrnehmung und Intuition vertrauensvoll zu folgen. Ebenso werden sie Kenntnis erlangen von ihrem eigenen Verlangen nach Sicherheit und ihrem persönlichen Bedürfnis nach einer geistigen Richtung im Leben, die ihnen dazu verhilft, die Lebenskraft, die uns alle stets durchfließt, in die richtigen Bahnen zu lenken.

Specht-Menschen vertragen sich mit Puma- und Schlangen-Menschen, die ebenfalls wie sie dem Froschklan angehören, sowie mit den Vertretern des Schildkrötenklans, Braunbär-, Biber- und Schneegans-Menschen, mit denen sie sich besonders ergänzen.

Mond der Reifenden Beeren

23. Juli – 22. August

Mond der Reifenden Beeren

(Stör) 23. Juli – 22. August

Menschen, die zwischen dem 23. Juli und dem 22. August geboren sind, stehen im Zeichen des Mondes der Reifenden Beeren. Ihr Totem im Reich der Mineralien ist der Granat und das Eisen, im Reich der Pflanzen die Himbeere und im Reich der Tiere der Stör. Ihre Farbe ist rot, und sie gehören dem Elementeklan der Donnervögel an.

Ihr Edelstein, der Granat, ist ein kristallines Silikat, das relativ hart ist und einen harzigen Glanz hat. Es gibt 6 verschiedene Spielarten des Granats, die farblich von Rot bis Braun, Grün, Gelb, Schwarz und Weiß variieren. Die 4 Aluminium-Silikate, die Granate bilden, sind Almandin, welches tiefrot und violett ist, Grossular, welches goldgelb oder rötlichgelb ist, Pyrop, welches von Tiefrot bis hin zu Schwarz variiert, und Spassarit, welches rot oder häufiger braun ist. Der Eisen-Granat ist Andradit, welches weinrot, gelb, grün oder schwarz sein kann, und der Chrom-Granat ist Uwarowit, der smaragdgrün mit einem Glasglanz ist. Der Granat hat entweder 12 diamantförmige oder 24 trapezförmige Kristallflächen. Er kommt gewöhnlich als Kristall in Verbindung mit Glimmer, Kalkstein, Serpentin, Peridot und Granit vor. Man kann den Granat im Umfeld dieser Mineralien entweder im Erdboden selbst oder in nahegelegenen Flüssen entdecken. Ebenso häufig findet man ihn in der Nähe von Ameisenhügeln, da Ameisen einen starken Widerwillen gegen diesen Stein zu haben scheinen und ihn aus diesem Grunde an die Erdoberfläche befördern. Man kann die verschiedensten Granatarten in den meisten Gebieten der USA sowie in vielen anderen Ländern der Welt finden.

Da Rot die Farbe der Stör-Menschen ist, ist es die rote Spielart des Granats, die am häufigsten mit diesem Mond in Verbindung gebracht wird. Der rote Granat wird wie der Karneol aufgrund seiner Farbe mit Herz und Blut assoziiert. Früher glaubte man, daß eine Packung aus zerstoßenen Granatsteinen anregend auf ein geschwächtes Herz wirke; ebenso, daß der Granat seinen Besitzer vor Gefahren warnen und ihm ein gutes und ehrenhaftes Leben sichern würde, wenn das Bild eines Löwen in ihm eingraviert wurde. Andere Völker glaubten wiederum, daß eine Kugel aus Granat stets in das Herz eines Feindes eindringen würde, und man schrieb ihm zugleich die Kraft zu, die sexuellen Energien eines Menschen im Gleichgewicht zu halten.

Die Römer pflegten die Porträts von berühmten Persönlichkeiten in Granatsteine einzugravieren. Die Perser betrachteten den Granat als einen königlichen Stein und verewigten das Bildnis ihres jeweiligen Schahs in ihm. Auch verschiedene Stämme des nordamerikanischen Kontinents benutzten den Granat zu zeremoniellen Zwecken und als Schmuckstein.

In unserer heutigen Zeit wird der Granat nebst seiner Verarbeitung zu Schmuckstücken für eine Vielzahl von industriellen und kommerziellen Zwecken benutzt. Der Granat findet häufig in der Herstellung von Uhren Verwendung, und pulverisiert benutzt man ihn zur Herstellung von Schleifpapier sowie zum Guß von Mühlrädern.

Der 2. Stein der Stör-Menschen ist das Eisen, eines der härtesten Mineralien der Welt. Es ist das Mineral, das ganze Kulturen an die Schwelle des technologischen Zeitalters herangeführt und ihnen die Werkzeuge zugänglich gemacht hat, die ihre Tradition und alte Kultur oftmals zerstört haben. Die Kelten glaubten, daß das Zeitalter des Eisens der Auslöser dafür war, daß Feen und andere magische Wesen den Menschen den Rücken gekehrt haben. Eisen läßt sich gut mit anderen Mineralien vermischen und ist oft das, was Edelsteinen ihre rote Färbung verleiht. Eisen stellt auch das mittlere Ion des Hämoglobin-Moleküls dar, von dem das Überleben des menschlichen Körpers abhängt.

Stör-Menschen findet man wie ihre Mineralien in einer großen Vielfalt von Formen und äußeren Rahmen wieder, aber sie besitzen dennoch einige allgemeine Wesensmerkmale, an denen man sie stets leicht erkennen kann. Stör-Menschen werden wie der Granat häufig als großmütige und zärtliche Wesen hervorgehoben. Sie sind am ausgeglichensten, wenn sie den Gefühlen, die in ihrem Herzen wohnen und gewöhnlich von freundschaftlicher und wohlwollender Art für ihre Mitmenschen sind, folgen. Da sie sich von ihrem Herzen lenken lassen, sind sie in der Regel intuitive und scharfsichtige Menschen, die entweder aktiv oder latent hellseherische Fähigkeiten besitzen. Diese Talente lassen Stör-Menschen oft vorzeitig Gefahren erkennen, die sie oder ihre Nächsten bedrohen – eine Fähigkeit, die auch dem Granat zugeschrieben wird.

Diese Menschen haben aufgrund ihrer Scharfsichtigkeit und ihres Einfühlungsvermögens die Fähigkeit, Dinge zu tun und zu sagen, die tief in die Herzen ihrer Freunde und Feinde eindringen können. Stör-Menschen geben sowohl gute Freunde wie beängstigende Feinde ab. Wenn sie sich von jemandem betrogen fühlen, können sie sich kraft ihres Herzens gegen diese wenden und wahrhaftig Verheerendes ausrichten. Wenn sie sich nicht in ihrem inneren Gleichgewicht befinden, müssen sie sich vor ihrer eigenen Kraft in acht nehmen, da diese sehr impulsiv und unberechenbar werden kann und sie zu regelrechten Ausbrüchen verleitet, die sich äußerst schädlich auf Herz und Kreislauf auswirken können. Wenn dies eintrifft, können sie einer Vielzahl von Erkrankungen zum Opfer fallen, die ihren Hang zur Unberechenbarkeit noch verstärken.

Stör-Menschen haben wie der Granat gewöhnlich eine königliche Haltung in ihrem Benehmen und Ansichten und stechen aufgrund dieser Eigenschaft in jeder Menschenansammlung hervor. Stör-Menschen werden aufgrund ihres Charmes und ihrer Zärtlichkeit, die oftmals sexuelle Empfindungen in ihnen und ihrer nächsten Umgebung wecken, mit sexueller Energie in Verbindung gebracht. Es ist notwendig, daß sie vom Granat lernen, diese Energie im Gleichgewicht und unter Kontrolle zu halten, damit sie nicht von ihr geradezu verzehrt werden.

Menschen dieses Mondes sind wie ihr Mineral-Totem in vieler Hinsicht nützlich. Sie sind draufgängerische Wesen, die sich auf Pfade wagen, vor denen selbst Engel ängstlich zurückweichen würden. Wenn man eine schwierige Aufgabe, eine unmögliche Arbeit oder eine wahrhaft furchteinflößende Verantwortung zu vergeben hat, die niemand übernehmen will, ist es ratsam, sich nach einem Stör-Menschen umzusehen. Sie sind mutig und stets bereit, diese Eigenschaft unter Beweis zu stellen, und sie sind zudem äußerst vielseitig und können sich in vielen Bereichen der Arbeitswelt, Kultur oder Lebensphilosophie einfinden. Es ist nur notwendig, sich davon zu überzeugen, daß sie von dem, was sie tun, überzeugt sind, und schon kann man sicher sein, daß sie ihre Sache auch gut machen werden.

Diese Menschen haben vom Eisen eine gewisse Härte und zusätzlich die Fähigkeit, sich durch ihre Erfahrungen im Leben abzuhärten. Ihre Beziehung zu diesem Mineral verstärkt noch ihre Verbindung mit Blut und Herz und ist ebenso die Ursache für die bisweilen sprunghaften Veränderungen, die sie anderen Menschen und Projekten, mit denen sie zu tun haben, bescheren können.

Die Pflanze der Menschen, die im Mond der Reifenden Beeren geboren sind, ist die rote Himbeere, jene auserlesene und beliebte Vertreterin der Beerenfamilie. Die Himbeere ist im eigentlichen Sinn keine Beere, sondern eine Anhäufung von etwa 20 saftigen kleinen Steinfrüchten. Die Äste, an denen sie wachsen, sind gewöhnlich aufrecht, verzweigt und mit feinen Stacheln bedeckt. Sie werden 1 bis 1,20 Meter lang und sind mehrjährig. Die Oberseite der Blätter ist blaßgrün, während die Unterseite weißfilzig ist. Die Blätter sind unpaarig gefiedert, mit einem abgerundeten Blattansatz, und für gewöhnlich 6 Zentimeter lang und 4 Zentimeter breit. Die Pflanze hat weiße Blüten, die im Mai blühen und im Juni oder Juli, je nach Art, Früchte tragen.

Den Blättern, Wurzeln und Beeren der Himbeere werden heilende Eigenschaften zugeschrieben. Die Beeren wirken sich reinigend auf den Organismus aus, und früher glaubte man, daß sie dabei behilflich seien, Gallen- und Nierensteine aufzulösen und auszuscheiden. Ebenso hieß es, daß sie anregend auf die Tätigkeit der Harnwege wirken. Die Wurzel der Himbeere hat adstringierende Eigenschaften sowie antibiotische und heilende Kräfte, da sie ein Konzentrat von Gerb- und Gallensäure enthält. Eine Abkochung aus der Wurzel kann als Spülwasser gegen Halsentzündungen oder als Kompresse auf blutende Wunden und Schrammen benutzt werden.

Ein aus den Blättern zubereiteter Tee erfüllt vielerlei Zwecke. Er soll besonders bei Kleinkindern heilsam gegen Durchfallerkrankungen sein und ist zudem leicht zu verabreichen, da er einen milden und angenehmen Geschmack hat. Es heißt, daß er Krebsgeschwüre an den Schleimhäuten beseitigt und zugleich das beanspruchte Gewebe stärkt.

Er wirkt wohltuend auf die Gebärmutter und wird häufig von schwangeren Frauen getrunken, um den Uterus zu kräftigen, einer Fehlgeburt vorzubeugen und die bevorstehende Entbindung zu erleichtern. Ebenso wirkt er krampflösend während der Menstruation der Frau. Ein Tee aus den Zweigen der Himbeere ist heilsam gegen Erkältungen, Grippeerkrankungen und Atembeschwerden und ist zudem ein hilfreiches Mittel, um den Blutzuckerspiegel zu regulieren.

Der Status der Stör-Menschen als sowohl hervorstechende wie beliebte Mitglieder der menschlichen Familie wird durch ihre Pflanze nur bekräftigt. Andere Menschen werden sich ihnen aufgrund der Freude und des Genusses, den sie bereiten können, zuwenden, auch wenn sie letztendlich nicht das sind, als was sie zunächst erscheinen. Stör-Menschen strahlen wie ihre Beere oftmals nach außen hin etwas aus, was sich unter der Oberfläche als etwas völlig anderes erweist. Dies trifft gewöhnlich in einem von zwei Fällen zu. Manche Stör-Menschen scheinen ein ungeheures Maß von angestauten Aggressionen in sich zu tragen und äußerst kratzbürstig zu sein, wenn man ihnen zum ersten Mal gegenübersteht. Dieser stachelige Panzer ist jedoch lediglich ihre Art, das weiche Herz zu schützen, das sich darunter verbirgt. Andere wiederum scheinen der Inbegriff von Wärme und Zärtlichkeit zu sein, während man darunter auf etliche Stacheln stoßen wird. Dieses Paradoxon weist auf ein weiteres typisches Merkmal für diese Menschen hin: Während sie in der Regel an der Oberfläche freundlich und mitteilsam sind, haben sie einen ausgesprochenen Hang, ihre Gefühle vor anderen zu verbergen, und darin liegt genau der Grund, warum sie auf der einen oder anderen Ebene ihre Stacheln von sich spreizen. Diese Stacheln helfen ihnen, sich vor jenen Menschen abzuschirmen, die unter ihre Oberfläche vorzudringen versuchen, um ihr wahres Ich zu ergründen.

Unter der Oberfläche sind Stör-Menschen sehr empfindsame Wesen, die aufgrund ihres Einfühlungsvermögens mit Leichtigkeit die Gefühle anderer nachempfinden können, die sie in der Regel stark berühren. Sie sind leicht verletzlich und versuchen, dies gewöhnlich zu verbergen, da es mit dem königlichen, unabhängigen und kraftvollen Image, das sie gerne von sich pflegen, nicht zusammenpaßt. Ebenso verbergen sie ihren Schmerz oder ihre Sorge hinter ihrer freundlichen und warmherzigen Erscheinung, werden jedoch nur schwerlich einen Schmerz vergessen, den ihnen andere zugefügt haben, und sich in Phasen der inneren Unausgeglichenheit manchmal mit sorgfältig durchdachten Plänen dafür rächen.

Stör-Menschen haben wie die Himbeere eine reinigende und adstringierende Wirkung auf ihre Umwelt. Sie werden in ihrer freundlichen und doch spöttischen Art andere häufig aus ihrer vorgefaßten Meinung über sich und die Welt herauslocken und somit eine sanfte und doch adstringierende Reinigung von deren Gefühlswelt bewirken. Indem sie anderen dabei behilflich sind, sich ihrer falschen Anschauungen zu entledigen, helfen sie ihnen, die Bewältigung ihrer emotionalen Probleme anzugehen.

Es ist äußerst vorteilhaft, Stör-Menschen in physischen oder psychischen Notzeiten um sich zu wissen, da ihr Mut ansteckend wirkt und schon vielen geholfen hat, ernsthafte Schwierigkeiten zu überstehen, die sie hätten mit Leichtigkeit vernichten können. In dieser Hinsicht gleichen diese Menschen ihrer Pflanze, die helfen kann, Blutungen zum Stillstand zu bringen.

Stör-Menschen sollten stets, wenn sie an Erkältungen, Halsschmerzen oder Verdauungsstörungen leiden, einen Himbeertee zu sich nehmen, da sie anfällig sind für Herz- und Kreislauf-Beschwerden. Sie können bei dieser Prädisposition einer ernsthafteren Erkrankung vorbeugen, indem sie kleinere Beschwerden auskurieren, bevor sie zu etwas Ernsthafterem anschwellen können. Eine geringfügige physische Verstimmung dient Stör-Menschen oftmals als eine Warnung dafür, daß ihre Gefühlswelt aus dem Gleichgewicht geraten ist und sie sich schleunigst darum bemühen sollten, diese wieder in Ordnung zu bringen, bevor eine größere Warnung notwendig wird.

Die Tatsache, daß Stör-Menschen im Mond der Reifenden Beeren, dem zweiten Mond von Shawnodese, geboren sind, verstärkt die warme Ausstrahlung des Wesens. Shawnodeses Geschenk des Vertrauens hilft ihnen, gerade diese Qualität in sich stärker zu spüren. Sie müssen lernen, größeres Vertrauen auf einer tieferen Ebene aufzubringen, bevor sie sein anderes Geschenk, die Gabe des Wachstums, annehmen können. Der Mond der Reifenden Beeren ist ein Mond der Offenheit, wenn alle Kinder dieser Erde sich Vater Sonne völlig öffnen und die Frucht hervorbringen, die sie zu tragen bestimmt sind. Es ist auch der Monat, in dem die Wärme der Sonne stets spürbar zu sein scheint.

Ihre Zugehörigkeit zum Klan der Donnervögel erhöht die wärmende Ausstrahlung dieser Menschen und die Stabilität, die sie so häufig vor der Welt zur Schau stellen. Diese Klan-Zugehörigkeit steigert ihre Energie und Fähigkeit, zur gleichen Zeit eine Vielfalt von verschiedenen Dingen erfolgreich durchzuführen. Ebenso verstärkt sie jedoch auch die Notwendigkeit für diese Menschen, sich nicht zu verausgaben und ihre Gesundheit und Energie in Gefahr zu bringen.

Die Farbe des Stör-Menschen ist das Rot der reifen Himbeere oder des hochgeschätzten Granatsteines. Diese Farbe zeigt die hohe physische Energie, die natürliche Kraft, das Ausmaß an Lebensenergie und den stark ausgeprägten Willen an, den Stör-Menschen in der Regel besitzen. Ebenso ist es die Farbe des Herzens und des Blutes, was wiederum auf die Verbindung der Stör-Menschen zu eben diesen hinweist. Dieses Rot kann aber auch Unberechenbarkeit, Sinnlichkeit, Stolz, Habsucht und Selbstsucht anzeigen, wenn die Menschen, die sie tragen, die Farbe von den noch unterentwickelten Bereichen ihres Seins heranfließen lassen. Sie dient sowohl als Bestätigung wie auch als Warnung für Stör-Menschen. Menschen dieser Farbe neigen zu nervlicher Überanspannung, die sich zu ernsthaften Problemen des Organismus ausweiten kann, wenn sie sich nicht die Zeit und Ruhe nehmen, sich mit den Dingen außerhalb des normalen Bereichs ihrer Aktivitäten zu befassen. Manche Stör-Menschen empfinden es als wohltuend, eine tägliche Ruhepause mit Lesen oder Meditieren einzulegen, die sich positiv auf ihre gesundheitliche Verfassung auswirkt. Ruhe ist etwas, was ihnen jedoch von Natur aus weniger entspricht und sie häufig regelrecht kultivieren müssen.

Das Tier-Totem derer, die während des Mondes der Reifenden Beeren geboren sind, ist der Stör, der König der Fischwelt. Der Stör ist ein urzeitlicher Fisch, der wahrscheinlich schon seit dem Verschwinden der Dinosaurier auf Erden existiert. Der Stör kommt je nach Standort und Art in einer Vielzahl von verschiedenen Größen vor, kann jedoch eine maximale Länge von 4 Meter und ein Gewicht von etwa 300 Pfund erreichen. Der Körper des Störs ist zum Teil mit reihenförmig angeordneten, knochigen Platten überzogen, was ihm das Aussehen eines mittelalterlichen Ritters verleiht, der nicht genug Zeit hatte, seine Rüstung vollständig anzulegen. Unter Fischern wird behauptet, daß es notwendig wäre, einen Stör mit der Axt zu häuten, wenn diese Platten seinen Körper völlig bedecken würden – was eine Vorstellung von der Zähigkeit seiner Haut gibt. Störe haben eine lange rüsselartige Schnauze mit der Mundöffnung und vier Bartfäden als Sinnesorgane an deren Unterseite. Ihre Schwanzflosse besteht aus zwei ungleich großen Lappen, von denen der obere größer ist. Ihr Skelett setzt sich gewöhnlich gänzlich aus Knorpelteilen zusammen. Störe leben in den Schlammgründen der Meeresküsten und erreichen die Geschlechtsreife erst im Alter von etwa 20 Jahren. Die Weibchen laichen im Frühjahr oder Frühsommer, nachdem sie sich flußabwärts oder in seichtes Gewässer zurückgezogen haben. Sie legen bis zu 20 Millionen Eier ab, aber es wird vermutet, daß sie nicht jedes Jahr laichen.

Störe wurden früher von den Indianern, die das Gebiet um die Großen Seen bewohnten, als die Könige unter den

Fischen betrachtet. Es war ein Stör, der Hiawatha einen Kampf auf Leben und Tod lieferte und in Longfellow's »Gesang des Hiawatha« für seine Taten, seinen Mut und sein kraftvolles Herz verewigt wurde. Alle eingeborenen Völker zollten diesem Fisch ihren ungeteilten Respekt. Innerhalb der Ojibwa-Nation existierte ein Störklan, der als einer der lehrenden Klans der Nation gilt. Für das Volk der Ojibwa repräsentierte der Stör geistige Tiefe und Kraft.

Unglücklicherweise brachten Europäer diesem Fisch nicht die gleiche Achtung entgegen wie die eingeborenen Völker, sondern betrachteten ihn zunächst einmal als eine Plage, da er sich häufig in ihren Netzen verfing, um ihn später, nachdem sie den Wert seines Fleisches und Rogens, der als Kaviar bekannt ist, erkannt hatten, nahezu auszurotten. Heute ist der Stör sehr selten geworden.

Wie ihr Tier-Totem neigen Menschen, die unter dem Mond der Reifenden Beeren geboren sind, dazu, sich die Herrschaft über jegliches Gewässer, das sie bewohnen, anzueignen. Diese Stellung erlangen sie aufgrund der Urkräfte, die ihr Wesen auf völlig natürliche Weise bestimmen, ohne daß sie selbst viel dazu tun müßten. Sie scheinen für die Rolle des Anführers regelrecht geboren zu sein und sind gewöhnlich gerechte und wohlwollende Führer, solange ihre Energien ungestört fließen können. Ihre innere Stärke und hellseherischen Fähigkeiten helfen ihnen, die Nöte anderer frühzeitig zu erkennen, und ihnen, soweit es in ihren Möglichkeiten liegt, das zukommen zu lassen, was sie brauchen. Die Kräfte, die in ihnen schlummern, verleihen ihnen die notwendige Energie, um stets aktiv zu bleiben und, wenn erforderlich, dominant zu sein. In ihnen ruht eine unerschöpfliche Quelle innerer Kraft und emotionaler Tiefe, solange sie sich im Einklang mit dem Leben befinden. Sie sollten sich jedoch stets davor hüten, allzu arrogant und dominant aufzutreten, da etwas in ihnen schlummert, das es geradezu genießt, über andere Macht auszuüben. Gewöhnlich können sie sich vor solchen Machtgelüsten schützen, indem sie darauf achten, daß sich ihre Psyche gesund entwickelt.

Wie der Stör besitzen diese Menschen einen zähen Schutzpanzer, der nur schwer zu durchbrechen ist. Sie brauchen ihn zwar, wenn sie sich in einer Führungsposition befinden, aber es ist ebenso wichtig für sie, ihn innerhalb menschlicher Beziehungen, in denen keiner benötigt wird, ablegen zu können.

Wenn sie dies nicht lernen, werden sie allzu arrogant und sind nicht mehr in der Lage, die Zärtlichkeit einer echten menschlichen Beziehung zu erfahren, die die empfindsameren Bereiche ihres Seins durchaus benötigen, um wachsen zu können. Sie müssen lernen, diesen Schutzpanzer selbst abzulegen, da dieser so dicht ist, daß ihn andere nicht einmal mit einer emotionalen Axt durchbrechen könnten.

Es dauert Jahre, bis diese Menschen – ebenfalls wie der Stör – einen Grad der Reife erlangen, an dem angelangt sie mit ihren sexuellen Energien vernünftig umgehen können. Bevor dieser Punkt erreicht ist, neigen sie dazu, ihre Lebenskräfte durch den falschen Gebrauch ihrer Sexualität zu vergeuden. Dies ist eine entscheidende Aufgabe, die es zu bewältigen gilt, da Stör-Menschen häufig dazu neigen, ihre Lebenskraft und Sexualkraft durcheinanderzuwerfen, was zu einem Mißbrauch beider Energien führt und oft in Phasen der unberechenbaren Destruktivität ausartet.

Stör-Kindern muß man bereits im frühen Alter Grenzen setzen, damit sie sich nicht verausgaben, bevor sie gelernt haben, mit ihren Energien richtig umzugehen. Diese Grenzen müssen jedoch dann wieder aufgehoben werden, sobald sie die Fähigkeit beweisen, ihre Kräfte vernünftig handhaben zu können, um zu verhindern, daß sie auf sehr übertriebene und schmerzliche Weise für sich und ihre Eltern aufbegehren. Sie sind intelligente und aktive Kinder und versuchen, ähnlich den Habicht-Kindern, schon in frühester Kindheit ihr Elternhaus zu beherrschen. Man muß ihnen so bald wie möglich vermitteln, daß es diese Form der Machtbegierde ist, die ihnen nur Schmerzen und Verwirrung bereiten kann.

Stör-Menschen sind warmherzige und liebevolle Eltern, die jedoch dazu neigen, ihre Kinder so stark zu beherrschen, daß diesen kein Raum für eine freie Entfaltung bleibt. In solchen Fällen müssen Eltern dasselbe lernen, wie es die Kinder dieses Zeichens tun müssen. Stör-Menschen ermüden leicht an den Grenzen, die ihnen ihre Elternschaft immer wieder setzt, und lassen in ihrem Bemühen, ihr eigenes Leben auf anderen Bereichen wiederaufzunehmen, ihren Kindern schließlich die Freiheit, so ungehindert wachsen zu können, wie es für jedes Kind notwendig ist. Stör-Menschen sind wahre Künstler in der Verteidigung der Rechte ihrer Kinder und werden diese hingebungsvoll vor allen Gefahren schützen, die sich drohend am Horizont zeigen. Diese Kraft kann jedoch auch verhindern, daß die Kinder ihren eigenen Mut und ihr eigenes Selbstvertrauen entwickeln können.

Wenn Menschen anderer Totems diese Position auf dem Medizinrad durchwandern, können sie vieles über die lebenswichtigen Kräfte lernen, die oftmals unbemerkt in ihnen fließen. Sie können die Tiefen ihres eigenen Mutes und ihrer eigenen Kraft erfassen und sich in der Rolle eines Führers von gleicher Sache, in die sie gerade verwickelt sind, üben. Ebenso können sie diese Zeit nützen, um ihre eigene Sexualität und die Urkraft, die in ihnen hervortreten kann, zu erfahren und auszugleichen.

Stör-Menschen ergänzen sich mit Otter-Menschen und kommen am besten mit Habicht- und Wapiti-Menschen, die demselben Klan angehören wie sie, sowie mit den anderen Vertretern des Schmetterlingsklans, Rabe- und Hirsch-Menschen, aus.

Mond der Ernte

23. August – 22. September

Mond der Ernte

(Braunbär) 23. August – 22. September

Menschen, die unter dem Mond der Ernte, zwischen dem 23. August und dem 22. September, geboren sind, haben den Amethyst als Totem im Reich der Mineralien, das Veilchen als Totem im Reich der Pflanzen und den Braunbär als Totem im Tierreich. Ihre Farbe ist purpur, und sie gehören dem Elementeklan der Schildkröten an.

Der Amethyst ist eine kristalline Form von Quarz, der lila, purpur oder violett gefärbt sein kann und durchscheinend ist. Er kann in allen Teilen der USA sowie in vielen anderen Ländern der Welt gefunden werden. Die königlichen, purpurfarbenen Amethyste sind allerdings sehr selten und daher überaus wertvoll. Der Amethyst ist seit alters her in allen Teilen der Welt bekannt. So hat man häufig in den Gräbern ägyptischer Pharaonen sowie der Herrscher der alten Maya- und Azteken-Reiche Amethyst-Ringe gefunden. Kleopatra trug einen Siegelring aus Amethyst, in den das Ebenbild Mithras, einer alten persischen Gottheit, eingraviert wurde. Eduard, der Bekenner, ließ einen Amethyst in die Krone Englands einarbeiten.

Der Amethyst wird als Symbol des gesunden Menschenverstandes, der Gerechtigkeit und des Mutes betrachtet. Man ordnet ihm die Kraft zu, seinen Träger sowohl vor Schwarzer

Magie wie auch vor Blitzschlag und Hagel zu schützen. Ebenso glaubt man, daß der Amethyst die Kraft besäße, seinen Träger vor Vergiftungsgefahren zu schützen. In manchen Ländern der Erde stellte man aus Amethyst-Kristallen Weinbecher her, in dem Glauben, daß sie vor Trunkenheit schützten.

Andere Völker benutzten den Amethyst, um einen spirituellen Einklang zwischen den Kräften der physischen und geistigen Ebene herzustellen.

Wie passend ist doch dieser Edelstein gerade für Menschen des Braunbärklans, die gewöhnlich über einen gesunden Menschenverstand, einen Sinn für Gerechtigkeit und großen Mut in der Auseinandersetzung mit der Welt verfügen! Diese Menschen weisen einen noch höheren Grad an Scharfsinn auf als Menschen, die im Zeichen anderer Monde geboren sind. Sie benutzen ihn, um die täglichen Entscheidungen, die sie treffen, zu durchdenken – und diese Entscheidungen sind in der Regel gerecht und für andere einsichtig.

Diese Menschen sind aufgrund ihrer Fähigkeit, gerecht und analytisch zu denken und zu handeln, wertvolle Freunde und Mitarbeiter, die sich in der Regel einer allgemeinen Beliebtheit erfreuen. Sie haben wie der Amethyst die Kraft, sich selbst und ihre Freunde vor Extremen wie Alkoholismus oder Negativismus zu schützen. Ihr Schutz ist größtenteils ein Ergebnis ihres gesunden Menschenverstandes und der Einsicht, daß Negativismus eine selbstverschuldete Sache ist und aus diesem Grund unter Kontrolle gehalten werden kann, wenn man dazu gewillt ist. Braunbär-Menschen können wie der Amethyst sich selbst und andere vor Blitz- und Hagelschlag bewahren – dies aus dem einfachen Grund, weil sie Kenntnisse besitzen, um sich aus dem Regen herauszumanövrieren.

Wenn sie im Einklang mit sich selbst sind, haben Braunbär-Menschen wie ihr Stein die Begabung, anderen bei der Erlangung ihres spirituellen Gleichgewichts beizustehen, in dessen Rahmen die inneren und äußeren Kräfte in Einklang gebracht werden. Braunbär-Menschen sind in der Regel geschickte Redner, die vielen Menschen zu einer Einsicht über die Notwendigkeit nach Harmonie im persönlichen Leben verhelfen können. Ebenso gut bekleiden sie die Rolle einer Leitperson oder eines Lehrers, da sie gewöhnlich kühle Rationalisten sind, die ihre Gedanken und Aussagen präzise darstellen und ausführen können. Wenn ein Braunbär-Mensch etwas von sich gibt, kann man sicher sein, daß er auch weiß, wovon er redet.

Die Farbe der Menschen dieses Totems ist Purpur, die Farbe der Inspiration, der spirituellen Einsicht und des Leidens, was zu einer ganzheitlichen Erkenntnis um die lebenswichtigen, schöpferischen Kräfte des Universums führen kann. Es ist sowohl die Farbe eines praxisbezogenen Idealismus wie auch der Spiritualität. In ihren reineren Schattierungen kann sie aber auch die Liebe zur Menschheit und einer Erkenntnis über die Notwendigkeit von Ritualen, um die Menschen zur spirituellen Einsicht aller Dinge heranzuführen, anzeigen. Purpur kann jedoch auch eine trügerische Farbe sein, denn ihre negativen Nuancen kennzeichnen jemanden, der spirituelle Kraft zum persönlichen Gewinn mißbraucht.

Braunbär-Menschen können von ihrer Farbe die höchsten Gipfel der Erleuchtung, die sie erlangen können, sowie die Abgründe, die sich auf dem Weg dorthin vor ihnen auftun, ablesen. Während Braunbär-Menschen sehr praktisch veranlagt und realitätsbezogen sind – eine Eigenschaft, die durch ihre Zugehörigkeit zum Schildkrötenklan noch verstärkt wird, haben sie ebenso die Fähigkeit, nach den spirituellen Dingen im Leben zu greifen, wenn sie sich diese Möglichkeit nicht selbst verbauen. Manchmal setzen sich diese Menschen im Bereich dieser Fähigkeiten selbst Grenzen, da ihr Realitätssinn ihnen einen Zug von Zynismus hinsichtlich allem, was man mit den bloßen Augen nicht wahrnehmen kann, mitgegeben hat. Ihr Realitätssinn ist es auch, der sie nach praktischen Möglichkeiten suchen läßt, ihre mystischen Fähigkeiten nutzbringend umzusetzen. Oftmals bedeutet dies jedoch, daß es ihnen zu persönlichem Gewinn verhilft, und sie laufen dabei Gefahr, die Kräfte, die ihnen verliehen worden sind, zu mißbrauchen, was ihnen und anderen Menschen häufig nur Schaden bringt.

Braunbär-Menschen sind unter dem letzten Mond von Shawnodese, dem Hüter des Geistes aus dem Süden, geboren, der die Eigenschaften von Wachstum und Vertrauen repräsentiert. Dies ist eine Position, die sich für Menschen dieses Totems äußerst günstig auswirkt, da Shawnodeses Geschenk des Wachstums sie davon abhält, sich allzusehr auf ihre praktischen Anlagen zu versteifen, während seine Gabe des Vertrauens sie daran hindert, ihrer Umwelt gegenüber eine allzu zynische Haltung einzunehmen. Braunbär-Menschen müssen sich vor einem zu stark ausgeprägten Zynismus hüten, da dieser sie dazu verleiten kann, allen Dingen und Menschen gegenüber eine übertrieben kritische Haltung einzunehmen. Wenn sie sich in einer solchen Phase befinden, ist es überaus schwierig, mit ihnen zu Rande zu kommen, da ihnen förmlich nichts recht gemacht werden kann. In solchen Zeiten legen sie einen merklichen Zug der Verbitterung an den Tag, der in keinem Verhältnis steht zum tatsächlichen Anlaß, oder graben in ihrer Vergangenheit nach unglücklichen Ereignissen, um ihren Negativismus zu rechtfertigen.

Wenn Braunbär-Menschen es zulassen, daß sie völlig aus ihrem Gleichgewicht geraten, werden sie anfällig für Krankheiten, die Magen, Darm und Herz in Mitleidenschaft ziehen und deren Ursache oftmals in der Blockierung des Energieflusses zu suchen ist, die der unausgeglichene Braunbär-Mensch in sich auslöst. Findet ein Braunbär-Mensch jedoch einen Weg, diesen Energieblock wieder aufzubrechen, so wird es relativ leicht für ihn sein, seine körperliche Gesundheit wiederherzustellen.

Die Tatsache, daß Braunbär-Menschen unter dem Mond der Ernte, dem Mond der herbstlichen Tagundnachtgleiche, geboren sind, kommt den Braunbär-Menschen insofern zugute, als daß es jener Mond ist, in dessen Zeichen alle Kinder der Erde das ernten können, was sie gesät haben. Das Wissen um eine bestimmte Affinität, all das zurückzubekommen, was sie investiert haben, schützt Braunbär-Menschen davor, allzu häufig ihr inneres Gleichgewicht zu verlieren.

Ihre Zugehörigkeit zum Schildkrötenklan erhöht die Fähigkeit der Braunbär-Menschen, mit der Erde verwurzelt zu bleiben, während sie die Vielzahl von Projekten, in die sie gewöhnlich verwickelt sind, erfolgreich zu Ende führen. Da sie es vorziehen, sich gleichzeitig mit einer Vielfalt von verschiedenen Gedankengängen auseinanderzusetzen, entgehen sie der Versuchung, sich auf eine Sache so zu versteifen, daß ihre Lebenskraft zum Stillstand gebracht wird – eine Neigung, die stärker bei den beiden anderen Angehörigen dieses Elementeklans in Erscheinung tritt. Ihre Zugehörigkeit zum Klan der Schildkröten erhöht diese Kräfte und Talente der Braunbär-Menschen.

Das Pflanzen-Totem derer, die im Zeichen des Mondes der Ernte geboren sind, ist das Veilchen, jene kühle Waldblume, die so häufig mit den zärtlichen Regungen des menschlichen Herzens in Verbindung gebracht wird. Es gibt 400 Veilchenarten auf der Welt, von denen die meisten mehrjährig blühen, einige jedoch auch einjährig sind. Man findet sie in der Regel in feuchten Wäldern und an anderen schattenreichen Plätzen. Die meisten Veilchen wachsen nahe am Boden und haben abgerundete, dunkelgrüne Blätter. Die allerorts beliebten Blüten setzen sich aus mehreren zarten Blütenblättern zusammen, die in einer hübsch anzusehenden Anordnung von der mittleren Scheidewand ausstrahlen. Sowohl Blätter wie Blüten des Veilchens wurden medizinisch als Antiseptikum und schleimlösendes Mittel benutzt. Sie wurden aufgrund ihrer schleimlösenden Eigenschaft oftmals dazu genommen, um Suppen und Eintöpfe einzudicken. Dies trifft insbesondere auf die Veilchenart zu, die als wilde Okra bekannt ist und die man als Würzmittel für oben erwähnte Speisen sowie für Salate und zur Herstellung von Marmeladen und Suppen verwendet hat.

Medizinisch gesehen scheint das Veilchen eine Eigenschaft zu besitzen, die es ihm ermöglicht, in Bereiche des Körpers vorzudringen, die in der Regel nur von Blut oder Lymphflüssigkeit erreicht werden können, und hier angelangt, Giftstoffe, die sich angesammelt haben, aufzulösen. Das Veilchen ist eines der wichtigsten Kräuter, die von den indianischen Heilkundigen im Kampf gegen Krebserkrankungen eingesetzt werden. Der Tee wird gegen Atembeschwerden als Folge von Magen- oder Darmvergiftungen benutzt sowie zur Behandlung von Halsschmerzen und Halstumoren. Innerlich wie äußerlich angewandt, hilft er, jeglichen krankhaften Temperaturanstieg im menschlichen Körper zu senken. Ebenso nützlich ist er für Kopfschmerzen und Erkrankungen der Ohren und hat, ähnlich der Schafgarbe, eine allgemein anregende Wirkung auf die Schleimhäute. Als Kompresse bewirkt er wahre Wunder bei der Beseitigung von Kopf- und Halsschmerzen sowie Hautproblemen und Zahnschmerzen. In manchen Ländern werden die Blüten unter einem Abszeß verbrannt, in dem Glauben, daß der aufsteigende Rauch solcherlei Hauterkrankungen heilen könne.

Braunbär-Menschen haben wie das Veilchen eine kühle Ausstrahlung, die oft nur die Tiefen ihrer Gefühlswelt verdeckt, welche soviel Zärtlichkeit in sich bergen kann wie jene, die man mit Hilfe von Veilchen zum Ausdruck bringt. Menschen dieses Totems können intensiv empfinden, ziehen es jedoch in der Regel vor, ihre Empfindsamkeit dadurch zum Ausdruck zu bringen, daß sie sich bemühen, das Leben derer, die sie lieben, positiver zu gestalten, anstatt über das, was sie bewegt, nur zu reden.

Braunbär-Menschen haben wie ihre Pflanze antiseptische und lösende Eigenschaften, die sie auch in die Praxis umsetzen können. Sie sind Anhänger einer festen Arbeitsmoral und der strengen Pflichterfüllung und scheuen sich nicht davor, die jeweilige Organisation, in der sie engagiert sind, von jenen zu befreien, die nicht in der Lage sind, diesem Konzept wenigstens theoretisch zu dienen. Wenn sie jedoch zu der Erkenntnis gelangt sind, daß es sich ausschließlich auf Lippenbekenntnisse beschränkt, werden sie ebenso schnell dazu bereit sein, auch jene auszuschließen, die in ihren Augen das Wachsen des Projektes verhindern. Braunbär-Menschen verlangen, daß sich Konzepte und Ideen stark und beständig vorwärts entwickeln, und sie werden niemanden dulden, der diesen Fortschritt behindert oder gar untergräbt. Sie erwarten, daß eine Sache sauber und straff durchgezogen wird und daß sich alle daran Beteiligten ehrlich und aufrichtig verhalten.

Wie ihre Pflanze haben auch sie die Fähigkeit, in die geheimen Bereiche der Gedanken und Körper ihrer Mitmenschen einzutauchen. Es gibt nichts, was man einem befreundeten Braunbär-Menschen verheimlichen könnte. Sie durchschauen alle Lügen und werden dir niemals ihren Respekt entgegenbringen können, wenn sie das Gefühl haben, allzuoft belogen worden zu sein. In einem solchen Fall läuft man sogar Gefahr, die volle Wucht ihres Zorns zu spüren zu bekommen, der zwar äußerst heftig sein kann, sich jedoch gewöhnlich auf einer Ebene abspielt, die sehr kühl, ja sogar berechnend wirken mag.

Veilchentee kann auf Braunbär-Menschen eine äußerst heilsame Wirkung haben, wenn sie an Erkrankungen des Magens oder des Darms leiden. Ebenso wirksam ist eine Kompresse aus der Abkochung für Hauterkrankungen, die manchmal als Folge eines nervösen Magens oder Darms auftreten. Braunbär-Menschen könnten den Tee gut gebrauchen, um ihren überbeanspruchten Hals zu lindern, wenn sie wieder einmal gut, aber zuviel geredet haben.

Das Tier-Totem derer, die im Zeichen des Mondes der Ernte geboren sind, ist der Braunbär, der identisch ist mit dem Schwarzbär. Manche Weibchen gebären sogar in ein und demselben Wurf ein schwarzes und ein braunes Junges. Den Schwarzbär trifft man häufiger im Osten an, während der Braunbär in der Regel im Westen der USA vorkommt. Der Braunbär, oft auch »Zimtbär« genannt, wird gewöhnlich 1,20 bis 1,50 Meter groß, erreicht eine Schulterbreite von 60 bis 90 Zentimeter und wiegt 400 Pfund. Sie variieren farblich von Blond bis hin zu allen Schattierungen von Braun und Schwarz, wobei die schwarzen Bären häufig eine weiße oder hellbraune Schnauze haben. Sie kommen am häufigsten im Westen des Kontinents sowie in Alaska und Kanada vor.

Gewöhnlich richten sich Braunbären in Löchern, Höhlen, unter umgestürzten Bäumen, in verlassenen Gebäuden oder hinter Wasserfällen ein. Die Weibchen polstern ihren Bau häufig mit Blättern oder Gras aus, während die Männchen dies in der Regel nicht tun. Braunbären sind in der Regel vorsichtige und zurückhaltende Geschöpfe. Wenn sie jedoch erregt werden, schnappen sie kurz nach Luft, bellen, knurren und winseln. Braunbären sind Allesfresser, die sich über alles hermachen, was ihnen zwischen die Pfoten kommt: Gras, Samen, Pflanzen, Gemüse, Nüsse, Fisch, Erdhörnchen und Abfall. Ihre Lieblingsspeisen sind Honig und Beeren. Ihre einzigen Feinde sind der Mensch und die Waldbrände.

Bären sind neugierige Tiere – neugieriger vielleicht als alle anderen Tierarten, mit Ausnahme des Waschbären. Sie führen ein gemächliches, bedächtiges und genußreiches Leben, innerhalb dessen sie sich die Zeit nehmen, ihre Umwelt genauestens zu betrachten und von dieser zu lernen. Allein im Herbst erfaßt sie eine Geschäftigkeit, deren Sinn und Zweck es ist, soviel Nahrung wie möglich für ihren bevorstehenden Winterschlaf herbeizuschaffen. Der Winterschlaf des Bären ist keineswegs durchgängig, und manchmal unterbricht er sogar ihn, um an einem warmen Wintertag aufzustehen und sich ins Freie zu begeben, häufig sogar noch im Halbschlaf. Während der letzten Tage ihres Winterschlafes, der von November bis März andauert, gebären die Weibchen ihre Jungen. Dies bedeutet, daß sie während der letzten Phase ihres Schlafes so wach sein müssen, daß sie ihren Nachwuchs säugen können. Bären haben in der Regel zwei Junge, die etwa acht Unzen wiegen – nackt und so hilflos wie junge Mäuse. Ein Bär erreicht erst mit sieben Jahren die Geschlechtsreife. Die Mütter gehen äußerst liebevoll mit ihrem Nachwuchs um, scheuen sich jedoch nicht davor, sie im wahrsten Sinne des Wortes zu verprügeln, wenn sie unfolgsam sind. Die Männchen nehmen an der Aufzucht der Jungen keinerlei Anteil.

Bären haben eine fröhliche und gutmütige Natur und belästigen nur selten Menschen. Wenn sie diesen begegnen, ist es die Regel, daß sie auf der Stelle die Flucht ergreifen, außer wenn es sich um ein Weibchen mit seinem Nachwuchs handelt. Und selbst dann wird sie erst ihre Jungen zur Flucht zwingen und anschließend selbst losstürmen. Problematisch und gefährlich wird es allein, wenn sich Bären in die Enge getrieben fühlen oder in Gebieten leben, in denen die Menschen sie füttern und zu Haustieren umzufunktionieren suchen. In einem solchen Fall werden sie zur regelrechten Plage. Bären sind Liebhaber der menschlichen Küche, da sie sich leichter daraus bedienen können als aus der freien Wildbahn. Wenn sie sich diese Unsitte jedoch einmal angewöhnt haben, dürfte es nur allzu schwierig, wenn nicht gar unmöglich sein, sie wieder davon abzubringen.

Bären sind in vielen Dingen ebenso geschickt wie Menschen. Sie können auf den Hinterbeinen aufrecht stehen und kurze Strecken hinter sich bringen – und sie sind in der Regel bessere Kletterer als die Menschen. Mit unglaublicher Geschicklichkeit holen sie sich Honig aus einem Bienenstock und fangen Fische, indem sie ihre Krallen als Speere benutzen. Der Bär war für die Indianer Amerikas ein ganz besonderes Geschöpf. In den meisten Legenden aus der Tierwelt wird dem Bären aufgrund seiner Fairneß, Strenge und seines Mutes die Rolle des Vorsitzenden der Tierversammlungen zugeschrieben. In den meisten Stämmen ist der Bärenklan Medizin-, Führungs- und Verteidigungsklan.

Die Menschen dieses Totems sind wie der Bär nicht sonderlich auf ein festes Zuhause fixiert. Sie sind fähig, sich in jedem Bau, den sie ausfindig machen können, äußerst wohl zu fühlen. Sie verlangen jedoch – egal, was ihnen als Unterkunft zur Verfügung steht, daß dieses einigermaßen ordentlich und gut durchorganisiert ist.

Braunbär-Menschen können über einen längeren Zeitraum hin schweigen, ohne auch nur im geringsten darunter zu leiden. Wenn sich jedoch etwas auftut, was ihnen wichtig oder aufregend erscheint, werden sie erstaunlich beredsam darüber berichten. Braunbär-Menschen sind gewöhnlich wie ihr Tier-Totem begeisterte Esser und fähig, eine Vielfalt von Speisen zu genießen, wenn sie sich nicht gerade einer besonderen Diät verschrieben haben. Ist dies jedoch der Fall, werden sie diese eifrig befolgen, da Ausdauer eine der weiteren Qualitäten ist, die sie auszeichnen.

Braunbär-Menschen stehen der Welt mit Neugierde gegenüber. Es ist ihnen ein großes Bedürfnis zu erfahren, wie sich die Dinge sowohl im menschlichen wie auch in außermenschlichen Bereichen verhalten, um mit Hilfe dieses Wissens das wieder ins Lot zu bringen, was einmal in Unordnung geraten ist. Sie bemühen sich, die Fehler, die sie erkennen, wiedergutzumachen und alles in ein besseres Gleichgewicht zu bringen. Diese Menschen sind langsam und bedächtig und brauchen lange, bis sie sich auf etwas

Neues einlassen können. Sie bemühen sich, das Leben zu genießen und es gemütlich einzurichten. Diese Haltung geben sie auch an jene weiter, die ihnen nahestehen.

Braunbär-Menschen legen sich im Winter ebenso wie ihr Totem einen langsameren Rhythmus zu. Sie bemühen sich, diese Jahreszeit so bedächtig wie möglich zu gestalten, damit sie über das vergangene und das kommende Jahr nachsinnen können. Das ganze Jahr hindurch sind diese Menschen in der Regel gutmütige, frohe und zuversichtliche Wesen – solange sie sich in einem Zustand der inneren Ausgewogenheit befinden. Wenn sie sich jedoch durch die Lebensumstände, andere Menschen oder eine Idee in die Enge getrieben fühlen, verwandeln sie sich unerwartet in furchterregende Widersacher. In einem solchen Fall werden sie bedenkenlos auf jemanden losgehen und mit ihren scharfen Krallen jeden schwachen Punkt, den sie nur ausmachen können, durchwühlen. Da Braunbär-Menschen ein so starker Bestandteil der physischen Realität zu sein scheinen, vergessen andere bisweilen, daß sie sich ebenso vertraut in den geistigen Bereichen bewegen können und ihr Wissen sowohl von dieser wie von der irdischen Welt beziehen. Dieses Wissen erlaubt ihnen zu erkennen, wo sich die Stärken und Schwächen anderer Menschen befinden.

Diese Menschen sind wie der Bär intelligent und können alles, was sie sich in den Kopf gesetzt haben, erreichen – ob es sich nun um etwas handelt, was einem Menschen grundsätzlich leicht gelingt oder nicht. Braunbär-Menschen nehmen aufgrund von Fairneß, Kraft, Mut und Beharrlichkeit oft die Führungsposition der Bereiche ein, in denen sie sich bewegen. Sie setzen sich so lange mit einer Sache auseinander, bis sich die Dinge so entwickeln, wie sie es sich vorstellen. Sie werden auch wie der Bär jene, für die sie sich verantwortlich fühlen, erbittert verteidigen, wenn sie nicht davon überzeugt sind, daß es für jene lehrreicher wäre, sich diesem Angriff auszusetzen.

Als Mütter sind Braunbär-Frauen liebevoll, jedoch streng. Sie setzen ihrem Nachwuchs genaue Grenzen und erwarten, daß diese auch eingehalten werden. Wie der Bär lassen sie ihre Kinder, sobald es Zeit für sie wird, ihre eigenen Wege gehen. Braunbär-Männer haben wie ihr Totem große Schwierigkeiten, sich auf die Rolle eines Vaters einzustellen, sind jedoch sehr liebevoll, wenn sie sich einmal an den Gedanken gewöhnt haben. Sie schwanken zwischen Strenge und übertriebener Nachsicht. Beide Elternteile verlangen von ihren Kindern Sauberkeit, Ordnung und Genauigkeit, da sie damit verhindern wollen, daß die strenge Ordnung, die sie so sehr lieben, allzusehr gestört wird.

Braunbär-Kinder sind gewöhnlich umgänglich und neugierig, steigern sich jedoch in ihre Wut förmlich hinein, wenn sie das Gefühl haben, hintergangen worden zu sein. Sie sind intelligente Kinder, die häufig dazu neigen, sich von ihrer Umwelt zurückzuziehen, da sie sich leicht und gerne allein beschäftigen und zudem etwas überaus Scheues in ihrem Wesen haben. Es tut ihnen gut, so früh wie möglich zu lernen, für andere Menschen Sympathie und Mitgefühl aufzubringen und auch zum Ausdruck zu bringen.

Wenn Menschen, die das Rad durchwandern, sich in dieser Position einfinden, werden sie von ihrer eigenen Einsicht, ihrem Scharfsinn sowie analytischen und vernunftbegabten Fähigkeiten erfahren. Sie werden lernen, ihre eigenen physischen und geistigen Energien in Einklang zu halten, während sie sich gleichzeitig darum bemühen, in der Erde verwurzelt zu bleiben.

Braunbär-Menschen verstehen sich mit Schneegans- und Biber-Menschen, die ebenso wie sie zum Klan der Schildkröten gehören, sowie mit den Vertretern des Froschklans, den Specht-, Schlange- und Puma-Menschen. Sie ergänzen sich mit Puma-Menschen.

Mond der Fliegenden Enten

23. September – 23. Oktober

Mond der Fliegenden Enten

(Rabe) 23. September – 23. Oktober

Jene Menschen, die zwischen dem 23. September und dem 23. Oktober geboren sind, stehen im Zeichen des Mondes der Fliegenden Enten. Ihr Totem im Reich der Mineralien ist der Jaspis, ihr Pflanzen-Totem die Königskerze und ihr Totem im Tierreich der Rabe. Ihre Farbe ist das Braun der herbstlichen Erde, und sie gehören dem Elementeklan der Schmetterlinge an.

Der Jaspis ist ein kryptokristalliner Quarz, der jedoch nicht zu der Familie des Chalzedons gehört, da er unter dem Elektronen-Mikroskop eine eher körnige als faserige Struktur aufweist. Der Jaspis kommt in vielen Farbschattierungen vor: Braun, Rotbraun, Schwarz, Blau, Gelb, Grün und Farbkombinationen, die als »Bild-Jaspis« bekannt sind. Die Erscheinungsform des Jaspis, die jedoch am stärksten mit Menschen dieses Totems in Verbindung gebracht wird, ist der Blutstein, welcher grün mit roten Flecken ist und auch als Heliotrop bekannt ist.

Der Blutstein Jaspis war den Urbewohnern des amerikanischen Kontinents, Ägyptens, Babyloniens, Chinas und anderer Länder wohlbekannt. Sie alle schätzten den Stein als Amulett, besonders den Jaspis, der herzförmig war. In jenen Zeiten glaubte man, daß gerade diese Erscheinungsform des

Jaspis die Kraft besäße, die Sonnenwärme weiterzuleiten, was die Bezeichnung »heliotrop« erklärt und »sonnen-reflektierend« bedeutet. Ebenso herrscht der Glaube, daß der Blutstein Jaspis Wasser zum Kochen bringen könnte, wenn man ihn hineinlegte.

Dem Jaspis werden vielerlei magische Kräfte zugeschrieben – so wird gesagt, daß er die Fähigkeit besäße, Blutungen zu stillen, seinem Besitzer Unsichtbarkeit sowie ein sicheres und langes Leben zu verleihen, das Gift aus einem Schlangenbiß zu ziehen, das verlorene Augenlicht wiederherzustellen und – in Wasser gelegt – Regen heraufzubeschwören. Ärzte haben bis in die Neuzeit hinein den Blutstein dazu benutzt, um Blutungen zu stillen. Ebenso wurde er in pulverisierter Form in Verbindung mit Eiweiß und Honig dazu verabreicht, um Hämorrhoiden zu beseitigen. Dieser Jaspis sollte seinem Träger ebenso wie andere Jaspisarten Macht über die bösen Geister verleihen und ihm die Fähigkeit geben, andere zu verzaubern.

Alle Formen des Jaspis werden als Steine betrachtet, die ihrem Besitzer Segen spenden und in denen Erdenergie sowohl wohnt wie angezogen wird. Jaspis, der in Wasser gelegt und der morgendlichen Sonnenstrahlung ausgesetzt wird, soll besonders wohltuende Effekte haben.

Raben-Menschen können wie ihr Stein in einer Vielzahl von verschiedenen Erscheinungsformen auftreten – was sich nach Stimmung oder Zustand des inneren Gleichgewichts zur fraglichen Zeit richtet. Wenn sie im Einklang mit sich selbst sind, gleichen sie dem Blutstein mit seiner breiten Auswahl von mystischen Eigenschaften.

Raben-Menschen können, wenn sie ihr inneres Gleichgewicht erlangt haben, dem Jaspis ähneln. Sie sind gütig, liebevoll, rücksichtsvoll und aufrichtig besorgt um das Wohlergehen ihrer Mitmenschen. Wenn sie diesen Zustand des inneren Gleichklangs erreicht haben, haben sie die Kraft, die Wärme der Sonne in sich aufzunehmen und auf alle jene widerzuspiegeln, mit denen sie in Berührung kommen. Wenn sie dieses Gleichgewicht jedoch verfehlt oder verspielt haben, ist ihnen die Kraft zu eigen, die Abgründe von Depression und Verwirrung erzeugen kann und deren Intensität Wasser zum Kochen bringen könnte. Raben-Menschen haben die Tendenz, unverhofft von einer Laune oder Stimmung in die nächste zu verfallen. Ein jeder von diesen verschiedenartigen Zuständen erscheint ihnen jedoch zu dem speziellen Zeitpunkt, in dem sie in ihn verfallen, optimal zu sein. Selbst wenn sie sich schon einen Atemzug später am genau entgegengesetzten Pol befinden, fühlen sie sich darin wohl und können die Verwirrung anderer ob ihrer raschen Veränderungen kaum begreifen.

Raben-Menschen besitzen ähnlich dem Blutstein psychische Kräfte, die ihnen stets anhaften, ob sie sich nun an einem Punkt befinden, an dem sie diese brauchen können, oder nicht. Manchmal gelangen sie zu solchen Kräften, bevor sie einen Zustand der inneren Harmonie erreicht haben, an dem angelangt sie diese erst richtig nützen können. Wenn dies eintrifft, entdecken Raben-Menschen oft, daß sie die Kraft besitzen, das Leben anderer zu beeinflussen, und sind versucht, diese Fähigkeit zum persönlichen Gewinn zu mißbrauchen. Da Raben-Menschen wie ihr Mineral dazu neigen, eine starke physische Anziehungskraft auf ihre Mitmenschen auszuüben, können sie diese auch dazu mißbrauchen, um andere zu manipulieren und zu beeinflussen. Wenn sich Raben-Menschen auf solch zweifelhafte Unterfangen einlassen, bereiten sie sich und anderen in der Regel nichts als Schmerz, Verwirrung und Leid.

Raben-Menschen, die jedoch den Zustand eines inneren Gleichgewichts, das in einem jeden von ihnen schlummert, erlangt haben, benutzen ihre besonderen Kräfte zum Wohle ihrer Mitmenschen und sind oftmals überaus begabte Heiler oder Medien für die positiven Kräfte des Universums.

Der Jaspis ist ein wertvoller Stein für Menschen dieses

Totems, da er die Fähigkeit besitzt, Segen und die Erdenergie anzuziehen und an seinen Träger weiterzuleiten. Raben-Menschen müssen aufgrund ihrer persönlichen Wesensveranlagung und ihrer Angehörigkeit zum Schmetterlingsklan danach trachten, die Erdenergie anzuziehen, um sich mit der Erde besser verwurzeln zu können und in den für ihr Leben wichtigen Aufgabenbereichen voranzukommen. Wenn sie dies versäumen, laufen sie Gefahr, noch sprunghafter als andere Vertreter dieses Klans von einem Projekt zum anderen zu wechseln, ohne ihre ursprünglich angestrebten Ziele jemals verwirklichen zu können.

Die Farbe der Raben-Menschen ist das Braun der herbstlichen Erde, die während der sommerlichen Wachstumsperioden allen Wesen und Dingen so viel Kraft gespendet hat und sich nun auf den langsameren Rhythmus der kommenden Jahreszeit, der Zeit von Rast und Erneuerung, vorbereitet. Die Farbe Braun besitzt die Fähigkeit, den Menschen zu helfen, die Kraft der Erde und die Kraft des Geistes durch ihr eigenes Sein zu vereinigen. Es ist die Farbe der Verwurzelung und der Standhaftigkeit auf der diesseitigen Ebene, während man bereit ist, in die höheren Ebenen vorzudringen. Raben-Menschen streben danach, diesen Seinszustand zu erreichen, und sind äußerst hilfsbereit, wenn sie dieses Ziel erlangt haben.

Die Tatsache, daß sie unter dem 1. Mond von Mudjekeewis, dem Hüter des Geistes des Westens, geboren sind, verhilft Raben-Menschen dazu, ihr inneres Gleichgewicht zu erlangen, da die Gaben von Mudjekeewis Kraft und Selbstbetrachtung sind. Wenn Raben-Menschen diese Gaben nützen, um in ihr Innerstes zu blicken, werden sie diesen angestrebten Zustand des inneren Gleichklangs viel schneller erreichen und somit in der Lage sein, nach außen zu treten und anderen ihren Beistand zukommen zu lassen – ein Wunsch, der stets tief im Inneren ihres Herzens wohnt. Ihr Mond, der Mond der Fliegenden Enten, ist der Mond, der der herbstlichen Sonnenwende folgt und jene Jahreszeit einleitet, in der alles nach den vergangenen Monaten des schnellen Wachstums einen langsameren Rhythmus einlegt. Wenn Raben-Menschen daraus erlernen können, selbst ein etwas gemäßigteres Tempo einzulegen, werden sie der Erlangung ihres inneren Gleichgewichts einen wesentlichen Schritt näher gekommen sein.

Die Königskerze, das Pflanzen-Totem derer, die im Zeichen des Mondes der Fliegenden Enten geboren sind, ist eine außergewöhnlich hilfreiche und vielseitige Pflanze. Sie wird auch Wollblume, Fackelblume oder Kerzenkraut genannt. Diese weiteren Bezeichnungen verraten viel über das Aussehen dieser Pflanze, die große, hellgrüne, samtene Blätter hat, welche säulenartig von einem kräftigen, aufrechtwachsenden und behaarten Stiel ausstrahlen. Von diesem 1 bis 2 Meter hoch werdenden Stengel gehen behaarte, hellgelbe, rote, purpurfarbene oder rötlich-braune, kleine Blüten hervor. Die Frucht der Königskerze ist eine Kapsel. Die Königskerze wächst im gesamten Gebiet der USA sowie in vielen anderen Ländern der Welt und kann sowohl in städtischer wie in ländlicher Umgebung gefunden werden.

Die Königskerze wurde über viele Jahre hinweg in allen Ländern, in denen sie vorkam, zu Heilzwecken benutzt. Aus den Blättern der Pflanze kann man einen Tee zubereiten, der eine beruhigende Wirkung auf die Schleimhäute hat, Blasen-, Nieren- und Lebererkrankungen wirksam bekämpft, Nervosität behebt sowie eine allgemein adstringierende Wirkung besitzt. Die Königskerze ist generell als Heilmittel gegen Lungen- und Herzbeschwerden verwendbar, lindert jedoch durch ihre beruhigende Wirkung auf diese Organe auch Erkrankungen der Nieren und Blase und stärkt das Nervensystem. Die eingeborenen Bewohner vieler Gebiete des nordamerikanischen Kontinents rauchen die Blätter der Königskerze an Stelle von Tabak. Sie bewirken, geraucht oder als Weihrauch verbrannt, eine Linderung von Lungenstauungen und deren Folgeerscheinungen – Asthma und Bronchitis.

Das aus den Blüten der Königskerze gewonnene Öl wurde lange Zeit zur Behandlung von Ohrenschmerzen, Warzen, Prellungen, Verstauchungen und Abschürfungen benutzt. Äußerlich angewandt wird der Tee erfolgreich gegen Hämorrhoiden, Geschwüre, Tumore, Halsschwellungen und Muskelschwäche eingesetzt. In alten Zeiten schrieb man der Königskerze auch antibiotische Wirkung zu.

Auch ihre Totem-Pflanze vermag Raben-Menschen an ihre vielseitigen und hilfreichen Begabungen sowie an ihre Fähigkeit, beweglich zu bleiben und sich zu verändern, erinnern. Manche Beinamen der Königskerze beschreiben diese Menschen sehr treffend in ihren verschiedenen Seinsstufen – denn sie können an einem Tag so kratzbürstig wie Wolle sein und bereits am nächsten so weich und anschmiegsam wie Samt. Wenn sie sich in ihrem »wollenen« Zustand befinden, sind sie oftmals schwer zu ertragen, da sie sich und anderen Schmerzen zufügen und gleichzeitig große Aufmerksamkeit verlangen, um über ihre emotionalen Wunden hinwegzukommen. Wenn sie sich jedoch in ihrem »samtenen« Zustand befinden, wirken sie in ihrer Sanftheit auf ihre Umwelt geradezu beruhigend und sind überall gerne gesehen. Wenn Raben-Menschen in der Lage sind, sich so zu akzeptieren wie sie sind, können sie auch anderen Menschen helfen, einen Zustand des Wohlbefindens zu erreichen. Sie werden sich die größte Mühe machen, den Menschen, die ihnen nahestehen, zu zeigen, wie einzigartig und liebenswert sie sind. Der Kontakt mit einem solchen Raben-Menschen wird dir das Gefühl vermitteln, der netteste und wichtigste Mensch auf Erden zu sein – und für diese Erhöhung deines Selbstwertgefühls wirst du ihm überaus dankbar sein und ihn lieben.

Raben-Menschen können wie die Königskerze auf vielerlei Erkrankungen, die ihre Mitmenschen befallen, überaus heilsam und lindernd wirken, ganz gleich, was die Grundursache der Krankheit ist. Ihr aufrichtiges Interesse und die Besorgnis um den Erkrankten werden diesem oftmals genau den richtigen Auftrieb geben, um wieder auf den Weg der Besserung gelangen zu können. Wenn Raben-Menschen in einem Zustand des inneren Wohlbefindens sind, werden sie großherzig all deine Probleme anhören und sich aufrichtig darum bemühen, um diese zu lösen oder dir zu einer positiven Einschätzung der Problematik zu verhelfen. Ihre Offenherzigkeit wird dir manchmal das Gefühl vermitteln, als gäbe es in Wirklichkeit keinerlei Probleme auf der Welt. Sie können dich wie ihre Pflanze oftmals auf eine rein physische Art und Weise beruhigen – indem sie dich beispielsweise einfach in den Arm nehmen oder streicheln – da Raben-Menschen körperliche Zuneigung bereitwillig verteilen und empfangen können.

Menschen dieses Totems würden gut daran tun, stets einige Blätter der Königskerze zum eigenen Gebrauch bei der Hand zu haben, da sie anfällig sind für Erkrankungen der Blase, der Nieren und des Nervensystems. Diese Krankheiten scheinen ihnen jedoch nur dann etwas Ernsthaftes anhaben zu können, wenn sich ihre inneren Kräfte nicht im Gleichgewicht befinden. In solchen Phasen sind sie überreizt, leicht erregbar und paranoid, und wenn es ihnen nicht gelingt, ihr verlorengegangenes Gleichgewicht wiederherzustellen, werden physische Schwierigkeiten, wie oben erwähnt, in Kürze folgen.

Das Tier-Totem derer, die während des Mondes der Fliegenden Enten geboren sind, ist der Rabe. Der Rabe ist in der Regel ein pechschwarzer Vogel mit einem keilförmigen Schwanz. Er wird etwa so groß wie ein Roter Habicht – 60 Zentimeter, mit einer Flügelspanne bis zu 1,30 Meter. Die Flügel sind lang und an ihren Enden zugespitzt, der Schnabel ist groß und stark ausgeprägt, und die Nasenöffnungen sind von borstenartigen Federn bedeckt. Raben haben gewöhnlich ein Federbüschel am Hals, welches bei den Arten, die als Weißhals-Raben bekannt sind, weiß ist, was man wiederum nur dann erkennen kann, wenn der Wind durch die Federn fährt oder die Raben werben. Es gibt Raben in allen Ländern der Welt, am häufigsten findet man sie jedoch in den Weststaaten der USA. Sie verständigen sich mit einem lauten Krächzen und sind Allesfresser, die sich von Gemüse, Kleinsäugetieren, jungen Vögeln, Abfällen und Aas ernähren. Sie bewegen sich abwechselnd flügelschlagend und segelnd durch die Luft und reiten mit ebenso großem Vergnügen mit dem Wind wie ihre Habicht-Brüder. Ihre Luftakrobatik ist besonders dramatisch während der Paarungszeit.

Raben sind manchmal sehr angriffslustig, in der Regel jedoch vorsichtig und eher zurückhaltend. Sie haben einen so hohen Intelligenzgrad, daß sie sogar Muscheln aus der Luft auf die Erde fallen lassen, um die Schalen aufzubrechen und das Fleisch herauspicken zu können. Raben sind gruppenorientiert und äußerst darauf bedacht, ihr Revier zu verteidigen. Sie scheuen sich nicht davor, Habichte, Eulen, ja sogar Adler anzugreifen, die in ihr Revier eindringen. Die Zigeuner bewundern Krähen und Raben für ihre Loyalität zum Stamm. Es heißt, daß diese Vögel Stammesratssitzungen abhalten, und wenn man jemals einen Schwarm eifrig schwatzender Raben auf einem Zaun hat sitzen sehen, wird man dem bereitwillig Glauben schenken. Ebenso heißt es, daß Raben, die gegen die Gesetze des Stammes verstoßen haben, Selbstmord begehen, indem sie sich aus einer großen Höhe zur Erde stürzen.

Manche Raben paaren sich für die Dauer eines ganzen Lebens, andere wiederum nur für kurze Zeit. Sie bauen aus Zweigen große Nester auf Felsvorsprüngen oder in Baumwipfeln. Das Weibchen legt 5 bis 7 Eier, die hellgrün und braun gesprenkelt sind. Raben fliegen bei heißer Witterung mit offenem Schnabel.

Den eingeborenen Völkern war der Rabe ein Symbol des Gleichgewichts zwischen Mensch und Natur. Fast alle Stämme haben ihre Raben-Legenden, in denen berichtet wird, warum der Rabe schwarz ist. In all diesen Legenden ist der Rabe zunächst einmal ein weißer Vogel, dessen Farbveränderung entweder die Folge einer Bestrafung für ein Vergehen oder seines Bemühens, den Menschen zu helfen ist, letzteres gewöhnlich in dem Versuch, ein Feuer zu löschen, welches das Volk bedroht hat. Diese Dualität, die in den Legenden vorherrscht, verbildlicht die Dualität der Gefühle, die die indianischen Stämme diesem Vogel entgegenbrachten. Für manche ist der Rabe ein schlechtes Omen, für andere ein gutes. Die Pueblo-Stämme stellen eine Verbindung zwischen dem Raben und den Kachinas her, jenen Geistern, die das Dorf schützen und Regen herbeiführen. Man hat dem Raben nachgesagt, daß er Regenwolken sowohl herbeilocken wie vertreiben kann. Dies gilt ebenso für seinen Einfluß auf das Wild. Egal welche Stellung man ihm auch in welchem Stamm einräumte, der Rabe wurde immer als Vogel betrachtet, der eng in Verbindung mit dem Menschen und der Natur stand.

Wie der Rabe sind auch die Menschen dieses Totems in der Lage, durch die Lüfte zu segeln und sich an einem Platz niederzulassen, an dem sie die positiven Energieströme der Erde in sich aufnehmen können. Sie sind Menschen, die sich sowohl in den irdischen wie in den himmlischen Bereichen des Universums wohl fühlen. Ihre Fähigkeit, weit und anmutig zu segeln, hängt von dem Zustand innerer Harmonie ab, den sie erreicht haben. Dieses Gleichgewicht ist für den Raben-Menschen von größerer Wichtigkeit als für alle anderen Totems des Medizinrades, da sie wie ihr Vogel befähigt sind, mit unglaublicher Behendigkeit von einer Position zur anderen zu segeln. Wenn es ihnen nicht gelungen ist, zu ihrer Mitte vorzudringen, kann gerade dieses Umhersegeln für sie und ihre Umwelt große Verwirrung hervorrufen.

Wenn sie jedoch ihr inneres Gleichgewicht erlangt haben, sind sie durchaus in der Lage, von einem Bereich zum anderen zu wechseln, ohne ihre Mitte jemals aus dem Auge zu verlieren. Bei einem solchen Zustand des inneren Einklangs angelangt, erweisen sie sich als die hilfsbereitesten Menschen, die man sich nur vorstellen kann. Da sie selbst leiden mußten, um diesen Zustand der Harmonie zu erreichen, sind sie fähig und bereit, auch andere zu unterstützen.

Das Raben-Totem ist ein Zeichen des Widersinns, da Raben-Menschen in ihrer Gefühlswelt beispielhaft sind für das Widersinnige im Leben. Da sie in der Lage sind, in ungeahnte Höhen aufzusteigen, können sie sowohl das Gute wie das Schlechte in jeder Position erkennen, was es ihnen wiederum erschwert, einen Standort dem anderen vorzuziehen. Sie tun sich schwer, rasche Entscheidungen zu treffen, solange sie nicht im Einklang mit sich selbst sind. Die Entscheidung, die sie an einem Tag fällen, kann am nächsten Tag schon längst wieder hinfällig sein, was ihnen oft den Anschein der Unentschlossenheit, manchmal auch der Verantwortungslosigkeit gibt.

Raben-Menschen sind wie ihr Vogel äußerst vorsichtig – und das mit gutem Grund, denn sie sind als Folge ihrer Leichtgläubigkeit in der Vergangenheit sicher oft verletzt worden. Sie neigen dazu, sich bei der leisesten Andeutung von Gefahr sofort aus dieser Situation zurückzuziehen. Sie sind intelligente Menschen, die in der Lage sind, von allen Ansichten und Ideen, die sie imstande sind wahrzunehmen, etwas zu lernen. Und sie sind aufgrund ihrer Wesensart äußerst anpassungsfähig. Da sie es gewohnt sind, in einer emotionalen Welt der Veränderung zu leben, lassen sie sich durch Veränderungen in der physischen Welt kaum aus der Ruhe bringen.

Raben-Menschen sind in der Regel gruppenorientiert und fühlen sich am wohlsten in der Sicherheit einer Gruppe von annähernd gleichgesinnten Menschen. Haben sie einmal eine solche Gruppe gefunden, sind sie zu jeder Zusammenarbeit bereit, äußerst zuverlässig und treu. Sie entwickeln auch ähnlich ihrem Vogel einen Geist der Verteidigung, den sie um diese Gruppe aufbauen, sei es nun rein philosophischer Art oder im wörtlichen Sinn zu verstehen. Wenn sie das Gefühl bekommen, daß jene, die sie lieben, bedroht sind, werden sie diese ungeachtet der Größe und Stärke des vermeintlichen Angreifers mit Hingabe verteidigen. Sie sind aufgrund ihrer Gruppenloyalität zutiefst betrübt, wenn irgend etwas geschieht, das sie dazu zwingt, sich gegen eine Gruppe, der sie sich angeschlossen haben, zu wenden. Eine solche Situation wird sie, ganz gleich, wie stark sie im Einklang mit ihrem Inneren sind, für den Moment völlig aus dem Gleichgewicht werfen.

Wie ihr Totem schließen manche Raben-Menschen Ehebündnisse für das Leben, während andere dies eher vermeiden. Wenn sie einen Partner wählen, bevor sie ihr inneres Gleichgewicht erlangt haben, werden sie sich manchmal äußerst schwer tun, diese Beziehung aufrechtzuerhalten, da sie allzu häufig darüber unschlüssig sind, ob sie den richtigen Partner gewählt haben oder nicht. Ihre anhaltende Ambivalenz genügt, um selbst den entschlossensten Partner zu vertreiben.

Ein schönes Zuhause ist diesen Menschen von außerordentlicher Wichtigkeit. Sie besitzen einen sicheren Blick für einen anziehenden Rahmen und bemühen sich auch, sich in einem solchen niederzulassen. Haben Raben-Menschen einen Zustand des inneren Gleichgewichts erlangt, so spiegelt sich dieser auch mit Sicherheit in ihrem Heim wider. Ebenso wichtig ist es für sie, Tiere in ihrem Haushalt zu halten, da diese ihnen die konkrete Möglichkeit bieten, ihre bestehende Verbindung zur Natur zu erfahren.

Menschen dieses Totems sind warmherzige und liebevolle Eltern, die einen beruhigenden Einfluß auf ihre Kinder ausüben. Sie haben jedoch Schwierigkeiten, ihren Kindern gegenüber beständig zu sein, da ihre Einstellung zur Disziplin sich ebenso schnell verändern kann wie ihre Einstellung zu anderen Dingen. Der ausgeglichene Raben-Mensch stellt in diesem Punkt eine Ausnahme dar und ist beispielhaft für eine ausgewogene elterliche Mischung aus Liebe, Disziplin und Unabhängigkeit.

Raben-Kinder haben in der Regel, wenn sie nicht gerade ausgesprochen aus der Art schlagen, große Schwierigkeiten, zu sich selbst zu finden, da sie erst alle Möglichkeiten des Wohlseins erproben müssen, bevor sie sich entscheiden können, wie und was sie sein möchten. Man sollte ihnen aus diesem Grund genügend Spielraum geben, um diesem Drang nachgeben zu können, da dies es ihnen erleichtern wird, ihr Gleichgewicht im späteren Leben zu finden. Gleichzeitig brauchen sie jedoch auch ein gewisses Maß an Beständigkeit in ihrer Umwelt, um den inneren Frieden erfahren zu können, den sie bereit sind, auch an andere weiterzugeben. Sie sind stets sehr liebevolle Kinder, physisch oftmals ungewöhnlich anziehend und allzeit bereit für eine Umarmung oder einen Kuß.

Wenn Raben-Menschen ihr persönliches Gleichgewicht gefunden haben, sind sie in der Lage, vielerlei verborgene Dinge sowohl auf der irdischen wie auf anderen Ebenen zu erforschen. An diesem Punkt angelangt, sind Raben-Menschen befähigt, die Widersprüchlichkeiten des Lebens zu personifizieren, ohne sich davon aus dem Gleichgewicht werfen zu lassen. Sie sind in der Lage, andere darin anzuleiten, die Energie der Erde und des Himmels in sich zu sammeln, und tragen damit ihren Teil zur Herstellung eines Gleichgewichts zwischen Mensch und Natur bei. Dies ist eine Eigenschaft, die schon die eingeborenen Stämme des amerikanischen Kontinents dem Raben zugeschrieben haben.

Menschen, die das Rad beschreiten und sich in dieser

Position wiederfinden, werden entdecken, daß sie die Widersprüchlichkeiten ihres Lebens in einer viel direkteren und intensiveren Weise erfahren können, als sie es bislang getan haben. Dies wird ihnen wiederum auch helfen, diese leichter und schneller wieder auflösen zu können. Sie haben die Möglichkeit herauszufinden, wie sie einen Zustand der Harmonie zwischen sich und der Natur herstellen können. Ebenso können sie ihrem Bedürfnis nachgehen, sich an eine Gruppe anzuschließen, sich mit dieser auseinanderzusetzen und deren Vertrauen zu erwerben.

Raben-Menschen verstehen sich mit ihren Verwandten des Schmetterlingklans, den Otter- und Hirsch-Menschen, sowie mit den Angehörigen des Donnervogelklans, den Habicht-, Stör- und Wapiti-Menschen, am besten. Sie ergänzen sich mit dem geflügelten Vertreter des Donnervogelklans, dem Roten Habicht-Menschen.

Mond der Ersten Fröste

24. Oktober – 21. November

Mond der Ersten Fröste

(Schlange) 24. Oktober – 21. November

Jene Menschen, die während des Mondes der Ersten Fröste, zwischen dem 24. Oktober und dem 21. November, geboren sind, haben Kupfer und Malachit als Totem im mineralischen Reich, die Distel als Totem im pflanzlichen Reich und die Schlange als Totem im Reich der Tiere. Ihre Farbe ist orange, und sie gehören dem Elementeklan der Frösche an.

Ihr Mineral, das Kupfer, kommt in allen Ländern der Welt vor und wurde seit altersher, nachdem der Mensch gelernt hatte, es zu bearbeiten, für die Herstellung von Werkzeugen und Schmuck verwendet. In den Frühphasen seiner Verarbeitung wurde das Kupfer gewöhnlich in die gewünschte Form getrieben. Später erhitzte man es fast bis zum Schmelzpunkt, um es leichter formen zu können. Dem Kupfer wird eine Vielzahl von besonderen Kräften zugeschrieben, so auch, daß es helfen könne, den Geist und das Blut des Menschen zu reinigen. Über unzählige Jahre hinweg haben Menschen, die für Arthritis, Rheuma und andere Krankheiten, die eine Versteifung der Gliedmaßen verursachten, anfällig waren, Armbänder oder Fußbänder aus Kupfer getragen, um sich Linderung zu verschaffen. Auch Künstler tragen häufig Kupferarmbänder, um einer Versteifung ihrer Arme vorzubeugen, während Krieger sie benutzten, um ihre Arme zu kräftigen.

Kupfer ist ein besserer Stromleiter als die meisten anderen Mineralien und wird aus diesem Grunde fast immer für elektrische Verdrahtungen benutzt. Ebenso hat es die Eigenschaft, aufgenommene Wärme gleichmäßig über seine ganze Fläche zu verteilen. Aus diesem Grund wurden früher Pfannen gänzlich aus Kupfer hergestellt oder zumindest mit Kupfer beschichtet. In frühesten Zeiten wurde Kupfer auch als Leiter für andere Energieformen betrachtet, und es war häufig jenes Metall, das in Verbindung mit Kristallen die Fähigkeit besaß, andere Energieformen, die unsere Wissenschaften erst noch entdecken müssen, zu bündeln.

Malachit, der Edelstein der Schlangen-Menschen, ist ein Kupfer-Karbonat, das im Kupferabbau gewonnen wird. Er hat eine leuchtendgrüne Farbe und einen Glanz, der von glasig bis matt oder seidig reichen kann. Durchscheinende Exemplare von Malachit wurden als Edelsteine verwendet und zu Vasen, Ornamenten und Statuen weiterverarbeitet. Der Malachit kommt wie das Kupfer in den meisten Teilen der USA vor. Auch diesem Stein werden besondere Kräfte zugeschrieben – am bedeutsamsten sei seine Fähigkeit, die Empfindsamkeit eines Menschen für die Stimme des Geistes zu erhöhen. Der Malachit wird als Stein betrachtet, der die menschliche Empfänglichkeit für alle subtilen Energieformen – so auch für die psychischen Kräfte – erhöht.

Schlangen-Menschen können durch ihre Mineralien von ihren eigenen Fähigkeiten erfahren, die Dinge, mit denen sie in Kontakt kommen, umzuwandeln. Schlangen-Menschen besitzen ähnlich dem Kupfer die Fähigkeit, in allen Bereichen, in denen sie sich bewegen, Veränderungen herbeizuführen. Während sie selbst nicht besonders anpassungsfähig sind, können sie Situationen, mit denen sie zu tun haben, beeinflussen. Schlangen-Menschen besitzen in der Regel einen hohen Energiefluß und unzählige neue Ideen, wie man eine Situation verbessern kann. Wenn sie im Einklang mit sich selbst sind, haben ihre meisten Einfälle auch durchaus Hand und Fuß und können ohne weiteres in die Wirklichkeit umgesetzt werden.

Da Schlangen-Menschen generell auf die höheren Energien in ihrem Umfeld eingestimmt sind, können sie, wenn sie sich selbst einer geistigen Reinigung unterzogen haben, anderen bei der Bewältigung ihrer Probleme und Aufgaben beistehen. Da viele von ihnen Menschen mit natürlichen Heilkräften sind, können sie anderen helfen, ihren Körper und ihr Blut zu reinigen. Sie können jenen, mit denen sie in Kontakt stehen, aufgrund ihres wißbegierigen Wesens die Kenntnisse, zu denen sie über diese Bereiche vordringen, in eine Form umsetzen, die auch von anderen Menschen leicht erfaßt werden kann. Wie das Kupfer haben auch Schlangen-Menschen die Fähigkeit, Hitze gleichmäßig weiterzugeben – sei es nun die Hitze ihrer neuesten Einfälle oder die Hitzigkeit ihres Zorns – wenn sich nicht alles so abspielt, wie sie es sich wünschen.

Schlangen-Menschen besitzen wie der Malachit besondere spirituelle Kräfte. Wenn sie im Gleichgewicht mit ihren Kräften sind, sind sie sehr empfindsam für die Stimme des Geistes und in der Lage, viele subtile Energieformen zu empfangen. Schlangen-Menschen sind, egal wie ihre allgemeine persönliche Entwicklung verläuft, reich gesegnet mit Fähigkeiten im psychischen Bereich. Diese Gaben können sich jedoch sowohl als positiv wie auch als äußerst nachteilig auswirken, wenn sie versäumt haben, zu begreifen, daß solche Gaben allein zum Wohle der Menschen und nicht zum persönlichen Gewinn eingesetzt werden dürfen. Schlangen-Menschen, die diese Kräfte zur Verwirklichung ihrer eigenen Interessen benutzen, können zwar äußerst erfolgreich sein und viele Menschen auf ihre Denkweise umstimmen, aber sie werden letztendlich umkehren, sobald sie ihre Handlungsweise einmal einer kritischen Betrachtung unterzogen haben. Und da sie in starker Verbindung zu den geistigen Bereichen stehen, wird diese kritisch-objektive Überprüfung nicht ausbleiben.

Das Pflanzen-Totem der Schlangen-Menschen ist die Distel, jene stachelige Pflanze, die sowohl in der Stadt wie auf dem Land anzutreffen ist. Eine Distel kann zwischen 90 Zentimeter und 3 Meter hoch werden. Sie hat eine dicke Pfahlwurzel, die einer Karotte ähnelt. Im 1. Jahr ihres Wachstums wachsen ihre Blätter in einer Rosette aus dem Erdboden, im 2. Jahr bildet sich erst der Blütenstil, der dickfleischig ist und manchmal etliche Blätter und Verzweigungen hat. Die Blütenköpfe sind lose Trauben und können rot, purpur oder weiß sein. Die Blätter und Blüten sind alle mit scharfen, stacheligen Härchen bedeckt, und ein stacheliger Flaum überzieht auch alle anderen Teile der Pflanze. Wenn man eine Distel versehentlich streift, wird dies einem nicht entgehen können.

Sowohl der Sproß wie die Wurzel können geschält und roh oder auch gekocht verspeist werden. Die jungen Blätter können als Tee aufgekocht und die fruchtähnlichen Samen roh oder geröstet verzehrt werden. Alle Teile der Pflanze sind reich an mineralischen Aufbaustoffen. Ursprünglich benutzten indianische Heiler die Distel gegen Magenbeschwerden und Verdauungsstörungen, um Fieber zu senken, sowie als Wurmmittel und Milchbildungstee für stillende Mütter. In alten Zeiten betrachtete man die Distel als Allheilmittel, das so gut wie alle Krankheiten kurieren konnte, besonders aber Erkrankungen des Gehirns. Man schrieb der Distel die besondere Fähigkeit zu, die inneren Organe des Körpers zu kräftigen und alle Arten von Beschwerden und Schmerzen lindern zu können. Manche Distelarten werden heilige Distel oder »geweihte« Distel genannt, aufgrund der heilenden Fähigkeiten, die man ihnen zuschreibt.

Schlangen-Menschen können wie ihre Pflanze geistig und emotional in ungeahnte Höhen oder Tiefen vordringen, je nachdem, wie bereit sie sind, die Talente und Fähigkeiten, die in ihnen schlummern, auszubilden und zu benutzen. Von der Distel können Schlangen-Menschen lernen, wie wichtig es ist, sich kräftig und tief mit der Erde zu verwurzeln, da sie die Hilfe der Erde brauchen, um all die Energieströmungen, die sie durchfließen, in die richtigen Bahnen lenken zu können. Während alle Schlangen-Menschen die Fähigkeit besitzen, sich ihrer Umwelt gegenüber äußerst hilfsbereit zu verhalten, verspielen manche von ihnen diese Möglichkeit, da sie sich wie ihre Pflanze hinter einer Mauer von spitzen Stacheln verbergen, was verhindert, daß man ihnen nahe genug kommen könnte, um die Seiten zu erkennen, die unter diesem Panzer verborgen liegen. Selbst ausgeglichene Schlangen-Menschen haben in der Regel einen dünnen stacheligen Flaum um sich, mit dem sie sich gegen jedermann zur Wehr setzen, der sie oder die Menschen, die ihnen nahestehen, ihrem Empfinden nach verletzt hat.

Wenn es einem gelingt, diesen äußeren Schutzpanzer der Schlangen-Menschen zu überwinden, wird man auf Dinge stoßen, die ebenso vielseitig wie wertvoll sind – und die auch der Distel zugeschrieben werden. Schlangen-Menschen können dazu beitragen, ihren eigenen Körper und den anderer durch ihre Fähigkeit, den wirklichen Krankheitsherd zu erkennen, zu reinigen und zu heilen. Wenn sie die Ursache entdeckt haben, können sie ihre heilenden Fähigkeiten, die entweder wissenschaftlicher oder anderer Art sind, auf die Krankheit richten.

Schlangen-Menschen können ihre Pflanze dazu benutzen, um ihre inneren Organe in Ordnung zu halten, da sie anfällig sind für Erkrankungen des Blutkreislaufs und aller damit verbundenen Organe, wenn ihr inneres Gleichgewicht gestört ist. Während solcher Phasen der Disharmonie sind sie ebenso für die verschiedensten Arten von Nervenerkrankungen, angefangen von Geschwüren bis hin zu krankhafter Depressivität, gefährdet. Wenn sich Schlangen-Menschen in einem Zustand der physischen und psychischen Schwäche und Verwirrung befinden, müssen sie als erstes ihren eigenen gestörten Energiefluß in Ordnung bringen, bevor irgendeine andere Behandlungsmethode erfolgreich anschlagen kann. Da sie regenerierende Eigenschaften haben, sind sie durchaus in der Lage, dies ohne größere Schwierigkeiten zu bewerkstelligen, vorausgesetzt, sie haben sich fest dazu entschlossen. Wenn sie eine solche Entscheidung jedoch nicht treffen, werden sich auch andere äußerst schwer tun, ihnen zu helfen.

Schlangen-Menschen, die sich im Zustand innerer Verwirrung befinden, sind die stacheligsten und dornenreichsten Vertreter ihres Totems. Sie sind durchaus in der Lage, sich als sture, überkritische, eifersüchtige, hinterlistige und jähzornige Zeitgenossen zu erweisen, was sich oftmals am stärksten gegen jene richtet, die ihnen am nächsten stehen. Es ist wichtig, daß Schlangen-Menschen, die sich in einem solchen Zustand befinden, sich daran erinnern, daß sie alle notwendigen Kräfte in sich tragen, um ihre Energien in hilfreichere, angenehmere, klarere und nützlichere Kanäle zu leiten.

Die Farbe der Schlangen-Menschen ist orange, jenes besonders klare Orange, das uns gewöhnlich in der untergehenden Sonne entgegenleuchtet. Diese Farbe symbolisiert den vitalen und intellektuellen Menschen, der in der Lage ist, jegliches Wissen, das er dem Leben oder Studium abgewinnen kann, auch anzuwenden. Es ist eine Farbe, die anzeigt, daß der betreffende Mensch Geist, Körper und Seele erfassen und seinen höheren Verstand dazu benutzen kann, um seinen niedrigen zu lenken. Ebenso ist es eine Farbe, die einen ehrgeizigen Menschen und jemanden, der stolz auf seine geleistete Arbeit ist, anzeigt. All diese Qualitäten werden im Schlangen-Menschen deutlich widergespiegelt. Diese Menschen sind intellektuell veranlagt und haben die Fähigkeit, das Leben und die Lehren, die dieses beinhaltet, scharf zu beobachten und auf ihr eigenes Leben und das anderer zu übertragen. Sie können ein großes Maß an Selbstkontrolle aufbringen, wenn die Situation es erfordert, und sind ehrgeizig und stolz auf alles, was sie zu leisten vermögen.

Schlangen-Menschen sind während des Mondes der Ersten Fröste geboren, dem 2. Mond, der sich im Zeichen von Mudjekeewis aus dem Osten befindet. Da sie auch dem Froschklan angehören, dem Klan des Wassers, warnt sie dieser Mond vor den Dingen, die ihnen zustoßen können, wenn sie es zulassen, daß ihre Energien ohne Richtung und Ziel durch sie hindurchfließen. In einem solchen Fall würden Schlangen-Menschen förmlich zufrieren und nicht mehr in der Lage sein, weitere Energien in sich aufzunehmen. Dieser Mond weist sie darauf hin, daß es manchmal notwendig ist, ihre Energie absichtlich über einen bestimmten Zeitraum einzufrieren, bis sie die innere Klarheit gewonnen haben, um richtig damit umgehen zu können.

Mudjekeewis, der die Gaben an Selbstbetrachtung und Kraft bringt, ist ein sehr passender Hüter des Geistes für diese Menschen, da er die Fähigkeit besitzt, ihnen zu helfen, die Kraft und Selbstsuche, die ohnehin schon ein Teil ihres Wesens ist, zu erweitern. Ihre Angehörigkeit zum Froschklan hat die Tendenz, Schlangen-Menschen zu besänftigen und ihnen zu ermöglichen, die Gefühle zu erfahren, die ihnen ihre Intellektualität oftmals versperrt. Wenn auch das Wasser ihr Element ist, sind sie eher von klaren, tiefen Seen durchspült denn von wilden, rauschenden Flüssen oder Bächen. Sie sind weniger unbeständig als andere Vertreter dieses Klans.

Das Tier-Totem der Menschen, die während des Mondes der Ersten Fröste geboren sind, ist die Schlange, jenes alte, geheimnisvolle und vielfach verleumdete und mißverstandene Mitglied der Wirbeltier-Familie. Die Schlange ist ein Reptil ohne Gliedmaßen, mit ausdehnbaren Kieferklappen und ohne Ohröffnungen oder bewegliche Augenlider. Das

Rückgrat der Schlange besteht aus bis zu 300 Wirbelknochen. Die Rippen sind lose am Rückgrat befestigt, um die windende Fortbewegungsart der Schlange zu ermöglichen. Über ihren Bauch zieht sich eine lange Reihe von einander überlappenden Schuppen, die wiederum das Gleiten der Schlange möglich machen, indem sie jede einzelne Schuppe nach vorne schiebt und anschließend nach hinten drückt.

Die gespaltene Zunge der Schlange ist ein sehr empfindliches Instrument, das ihr sowohl Geschmacks- wie auch Geruchssinn verleiht. Was die Zunge aufnimmt, wird von einem besonderen Organ am oberen Gaumen analysiert. Schlangen haben einen guten Geruchssinn und können ausgezeichnet sehen. Eine Ausnahme bildet darin die Zeit, in der sie sich häuten und die Augen stumpf und verschwommen wirken, da die Haut über ihnen ebenfalls abgestreift wird. Schlangen häuten sich etwa dreimal im Jahr. Sie beißen sich dabei etwa auf Kinnhöhe an einem Gegenstand fest und schlüpfen einfach aus ihrer alten Haut heraus. In dieser Zeit fügt die Klapperschlange, die bekannteste der Erdschlangen, ihrem Schwanz eine neue Rassel hinzu.

Es gibt auf der Welt etwa 2500 verschiedene Schlangenarten, allein in den USA schon 114. Damit haben sie als Tier, das immerhin schon seit der Kreidezeit, als die Dinosaurier kurz vor dem Aussterben standen, auf der Erde lebt, geradezu einen Rekord aufgestellt. Während eines Großteils dieser Zeit wurde die Schlange aufgrund von Mißverständnissen und unnötiger Angst grundlos verfolgt.

Schlangen sind Fleischfresser, die sich hauptsächlich von Kleingetier wie Ratten und Fröschen ernähren sowie auch von Insekten wie Fliegen und Moskitos. Sie sind aufgrund ihrer Ernährungsweise ein wesentlicher Bestandteil des natürlichen Gleichgewichts, und wo der Mensch Schlangen umbringt, wird er nachfolgend von Ratten und Mäusen überrannt. Schlangen wurden im alten Griechenland und Rom als Mausefallen benutzt. Sie haben eine ungewöhnlich langsame Verdauung und liegen oftmals eine ganze Woche nach einer eingenommenen Mahlzeit völlig träge da. Ihre Mahlzeiten können bis zu 50% ihr Körpergewicht übersteigen.

Schlangen passen sich sehr gut an ihre Umwelt an und besitzen ein ungewöhnlich feines Aufnahmevermögen für Berührungen und Vibrationen, was zum Teil auf ihre Kaltblütigkeit und die damit in Zusammenhang stehende Abhängigkeit von ihrer Umwelt für Wärme zurückzuführen ist. Schlangen verändern ihre Farbe, um sich ihrer spezifischen Umwelt anpassen zu können. Schlangen haben keine Stimme, manche Arten machen sich jedoch durch ein Zischen bemerkbar, und die Klapperschlange benutzt zur Geräuscherzeugung erfolgreich eine Klapper. Die Werbung der Schlange ist trotz ihres Rufes der Kaltblütigkeit eine äußerst gefühlvolle Angelegenheit. Das Weibchen scheidet einen besonderen moschusartigen Duft aus, der das Männchen anlockt. Dieses nähert sich äußerst langsam und tastet mit seiner Nase den ganzen Körper des Weibchens ab. Geht das Weibchen auf diese Form der Annäherung ein, winden sie sich lose ineinander und paaren sich dann. Wenn sie so ineinander verschlungen sind, kann man sie kaum noch auseinanderhalten.

Manche Schlangenarten bringen ihre Jungen lebend zur Welt, andere legen Eier. Die meisten jungen Schlangen kommen während der warmen Sommermonate auf die Welt. Manche haben von Anfang an keinerlei Kontakt mit ihren Eltern. Schlangen halten einen Winterschlaf. Die gefürchtetsten Schlangen der Welt sind die Erdvipern, die eine Vertiefung zwischen den Nasenlöchern haben, die es ihnen ermöglicht, die Wärmeausstrahlung einer jeden potentiellen Beute aufzunehmen. Sie besitzen eine besondere Drüse an beiden Augenzähnen, durch die sie ein Gift verspritzen und ihre Beute töten. Die meisten Schlangen – und dies trifft auch auf die giftigen Arten zu – vermeiden den direkten Kontakt mit Menschen und greifen nur dann an, wenn sie sich bedroht fühlen. Wenn man sich in einem Schlangengebiet befindet, sollte man sich am besten langsam und mit viel Ruhe daraus entfernen.

Während viele europäische Mythen die Schlange in einem etwas fragwürdigen Licht darstellen, wird sie in den meisten Kulturkreisen hochgeachtet. Die gefiederte Schlange war das führende Symbol der Maya- und Aztekenreiche, da sie die transformierenden Kräfte repräsentierte, die ihnen durch die Religion verliehen wurden. Das Hopi-Volk sieht in der Schlange einen Botschafter anderer Reiche, der die Fähigkeit besitzt, den lebensspendenden Regen auf die Erde herabzuziehen. Für die Ojibwa versinnbildlichte die Schlange Geduld, da es äußerst lange dauert, bis sie sich ärgern läßt und darauf reagiert. Der Schlangenklan war einer ihrer wichtigsten Medizinklans. Die meisten anderen Stämme schreiben der Schlange besondere Kräfte zu, und viele haben Schlangenklans, die besondere Aufgaben erfüllen.

Menschen, die im Zeichen des Mondes der Ersten Fröste geboren sind, neigen wie ihr Totem dazu, sich mit einer geheimnisvollen Aura zu umgeben. Sie brauchen lange, um sich anderen zu öffnen, und selbst dann widerstrebt es ihnen noch häufig, ihre tiefsten seelischen Geheimnisse preiszugeben. Diese Menschen werden aufgrund ihrer Geheimniskrämerei und ihres schwierigen, stacheligen Schutzpanzers oft mißverstanden und sogar verleumdet. Es fließt ein so ungeheuer starker Strom von Lebenskraft durch ihre Adern, daß andere Menschen die Tiefen ihres Seins oft nicht erkennen können. Wie die Schlange haben Menschen dieses Totems empfindsame Instrumente, mit deren Hilfe sie die Wahrheit um Menschen und Situationen, mit denen sie konfrontiert werden, förmlich herausfühlen, -schmecken und -riechen können. Sie haben scharfsichtige Augen, mit denen sie in die Tiefen der Seele hineinblicken können – ob es sich nun um ihre eigene handelt oder um die anderer Menschen. Eine Ausnahme bildet darin die Zeit, in der

Schlangen-Menschen sich in einem Zustand der inneren Verwirrung befinden und der Fluß ihrer Energien empfindlich gestört ist.

Schlangen-Menschen können erheblich dazu beitragen, das Gleichgewicht der Natur oder das Gleichgewicht jeglicher Situation, in der sie sich befinden, aufrechtzuerhalten, wenn sie sich selbst in einem Zustand der inneren Harmonie befinden. Sie sind anpassungsfähige Menschen und besitzen wie ihr Tier-Totem die Fähigkeit, sich ihrer alten Ideen, Umwelt oder Gefühle wie einer altgewordenen Haut zu entledigen, wenn die Zeit reif ist, sich in eine neue Phase des Seins hineinzuwagen. Diese Menschen brauchen sehr lange, bis sie eine Veränderung in ihrem Leben zulassen können, aber wenn sie es einmal geschafft haben, dann ist diese auch unabänderlich, bis es wieder einmal soweit ist, sich in etwas Neues hineinzubegeben.

Menschen dieses Totems sind, was Beziehungen anbelangt, das ganze Gegenteil von kaltblütig. Sie sind aufgrund ihrer erhöhten Lebenskraft häufig Wesen mit einer starken sexuellen Ausstrahlung. Wenn sie im Einklang mit sich selbst sind, können sie ihre sexuelle Energie auf positive und liebende Weise benutzen, wenn sie jedoch ihr inneres Gleichgewicht verloren haben, scheint diese Energie ihr Leben manchmal geradezu zu beherrschen, und sie tun sich dann äußerst schwer, diese wieder in die richtigen Bahnen zu lenken. Schlangen-Menschen stehen – ganz gleich, in welchem Zustand sie sich befinden – in dem Ruf, leidenschaftliche und aufregende Liebhaber/innen zu sein.

Als Eltern sind Schlangen-Menschen ihren Kindern gegenüber allzu kaltblütig. So überlassen sie manchmal ihren Kindern die Entscheidungsgewalt über ihr Leben, bevor diese das nötige Wissen und die Erfahrung dazu haben. Sie sind so stark mit ihrem eigenen Leben beschäftigt, daß sie ihre persönliche Entwicklung nicht anhalten wollen, um ihren Kindern die nötige emotionale Stütze zu geben. Zu anderen Zeiten sind Schlangen-Menschen äußerst warmherzig und widmen ihren Kindern so viel von ihrer Zeit und Energie, wie ihnen eben zur Verfügung steht. Dieser nahtlose Übergang von einer Position zur anderen ist für ihren Nachwuchs äußerst verwirrend. Manche Schlangen-Menschen spielen sich jedoch auf eine Position ein, von der sie nicht mehr abweichen.

Schlangen-Kinder sind interessante und intelligente Wesen, aber bei weitem nicht unproblematisch, da sie ein Wissen in sich zu bergen scheinen, das ihr Alter weit übersteigt. Sie neigen ebenso wie die Erwachsenen dieses Zeichens zur Geheimniskrämerei und manchmal auch zur Kaltschnäuzigkeit und bringen oftmals nicht die Zuneigung zum Ausdruck, die Eltern in der Regel von ihren Kindern erhoffen. Wenn man ihnen nicht zeigt, wie sie ihre Energie in die richtigen Bahnen lenken können, werden sie ihre Mitmenschen mit einer unangenehmen Launenhaftigkeit konfrontieren, mit der nur sehr schwer umzugehen ist.

Die indianische Sicht und Deutung der Schlange trifft viel eher auf die Menschen dieses Totems zu als die europäische, mit der viele von uns aufgewachsen sind. Schlangen-Menschen verdienen unsere besondere Achtung aufgrund der transformierenden Kraft, die sie ohne Zweifel in sich tragen. Sie können Botschafter sein, die uns das überbringen, nach dem wir so lange zu hören verlangten, vorausgesetzt, wir lernen, uns ihnen so zu nähern, daß wir ihre Botschaften auch vernehmen können. Diese Menschen können auch eine bemerkenswerte Geduld an den Tag legen, wenn es darum geht, ihr Wissen an andere zu vermitteln.

Wenn Menschen anderer Totems diese Position auf dem Medizinrad einnehmen, können sie von ihrer eigenen Kraft, ihr Innerstes umzuwandeln, lernen und damit alles, was sie in anderen Positionen gelernt haben, in Einklang miteinander bringen. Ebenso können sie viel über ihre eigene Anpassungsfähigkeit, Geduld und Ausdauer, Ehrgeiz und Stärke erfahren. Angehörige des Schlangen-Totems, oder auch Menschen, die dieses Zeichen durchwandern, sind oft in der Lage, heroische Taten zu vollbringen, um ihren Mitmenschen auf Erden zu helfen.

Schlangen-Menschen verstehen sich mit Puma und Specht, die wie sie zum Klan der Frösche gehören, sowie mit den Vertretern des Schildkrötenklans, Schneegans-, Biber- und Braunbär-Menschen. Sie ergänzen sich mit den Biber-Menschen.

Mond des Langen Schnees

22. November – 21. Dezember

Mond des Langen Schnees

(Wapiti) 22. November – 21. Dezember

Menschen, die während des Mondes des Langen Schnees, zwischen dem 22. November und dem 21. Dezember, geboren sind, haben den Obsidian als Totem im Reich der Mineralien, die Schwarzfichte als Totem im Pflanzenreich und den Wapiti als Totem im Tierreich. Ihre Farbe ist schwarz, und sie gehören dem Elementeklan der Donnervögel an.

Obsidian, das Mineral der Wapiti-Mernschen, ist auch als Vulkanglas bekannt. Chemisch gesehen ist es identisch mit Granit, da es Feldspat, Quarz und Eisenmagnesium enthält. Wenn Granit-Magma unter der Erdoberfläche erstarrt, bildet sich Granit. Wenn es sich in einer hohen Geschwindigkeit auf die Erde ergießt und rasch abkühlt, entsteht Obsidian. Bisweilen kann man auf regelrechte Berge dieses Minerals stoßen. Wenn das Magma rasch abkühlt, jedoch nicht schnell genug, um seinen Glanz zu bekommen, bildet sich ein Mineral, das Pechstein heißt und einen matten Glanz hat. Kleine Kiesel aus Obsidian, die aus größeren Massen herausgewittert sind, heißen Apachen-Tränen. Obsidian ist in der Regel schwarz, glänzend und durchscheinend, obgleich er auch in anderen Farben vorkommt und eine besondere Obsidianart so viele verschiedene Farbschattierungen in sich vereinigt, daß er als Regenbogen-Obsidian bezeichnet wird. Obsidian ist ungewöhnlich hart und besitzt rasiermesserscharfe Kanten und sollte somit stets mit größter Vorsicht behandelt werden. Man findet ihn in den meisten Weststaaten der USA.

Der Obsidian wurde seit altersher von den amerikanischen Eingeborenen viel benutzt. Die Mayas stellten Spiegel und außergewöhnlich komplizierte Schmuckstücke aus Obsidian her – so z. B. zylindrische Ohrstecker, die so dünn waren, daß man durch sie hindurchschauen konnte. Ebenso stellten sie wie die alten Ägypter Standbilder und andere Zierstücke aus diesem vielseitigen Stein her. Und dies war eine beträchtliche Leistung in Anbetracht der Tatsache, daß Obsidian eines der am schwierigsten zu bearbeitenden Mineralien ist, da er aufgrund seiner ungewöhnlichen Härte und Sprödheit leicht zerspringen kann. Die Eingeborenen Nordamerikas verarbeiteten Obsidian zu Pfeilspitzen, Speerspitzen, Schabmessern und auch Schmuckstücken.

Da der Ursprung des Obsidians tief in der Brust von Mutter Erde zu suchen ist, ordnet man ihm die Kraft zu, Menschen mit der Erdenergie zu verwurzeln und sie somit gleichzeitig zu lehren, diese zu achten und zu nutzen. Es wird behauptet, daß der Obsidian die Kraft in sich trägt, die Gedanken eines anderen Menschen auf seinen Träger zu spiegeln und diesem somit eine Art hellseherischen Einblick in die Seele seiner Mitmenschen zu verleihen. Der Obsidian wurde aufgrund dieser ihm zugeschriebenen Fähigkeit oft als Stein benutzt, von dem man seine Zukunft ablesen konnte.

Ein solcher Stein wurde hergestellt, indem man einen Obsidian zersprengte und eine glatte, glänzende Fläche herstellte, in die man hineinschauen konnte. Dem Obsidian wird auch die Kraft zugeschrieben, seinen Träger oder Besitzer vor bösen Geistern zu schützen.

Wapiti-Menschen können wie ihr Mineral sowohl glänzend wie durchscheinend sein. Wenn sich ihre Grundwesenszüge gut ausgebildet haben, besitzen sie einen inneren Glanz, der ihr gesamtes Sein erhellt. Ebenso besitzen sie die Fähigkeit, Außenstehenden Einblick in ihr Innerstes zu gewähren, jedoch nur so tief, wie sie es sich wünschen. Wapiti-Menschen können sich wie ihr Stein nur mit Mühe auf einen neuen Aspekt oder eine neue Situation einstellen, aber wenn sie einmal Neuland erreicht haben, erweisen sie sich als äußerst standfest. Sie wandeln auf Messers Schneide durch das Leben, da ihre Wesenheit von Dualität bestimmt ist.

Menschen dieses Totems sind, wenn sie selbst zu einer inneren Klarheit vorgedrungen sind, wie ihr Stein ein guter Spiegel für ihre Umwelt. An diesem Punkt in ihrer Entwicklung angelangt, können Wapiti-Menschen sich gegenseitig seinen oder ihren wahren inneren Seelenzustand zuspiegeln. Wapiti-Menschen besitzen die Fähigkeit, durch eine dichte Hülle von äußeren Eindrücken zum wahren Kern einer Sache vorzudringen – ganz wie es die Pfeilspitzen, die aus diesem Stein gefertigt werden, zu tun vermögen. Wapiti-Menschen kann es zugute kommen, ihr Mineral bei sich zu tragen, da es ihnen ein umfassendes Wissen über die Energieströme der Erde vermitteln kann.

Gut entwickelte Wapiti-Menschen besitzen wie ihr Stein die Fähigkeit, in die Zukunft zu sehen und Gedanken zu übertragen. Ebenso werden sie sich bemühen, die Menschen, die ihnen nahestehen, vor jeglicher Gefahr zu schützen, die sie wahrnehmen – ob nun auf der materiellen oder auf anderen Ebenen.

Die Schwarzfichte, das Pflanzen-Totem der Wapiti-Menschen, ist ein majestätisches Mitglied der Nadelbäume, die in vielen Regionen der USA wächst. Sie kann bis zu 12 Meter hoch werden und läuft nach oben spitz zu. Ihre Rinde ist eine Mischung aus schwarzen und dunkelbraunen Farbschattierungen, während die Nadeln dunkelgrün sind und in dichten Spiralen um die Zweige angeordnet sind. Jede Nadel hat vier Kanten und wirkt im Querschnitt fast viereckig. Die

Zapfen der Schwarzfichte, die gerade nach unten hängen, reifen im Laufe eines Jahres heran, und die Äste sind horizontal und hängen oftmals tief nach unten. Das Holz der Schwarzfichte ist weich, kräftig und hat keinerlei Äste.

Die noch jungen Spitzen der Bäume sind sehr aromatisch und können zerkaut oder als Tee aufgekocht werden. Sie haben einen hohen Vitamin E-Gehalt.

Die immergrünen Bäume waren sozusagen die Orangen der Eingeborenen. Das Harz der Schwarzfichte ist der medizinisch wertvolle Teil der Pflanze, das seit Hunderten von Jahren von den eingeborenen Völkern des amerikanischen Kontinents als antiseptisches Mittel für Hals und Brust benutzt wird. Ebenso kann es auf Schnittwunden aufgetragen werden, um diese zu reinigen, und man kann eine Art Gips daraus herstellen, um gebrochene Knochen wieder einzurichten, der jedoch auch als Gesichtsmaske zum Schutz vor starker Sonneneinwirkung verwendet werden kann. Ein Sud aus den Zweigen des Baumes ergibt ein gutes und heilsames Bad, das ausgezeichnet vor Erkältungen schützt. Die Dämpfe des Harzes können sowohl außerhalb wie innerhalb der Schwitzhütte inhaliert werden.

Manche Stämme pflegen die Kambrium-Schicht zwischen der Rinde und dem Holz im Frühjahr zu essen oder für den Winter als eine Art Kuchen zu trocknen. Viele Stämme benutzten ihn auch als Abführmittel, während andere das Pech der Schwarzfichte in kaltem Wasser erstarren ließen und wie Kaugummi kauten.

Wapiti-Menschen können wie ihr Pflanzen-Totem eine majestätische Ausstrahlung haben, wenn sie lernen, alle Möglichkeiten und Gaben, die ihnen die Schöpfung verliehen hat, miteinander ins Gleichgewicht zu bringen. Wapiti-Menschen können wie das Holz ihres Baumes weich und zugleich kräftig sein. Dies ist eine innere Stärke, die es ihnen ermöglicht, stets in die ihnen gemäße Richtung zu streben und andere auf Pfade zu lenken, die ihnen am meisten zusagen. Es handelt sich dabei jedoch nicht um eine Stärke, die eine innere Härte erfordert – eine Eigenschaft, die zu dem warmherzigen, zuvorkommenden und manchmal recht konventionellen Charakter dieser Menschen ganz und gar nicht passen würde.

Wapiti-Menschen können wie die Schwarzfichte eine sowohl antiseptische wie lösende Wirkung auf ihre Umwelt haben. Sie besitzen einen angeborenen Gerechtigkeitssinn und versuchen, aus jeder Situation das herauszulösen, was ihnen als ungerecht erscheint. Ihre stark ausgeprägte Intuition erlaubt es ihnen auch, in die Herzen anderer zu sehen und diesen zu helfen, die seelischen Knoten zu lösen, die sich in ihrem Inneren herangebildet haben.

Die Schwarzfichte mag für Menschen dieses Totems gerade in Zeiten, in denen sie dazu neigen, sich im Bereich der Knie und Schenkel leichtere oder schwerere Verletzungen zuzuziehen, von großem Nutzen sein. In solchen Phasen kann ihnen die gipsartige Beschaffenheit des Harzes sehr zugute kommen, während es in Zeiten, in denen sie weniger verwundbar sind, ratsam ist, das Harz des Baumes entweder zu kauen oder dessen Dämpfe zu inhalieren, was sich sehr positiv auf den Hals und die Atemwege auswirken wird. Da Wapiti-Menschen andere gern belehren, kann diese Pflanze oft sehr heilsam für ihre überbeanspruchten Stimmbänder sein.

Wapiti-Menschen sind unter dem Mond des Langen Schnees geboren, dem 3. Mond von Mudjekeewis aus dem Westen. Sie können wie die anderen Vertreter dieser Richtung von den Gaben der Selbstprüfung und Stärke profitieren, die ihnen Mudjekeewis verleiht. Da sie von Natur aus gedankenvolle Menschen sind, verhilft ihnen die zusätzliche Kraft der Innenschau, die ihnen Mudjekeewis gibt, zu größerer Fähigkeit, in sich selbst und andere hineinzusehen. Die Tatsache, daß sie unter dem Mond des Langen Schnees geboren sind, dem Beginn der Phase, in der sich alle Kinder der

Erde auf die Zeit der Erneuerung vorbereiten, verleiht den Wapiti-Menschen eine noch größere Fähigkeit, die Gedanken, die durch sie hindurchfließen, zu erforschen und zu nützen. Ihre Verbindung mit dieser Jahreszeit hilft ihnen, die Energie auszugleichen, die sie als Angehörige des Donnervogelklans durchfließt. Sie sind durch ihre Geburtszeit Angehörige des Klans, dessen Feuer am schwächsten lodert, denn die kalte Jahreszeit mäßigt ihre Flammen, ohne sie jedoch ganz auszulöschen.

Die Farbe, die mit Wapiti-Menschen in Verbindung gebracht wird, ist die Schwärze der Nacht, die über die Erde hereinbricht. Dieses dämmerige Schwarz ist eine Zeit, in der sich alle Dinge in einem Zustand der Gestaltlosigkeit befinden und die Aktivitäten des Tages sich der abendlichen Besinnlichkeit unterordnen. Es ist die Gestaltlosigkeit, aus der alles neu erwachsen kann; der Raum, der alles und nichts in sich birgt. Dieses Schwarz verleiht Wapiti-Menschen die Kraft der Hingabe, die ihrer Intuition, ihrem inneren Wissen erlaubt, aus den Tiefen ihres Daseins hervorzubrechen und die Führung über ihr Leben zu übernehmen. Es ist das schwarze Geheimnis, das der Zeit vorausgeht, in der sich alle Dinge offenbaren können. Es ist die Zeit, in der man in sich selbst und nicht nach außen blicken sollte, auf der Suche nach Antworten auf die Fragen, die das Leben einem stellt. Für amerikanische Indianer ist Schwarz eine der heiligen Farben, die die Stärke und Selbstprüfung Mudjekeewis' symbolisiert. Es ist die Farbe des Lernens und nicht, wie fälschlicherweise oft angenommen, eine Farbe der dunklen und negativen Eigenschaften.

Das Tier-Totem derer, die unter dem Mond des Langen Schnees geboren sind, ist der Wapiti-Hirsch, der König der Hirsch-Familie. Der Wapiti ist der größte Vertreter der Hirsch-Familie und für viele Menschen auch der schönste. Der Wapiti wirft sein Geweih, das dem weitausladenden Geäst eines Baumes gleicht, einmal im Jahr ab. Der männliche Wapiti, den man als Bullen bezeichnet, kann bis zu 2 Meter 70 lang und 1 Meter 60 hoch werden und ein Körpergewicht von bis zu 750 Pfund erreichen. Im Sommer haben die Wapiti ein hellbraunes Fell, das an Kopf und Beinen etwas dunkler und am Rumpf sandfarben ist. Das Fell ist kurzhaarig und die Mähne sehr dünn. Im Winter verändert sich die Farbe des Fells zu einem Graubraun mit dunklem Kopf und Beinpartien. In dieser Zeit wird auch die Mähne etwas länger, dunkler und voller. Die Kälber sind bis in den frühen Herbst hinein braungefärbt mit hellen Tupfen.

Wapiti leben in Wäldern, wobei sie im Sommer ins Hochland ziehen und im Herbst und Winter, wenn die Nahrungssuche beschwerlicher wird, in die tiefer gelegenen Gebiete zurückkehren. Der Wapiti ernährt sich wie der Hirsch von Gras, Blättern, Zweigen und Rinden. In manchen Gegenden stößt man an den Bäumen auf sogenannte »Wapiti-Linien«, die darauf hinweisen, daß der Wapiti, so hoch wie er mit seinem Kopf reichte, Rinde und Zweige des Baumes abgefressen hat. In den Zeiten der schweren Schneefälle, wenn es für sie schwierig ist, Nahrung zu finden, machen sie sich bisweilen über die Heuhaufen der Farmer her, und es ist geradezu unmöglich, diese vor einem Wapiti zu schützen, wenn man sie nicht hochlagert. Holz- und Stacheldrahtzäune können da nur wenig gegen einen hungrigen und entschlossenen Wapiti ausrichten. Was die Farmer jedoch am meisten irritiert, ist die Angewohnheit dieser Tiere, einen Heuhaufen von oben nach unten zu durchwühlen, als befänden sich die wirklichen Leckerbissen erst am untersten Boden des Haufens.

Wapiti leben wie der Hirsch den größten Teil des Jahres in Rudeln, die sich aus Vertretern ihres eigenen Geschlechts zusammensetzen. Sie scheinen ein ausgeprägtes Verantwortungsgefühl für einander zu besitzen – jedes Tier bahnt abwechselnd für das gesamte Rudel einen Weg durch den hohen Schnee, und wenn man der Spur eines Rudels folgt, so macht diese ganz den Eindruck, als handle es sich nur um einen einzigen Wapiti, denn die nachfolgenden Tiere treten genau in die Spuren des Wegbahners. Wapiti scheinen auch manchmal einen regelrechten Tanz miteinander aufzuführen, indem sie einen großen Kreis bilden, innerhalb dessen sie spielerisch umhertänzeln und manchmal sogar in einen übermütigen Galopp ausbrechen. Wapiti sind schnelle Läufer, die über kurze Strecken bis zu dreißig Meilen in der Stunde zurücklegen können. Ebenso sind sie mit Leichtigkeit in der Lage, Zäune bis zu drei Metern hoch zu überspringen.

Wapiti haben nur wenige natürliche Feinde. Pumas, Bären und Wölfen gelingt es bisweilen, ein Kalb, ein schwaches oder krankes Tier zur Strecke zu bringen, aber in der Regel kann keiner von ihnen es mit einem gesunden Bullen aufnehmen. Die meisten Wapiti der USA wurden jedoch vor der Jahrhundertwende von Jägern abgeschlachtet, die oftmals lediglich an zwei Zähnen interessiert waren, die zu Schmuck verarbeitet wurden. Andere wiederum waren nur auf Kopf und Geweih für ihre persönliche Trophäen-Sammlung aus. Als der Wapiti in den USA langsam ausgerottet war, wurden strenge Gesetze zu seinem Schutz erlassen, und man importierte viele Tiere aus Kanada, um den Bestand wieder aufzustocken.

Der Wapiti-Bulle erreicht kurz vor der Paarungszeit im Oktober sein stattliches Aussehen. In dieser Phase ist sein Geweih voll ausgebildet, seine Schultern schwellen merklich an, Fell und Mähne nehmen an Fülle zu – jetzt sieht er wahrhaftig wie der König der Hirsche aus. Mit lautem Geröhre fordert er jeden anderen Bullen des Reviers zum Kampfe auf. Während dieser Zeit können die Wapiti-Bullen sowohl trompeten- wie pfeifenartige Geräusche von sich geben. Auf die Herausforderung des trompetenden Rufes hin treten 2 Wapiti-Bullen aus dem Dickicht des Waldes heraus und jagen aufeinander los mit dem ganzen Zorn, den sie nur aufzubringen vermögen. Sie prallen mit großer Wucht aufeinander und kämpfen so lange, bis es einem von ihnen gelingt, den anderen umzustoßen und ihn anschließend zu durchbohren. Diese Kämpfe sind weitaus heftiger als die der männlichen Hirsche, gehen jedoch in der Regel für keinen der Beteiligten tödlich aus. Dem Sieger steht der Gewinn zu – in diesem Falle die abseits stehende und neugierig beobachtende Kuh. Im Gegensatz zu den Hirschen versucht der Wapiti so viele Kühe wie möglich für seinen Harem zu gewinnen, und er verteidigt diesen unerbittlich gegen jegliche Annäherungsversuche von seiten anderer Bullen.

Wenn im Frühjahr die Zeit zum Kalben angebrochen ist, ziehen die Kühe in die Täler, während sich die Bullen in höher gelegenes Gebiet zurückziehen, um ihr Geweih zu schützen, das sich jetzt in seinem empfindlichsten Stadium befindet. Die neugeborenen Kälber bleiben während der 1. Phase ihres Daseins in einem sicheren Versteck. Wie Kitze werden auch sie ohne Fährte geboren, was für sie ein weiterer wichtiger Schutzfaktor ist. Mit 6 Wochen sind sie in der Lage, mit der Kuh mitzuziehen, säugen bis in den Herbst hinein und bleiben manchmal auch noch ein halbes Jahr danach bei der Mutter. Die meisten Wapiti-Kühe haben nur ein Kalb im Jahr.

Wapiti-Menschen wirken wie ihr Tier-Totem wie Angehörige einer geradezu königlichen Familie. Sie haben ein stolzes und aufrechtes Auftreten und werden, wenn sie sich im inneren Gleichgewicht befinden, von einem Hauch von Würde und Anmut umgeben. Da sie einsichtig, nach innen gerichtet und fähig sind, vieles von dem, was sie lesen, hören, sehen oder erleben, in sich aufzunehmen, findet man sie oft in der Position eines Lehrmeisters wieder, dessen königliches Äußeres Schüler anzieht. Wapiti-Menschen können mit dieser Anziehungskraft gut umgehen, indem sie in der Regel ihre Schüler erst einmal damit anlocken, um anschließend ihr Wissen großzügig an diese weiterzugeben.

Ob sie sich nun für die Position eines Lehrers entscheiden oder nicht, Wapiti-Menschen sind stets aufmerksame Beobachter und aufrichtig besorgt um das Wohlergehen ihrer Umwelt.

Wapiti-Menschen besitzen sowohl in der Theorie wie in der Praxis einen ausgeprägten Sinn für Gerechtigkeit und sind äußerst ungeduldig gegenüber Verhaltensweisen, die sie als ungerecht empfinden.

Und wenn sie einmal auf etwas stoßen, was in letztere Kategorie fallen könnte, werden sie diese Entdeckung lauthals heraustrompeten, bis alle daran Beteiligten davon Kenntnis genommen haben und sich darum bemühen, diese augenscheinliche Ungerechtigkeit zu beheben. Wenn dies jedoch nicht geschieht, wird der Wapiti-Mensch seine Stimme noch stärker erheben und nicht eher nachlassen, bis etwas unternommen wird, um die unbefriedigende Situation zu verändern. Wenn diese Trompetenstöße aus dem Mund eines ausgeglichenen Wapiti-Menschen ertönen, werden sie in der Regel für alle Beteiligten nur von Vorteil sein. Wenn es sich jedoch um einen Wapiti-Menschen handelt, der noch nicht zur inneren Klarheit und Intuition vorgedrungen ist, können sie verheerende Folgen haben.

Wie ihr Totem dringen auch Wapiti-Menschen mit Vorliebe in die höheren Zonen vor, ob physisch oder auf andere Weise. Ihr tiefes Einfühlungsvermögen öffnet ihnen Türen, durch die sie in Bereiche aufsteigen können, die andere eher meiden. Ihre erhöhte Intuition sagt ihnen, wann für sie die Zeit reif ist, solcherlei Flüge zu unternehmen, und wann es notwendig ist, zu ihrem Standort auf der irdischen Ebene zurückzukehren. Wie für die Wapiti ist es auch für die Menschen dieses Totems von großer Wichtigkeit, bisweilen in die Tiefebenen und Täler herabzusteigen, um den Einklang mit ihrer Umwelt aufrechtzuerhalten. Während Wapiti-Menschen von Natur aus spirituelle Gaben und die Fähigkeit besitzen, diese auch an andere weiterzureichen, ist es doch notwendig, daß sie auch einen Unterbau besitzen, um diese Gaben auf bestmögliche Weise nützen zu können. Wapiti-Menschen haben einen ausgeprägten Drang zur Unabhängigkeit, obgleich sie sich durchaus auch der Führung anderer unterordnen können, wenn dies notwendig zu sein scheint.

Manchmal ziehen sich Wapiti-Menschen auch allzu häufig in die Hochebenen ihrer Gedanken zurück, um einem wirklichen Kontakt mit ihrer Umwelt ausweichen zu können. Wapiti-Menschen verschließen die Tiefen ihres Seins nur allzu gerne gegen ihre Mitmenschen und fürchten manchmal Beziehungen, die sie dazu zwingen könnten, sich wirklich zu öffnen. An einem solchen Punkt angelangt, werden sie sich, wenn nicht körperlich so doch gedanklich von einer Beziehung zurückziehen.

Während sie dazu neigen, ihre tiefsten Empfindungen zu verbergen, machen sie doch nach außen hin einen warmen und offenherzigen Eindruck, aber gerade diese Dualität kann ihnen selbst und jenen, die sie lieben, bisweilen große Schmerzen bereiten. An einem Tag erwecken sie den Eindruck eines warmherzigen, liebevollen und fürsorglichen Menschen für alles, was sich ihnen stellt, um bereits am nächsten Tag die ganze Angelegenheit wieder sich selbst zu überlassen. Wapiti-Menschen neigen jedoch nicht zu Gefühlsumschwüngen, es fehlt ihnen lediglich die Fähigkeit, ihre entstandene Unzufriedenheit sofort zum Ausdruck zu bringen. Sie zögern damit so lange, bis sie an einen Punkt gelangen, an dem diese in einer plötzlichen Wallung aus ihnen herausbricht.

Hat sich ein Wapiti-Mensch einmal etwas in den Kopf gesetzt, ist es äußerst schwierig, ihn wieder davon abzubringen. Sie sind entschlossene Persönlichkeiten und geradezu furchtlos, wenn sie von der Richtigkeit ihrer Entscheidung überzeugt sind. Wie der männliche Vertreter ihres Tier-Totems, sind auch sie in der Lage, auf eine übertriebene

Weise rechthaberisch zu sein, und es ist, wenn sie sich in einem solchen Zustand befinden, unmöglich, in einem Streitgespräch mit ihnen das letzte Wort zu haben. Wenn Wapiti-Menschen zulassen, daß ihre Streitsucht oder Verschlossenheit die Oberhand gewinnen, werden sie anfällig für Krankheiten, die eine Verhärtung mancher Körperteile nach sich ziehen. Um daran zu genesen, müssen sie aufhören, die gebende, verstehende und liebende Energie, die sie so reich durchfließen kann, zu blockieren. Wie der Wapiti haben auch diese Menschen einen spielerischen Wesenszug, der sie gerne tanzen, singen und sich vergnügen läßt. Wenn es ihnen gelingt, diesen Teil ihres Ichs zu entwickeln, werden sie jegliche Verhärtung, die ihren Körper oder Geist ergreifen kann, überwinden können.

Männer dieses Totems neigen wie der Wapiti-Bulle zu Rivalitätsverhalten, wenn es um die Frauen in ihrem Leben geht. Sie ziehen ungerne unter eine Beziehung den endgültigen Schlußstrich, sondern versuchen, ihre vergangenen Lieben als »gute Freundinnen« in einem Harem um sich zu versammeln. Auch die Wapiti-Frauen rivalisieren gerne untereinander, obgleich sie sich darin weniger hervortun als die Männer dieses Totems, und wissen ihre alten Freunde gerne in ihrer Nähe, auch wenn sie keinen aktiven Kontakt mit ihnen unterhalten. Während Wapiti-Menschen in der Regel versuchen, auf diesem Gebiet so rational wie möglich vorzugehen, ist es doch gerade einer der Bereiche, in denen sie dazu neigen, ihre wahren Gefühle zu verbergen, was manchmal zu unerwarteten Ausbrüchen von Wut und Eifersucht führen kann.

Wapiti-Frauen sind gute Mütter, die sich genügend Zeit für ihre Kinder nehmen, solange sich diese noch im Säuglingsalter befinden und einer festen Grundlage von Liebe und Anerkennung bedürfen. Während die Kinder heranwachsen, lockern sie jedoch diese Bande merklich und lassen sie vollständig fallen, sobald das Kind alt genug ist, eigene Entscheidungen zu treffen. Wapiti-Männer sind gewöhnlich nicht sonderlich enthusiastisch, wenn es um eine bevorstehende Vaterschaft geht, zeigen aber mit dem Heranwachsen des Kindes eine zunehmende Begeisterung, ihm all das beizubringen, was sie selbst im Leben gelernt haben.

Wapiti-Kinder sind während ihrer frühen Lebensphasen sehr zurückhaltend und entwickeln sich später zu frühreifen Schülern des Lebens, die in der Lage sind, alles in sich aufzunehmen, was sie sehen oder hören. Sie sind gedanken- und rücksichtsvolle Kinder, können aber auch in regelrechte Wutausbrüche verfallen, die jedermann, der ihr sonst so friedliches Wesen kennt, in Erstaunen versetzen wird.

Wenn Menschen anderer Totems dieses Zeichen auf dem Rad durchwandern, werden sie mehr über ihre eigenen hellseherischen Talente und Fähigkeiten zur Selbstschau erfahren sowie von dem königlichen Zug ihres Wesens und ihrer Fähigkeit, mit weiser Einsicht alles, was sie auf ihrer Reise um das Medizinrad lernen durften, mit anderen zu teilen.

Wapiti-Menschen verstehen sich mit den anderen Vertretern des Donnervogelklans – Roter-Habicht- und Stör-Menschen – sowie mit den Mitgliedern des Schmetterlingklans – Otter-, Hirsch- und Rabe-Menschen. Sie ergänzen sich besonders mit Hirsch-Menschen.

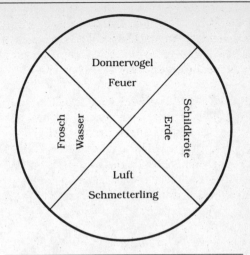

DAS MEDIZINRAD

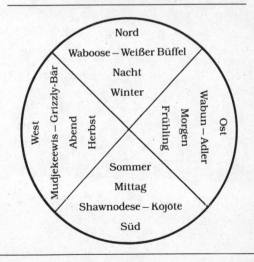

Die Kräfte der Himmelsrichtungen

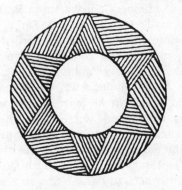

Die Bedeutung der Himmelsrichtungen

Eine jede der vier Himmelsrichtungen birgt besondere Eigenschaften und ein besonderes Wissen in sich, das es zu erlernen gilt. Wenn man das Medizinrad bereist und in den Monden der verschiedenen Himmelsrichtungen steht, so ist es wichtig, sich diesem Wissen zu öffnen, denn es ist erfüllt von Geist und Kraft. In der Vision des Medizinrades hatte jede Richtung einen Hüter des Geistes – ein spirituelles Wesen, das verantwortlich dafür war, den Kindern der Erde die Kräfte der jeweiligen Himmelsrichtung nahezubringen. Jede Richtung ist einer Jahreszeit und Tageszeit zugeordnet. Jede hat ein Tier-Totem und eine Farbe, die ihre Tages- und Jahreszeit repräsentiert. Für den Norden ist die Hüterin des Geistes jene, die das Volk der Chippewa »Waboose« nannte, für den Osten ist es Wabun, für den Süden Shawnodese, für den Westen Mudjekeewis, Häuptling der Hüter des Geistes und Vater der Winde. Jeder Hüter des Geistes hat die Aufgabe, einen der Winde zur Erde zu führen. Waboose bringt die kalten Nordwinde des Winters, die die Erde mit ihrer Intensität reinigen und die meisten Erdenkinder zwingen, einen Teil ihrer Zeit ausschließlich damit zu verbringen, sich zu wärmen, zu erholen und zu erneuern. Wabun bringt die warmen Ostwinde des Frühlings, die uns necken und zwingen, uns dem Licht und der Weisheit zu öffnen, die das Frühjahr mit sich bringt. Shawnodese bringt die heißen

Südwinde des Sommers, die uns vollständig für das Wachstum öffnen, das mit dieser Zeit einhergeht. Mudjekeewis bringt die kühlen Westwinde des Herbstes, die uns helfen, in uns zu gehen und unsere eigenen Stärken und Schwächen zu finden.

Ein jeder der Hüter des Geistes lenkt drei Monde, und die Menschen dieser Monde teilen die Eigenschaften, die jede Himmelsrichtung ihnen verleiht. Das sind die Eigenschaften, die ihnen helfen können, in die spirituellen Bereiche des Daseins aufzusteigen und sich den Kräften des Universums noch weiter zu öffnen.

Um die Hüter des Geistes und ihre Tiere besser begreifen und in Erinnerung behalten zu können, wollen wir diesen Abschnitt des Buches mit einer Geschichte beginnen, die berichtet, wie jedes Tier mit seiner Himmelsrichtung verbunden wurde.

Wie Büffel, Adler, Kojote und Bär begannen, den Hütern des Geistes zu helfen

Vor langer Zeit, als die Tiere noch miteinander und mit den Menschen reden konnten und als die Hüter des Geistes noch manchmal unter den Menschen weilten, da hatten vier der mächtigsten Tiere eine Meinungsverschiedenheit. Ein jedes meinte, es sei das beste und verdiene, Häuptling über alle anderen Tiere zu sein. Dies verursachte eine äußerst schlechte Stimmung im Rat der Tiere, in dem der Bär stets König gewesen war. Er hatte diese Stellung inne, weil er stark war und stets weise Entscheidungen für seine Brüder und Schwestern getroffen hatte. Während die meisten Tiere dafür stimmten, daß der Bär es nach wie vor verdiene, Häuptling zu sein, ergriffen andere Partei für dieses oder jenes der Tiere, die ihn herausforderten.

Einer der Herausforderer war der Büffel. Der Büffel sagte: »Ich bin das stärkste und mächtigste Tier, und ich verteile das, was ich zu geben habe, großzügig an alle meine Brüder und Schwestern im Reich der Menschen und der Tiere. Wegen der Reinheit meiner Absichten und meiner Fähigkeit, alle jene zu erneuern, die meine Gaben erhalten, verdiene ich es, Häuptling zu sein.«

Ein anderer Herausforderer war der Adler. Der Adler sagte: »Ich fliege höher als alle anderen beflügelten Wesen. Ich habe schärfere Augen, und im Flug bin ich dem großen

Geist näher als alle anderen in diesem Rat. Wegen meiner Reinheit und Weisheit verdiene ich es, Häuptling zu sein.«

Ein anderer Herausforderer des Bären und seiner rechtmäßigen Stellung als Häuptling war der Kojote. Der Kojote sagte: »Ich bin das klügste aller Tiere. Ich kann überall überleben. Ich habe die Fähigkeit, euch alle Dinge zu lehren, ob ihr nun lernen wollt oder nicht. Wegen des Wachstums, das ich euch bringe, verdiene ich es, euer Häuptling zu sein.«

Der Bär sagte: »Ich habe große Achtung vor meinen Brüdern, die Häuptling zu sein begehren, aber ihr habt keinen Grund, mich aus meiner Stellung zu vertreiben. Ich habe euch stets gut gedient. Ich bin stark und doch immer sanft in meinen Entscheidungen. Ich stelle lange und gründliche Überlegungen an, bevor ich über ein Problem, das sich uns stellt, eine Entscheidung treffe. Ich möchte euch weiterhin so dienen, wie ich es bisher getan habe.«

Nachdem die vier starken Tiere ihre Rede beendet hatten, konnten sich auch alle anderen Tiere zu Wort melden, während der Redestab im Kreis herumgereicht wurde. Als der Stab die Runde gemacht hatte und zum Bären zurückgekehrt war, war deutlich hervorgegangen, daß die Tiere in der Frage nach dem rechtmäßigen Häuptling in gleich große Lager gespalten waren. Eine Übereinstimmung war nicht möglich, und jeder fühlte sich äußerst unwohl, denn es war das erste Mal, daß sich eine so grundlegende Unstimmigkeit unter ihnen aufgetan hatte. Niemand wußte eine Lösung. Alle vier Tiere waren ohne Zweifel mächtig und besaßen eine Medizin, die sie zur Stellung des Häuptlings befähigte.

Während der Ratsversammlung hatten die Tiere bemerkt, daß aus allen vier Himmelsrichtungen starke Winde zu ihnen herabbliesen. Es schien, als wollten sie dem Rat etwas mitteilen. Aber nachdem jeder so sehr damit beschäftigt war, zu beweisen, daß er im Recht war und sein Favorit Häuptling sein sollte, hatte keiner wirklich darauf geachtet.

Als schließlich alle Tiere in Schweigen versunken waren

und sich darauf vorbereiteten, daß der Redestab noch einmal herumgereicht würde, erschien einer der Hüter des Geistes in ihrer Mitte. Er erschien als kraftvoller Mann mittleren Alters, und bei seiner Ankunft blies der Westwind besonders stark.

»Ich bin Mudjekeewis, Hüter des Geistes aus dem Westen. Wohin ich gehe, folgt mir der Westwind. Lange bevor ich geboren wurde, wurde ich dazu bestimmt, Häuptling der Hüter der Himmelsrichtungen zu sein. Wie ihr, Adler, Bär, Büffel und Kojote, waren wir alle, die wir die vier Himmelsrichtungen hüten, stark. Wir waren Kinder derselben Mutter und hatten alle ihre Stärke und Weisheit wie auch die besondere Weisheit unseres jeweiligen Vaters mit auf den Weg bekommen. Aber anstatt darum zu kämpfen, wer nun der Stärkste sei, und somit das Gesetz der Einheit zu bekämpfen, beschlossen wir mit Hilfe unserer Mutter, daß jeder von uns für ein Viertel des Medizinrades die Verantwortung übernehmen sollte, um damit unsere verschiedenen Kräfte am besten einsetzen zu können. Auf diese Weise stärkten wir das Rad in allen Richtungen und erhöhten auch unsere eigenen Kräfte, da wir jetzt eine bestimmte Richtung hatten, in der wir unsere Stärke entfalten konnten. Ich wurde vom Allerhabenen dazu bestimmt, Häuptling zu sein, weil ich stets denke, bevor ich handle, und somit meine Kraft durch Selbstprüfung gemäßigt wird.

Dieser war es auch, der mich hierher sandte, damit ich in diesen Rat eingreife. Wenn man euch zuhört, wird es deutlich, daß es viele Jahre dauern würde, bis ihr eine Einigung erzielen würdet. Während dieser Zeit würde das Gesetz der Einheit zerbrechen, da die Anhänger eines Bewerbers die Anhänger des anderen bekämpfen würden. Das würde euch und euren Verwandten auf der Erde unnötigen Schaden zufügen. Der Große Geist will nicht, daß dies geschieht, und so soll nun jeder von euch vieren seine Kraft mit der Kraft einer der vier Himmelsrichtungen verbinden. Auf diese

Weise werden euch eure Kräfte helfen, das Rad stark zu machen, und jeder von euch wird eine bestimmte Richtung haben, der er folgt. Bär, du wirst dich mit mir, dem Westen, vereinigen, weil du wie ich stark bist und lange nachdenkst, bevor du sprichst. Wenn du mir dienst, wird dein Fell schwarz sein wie die Nacht und mit silbernen Haaren durchzogen – den Sternen zur Ehre. Du wirst Häuptling im Rat der Tiere bleiben, so wie ich Häuptling im Rat der Winde bin.

Büffel, du wirst dich mit der Kraft von Waboose, dem Norden, vereinigen, da du mit ihm die Eigenschaften der Erneuerung und Reinheit teilst. Wenn du Waboose dienst, wird dein Fell weiß sein, von der Farbe des Schnees. Adler, du wirst dich mit der Kraft von Wabun, die aus dem Osten kommt, vereinigen. Mit deiner klaren Sicht wirst du helfen, Erwachen, Weisheit und Erleuchtung herbeizuführen. Wenn du ihr dienst, wirst du goldene Federn tragen – die Farbe der Morgendämmerung. Kojote, du wirst dich mit der Kraft des Südens, mit Shawnodese, vereinigen. Mit deiner Fähigkeit, zu lehren und zu überleben, wirst du helfen, Wachstum und Vertrauen entstehen zu lassen. Wenn du Shawnodese dienst, wird dein Fell die Farbe der Mittagssonne haben, die auf die fruchtbare Erde fällt.

So, meine verehrten Freunde, seid nun zufrieden mit den Gaben der Kraft, die der Große Geist einem jeden von euch gegeben hat. Ein jeder von euch wird am besten in der Richtung dienen, die ihm zugeteilt wurde, und ihr werdet damit alle zur Harmonie der Schöpfung beitragen. Es ist gut so.«

Waboose, Hüterin des Geistes aus dem Norden

Die Kraft des Nordens, von Waboose, ist die Kraft der Erneuerung und der Reinheit. Die Jahreszeit von Waboose ist der Winter, wenn die Erde ruhend in einem scheinbaren Schlaf verharrt. Die Tageszeit von Waboose ist die Nacht, wenn sich die Wesen des Tages im Schlaf, dem kleinen Tod, befinden. Im menschlichen Leben ist die Zeit von Waboose das Alter, in dem das Haar weiß wird wie der Schnee, der Körper einen langsameren Rhythmus annimmt und der Verstand sich reinigt – denn die Gedanken an die Erde haben sich in Gedanken an den Geist verwandelt.

Aber dieser Schlaf ist nur äußerlich. Was geschieht mit den Dingen der Erde im Winter, wenn die Zeit wie festgefroren ist, wenn nichts zu wachsen scheint? Die Samen eines ganzen Jahresablaufs liegen in der Erde begraben, in Ruhe und Läuterung. Hier sammeln sie die Energie, die sie brauchen, um in neues Leben hervorzubrechen, sobald die Wärme von Vater Sonne aus dem Süden zurückkehrt, um Mutter Erde zu erwärmen. Während die Erde an der Oberfläche schläft, entsendet sie ihre tiefsten Energien an all ihre Kinder. In dieser Zeit bereitet sie sie auf die Zeit des schnellen Wachstums vor, die folgen wird.

In der Nacht, in der man von den Gedanken an die materielle Welt ausruht, kommen viele dem Geist näher, als sie es zu irgendeiner wachen Stunde vermögen. Während sie schlafen, lernen viele die Lektionen, die sie nicht lernen können oder lernen wollen, wenn sie wach sind. Während sie von der Welt scheiden, die sie gewöhnlich umgibt, einer Welt, die von äußeren Dingen angefüllt ist, werden sie in der Welt des Geistes, jene Welt, die man ständig in sich trägt, neu geboren.

In einer ähnlichen Weise gelangen die Menschen in ihren späten Jahren zu einer Phase der Ruhe, die es ihnen ermöglicht, ihr Leben und die Lehren, die sie mit auf den Weg bekommen haben, zu betrachten und sich auf das schnelle Wachstum und Lernen vorzubereiten, das stattfinden wird, wenn sie sowohl die Welten als auch die Gestalt gewechselt haben. In diesen Jahren werden die Gedanken zu Träumen von der Jugend. Alle Lektionen des Geistes, die gelernt worden sind, erwachen zu neuem Bewußtsein, während sich die Menschen auf ihre eigene Erneuerung vorbereiten. Die Kraft von Waboose ist eine paradoxe Kraft. Sie ist neues Leben, bedeckt mit dem Mantel des Todes, schnelles Wachstum, bedeckt mit dem Mantel der Rast. Es ist die Kraft der Eisgöttin, unter deren eisbedecktem Äußeren ein warmes Herz schlägt! Es ist die Kraft des neuen Lebens, das in einem scheinbar faulenden Samen zu pulsieren beginnt. Es ist die Kraft des Schnees, der Wasser auf eine trockene und dürstende Erde bringt. Es ist die Kraft des Eises, das große Felsen in kleine Stücke zersprengt. Es ist die Kraft des kalten Windes, der Wasser zu Eis gefrieren läßt. Es ist die Kraft der Bäume, die mit Eiskristallen, die im Nordwind tanzen, bedeckt sind. Es ist die Kraft der Tiere, die sich auf der Suche nach Wärme zusammendrängen und gemeinsam ihre Nahrung erbeuten.

Für Menschen kann die Zeit von Waboose eine Zeit der Prüfung sein. Für jene, die in der Natur leben, ist sie eine Zeit, in der die Kälte einen dazu zwingt, mehr Zeit im Haus zu verbringen und mit den Menschen, mit denen man lebt, enger zusammenzurücken. Es ist eine Zeit der Prüfungen für alle menschlichen Beziehungen, da die erzwungene Nähe Dinge eröffnet, die die Menschen entweder ignorieren oder denen sie entfliehen, wenn das Wetter es erlaubt, mehr Zeit im Freien zu verbringen. Es ist eine Zeit, in der die Kräfte der Natur oftmals alle Pläne umstürzen. Es ist eine Zeit, in der der Nordwind am kältesten bläst – so kalt, daß man es in der Magengrube fühlen kann und sich fragt, ob es jemals wieder warm werden wird. Es ist dies eine Zeit, in der die Natur dich auf dich selbst zurückwirft und dich zwingt, Bereiche zu erforschen, die unter anderen Umständen unerforscht bleiben. Wenn sie auch eine Zeit der äußeren Ruhe ist, ist die Zeit von Waboose doch eine Zeit des inneren Wachstums. Das Tier, das dem Wesen von Waboose verbunden ist, ist der weiße Büffel. In den alten Tagen war der Büffel das Tier, das von seinem Leben gab, um die Menschen am Leben zu erhalten. Wenn sie Fleisch brauchten, gab der Büffel sein Fleisch. Wenn sie Unterkunft brauchten, gab ihnen der Büffel sein Fell für Kleidung und Tipis. Der weiße Büffel war ein sehr seltenes Tier und wurde als heiliger Bote betrachtet. Er stellte den Geist dar, der den Menschen von sich und seinem Wesen alles gab. Es war die Weiße Büffelfrau, die die heilige Pfeife zu den Menschen brachte.

Wie der Geist von Waboose brachte der Büffel sowohl die Erneuerung des Körpers wie auch des Geistes und die Reinheit seiner Anwesenheit, um die Gedanken all jener zu läutern, die ihn sehen. Die Farbe von Waboose ist weiß. Weiß ist die Farbe der Reinheit, des Gleichgewichts, der Lebenserneuerung. Weiß ist die Summe aller Farben und stellt Entwicklung und Vollkommenheit dar. Die Monde des Nordens sind der Mond der Erderneuerung, der Mond der Rast und Reinigung und der Mond der Großen Winde. Menschen, die unter diesen Monden geboren sind, und Menschen, die in diesen Positionen stehen, werden die Eigenschaften von Waboose in sich vereinigen und die Dinge lernen müssen, die diese sie lehren kann: Geduld, Reinheit und Erneuerung.

Alle Menschen der Waboose-Monde tragen überdurchschnittliche Fähigkeiten in sich, in die mystischen Reiche vorzudringen und die Kräfte nutzen zu lernen, die diese Reiche ihnen verleihen können. Es ist für sie ein leichtes, die Heilkunst zu erlernen und andere psychische Kräfte zu entwickeln.

Sie alle teilen die Notwendigkeit, sich fest mit der Erde zu verwurzeln und sowohl ein Teil der Erde wie auch des Himmels zu sein. Sie alle müssen lernen, ihre Emotionen frei fließen zu lassen, um nicht an einen Punkt der Blockierung zu gelangen, an dem eine spirituelle Weiterentwicklung erschwert würde.

Sie alle sind gesellige Menschen, die es gewöhnlich vorziehen, Beziehungen entweder auf einer oberflächlichen Ebene zu halten oder auf einer, in der sie eindeutig die Macht haben. Es fällt ihnen schwer zu lernen, zu anderen Vertrauen zu fassen, obgleich es ihnen keineswegs schwerfällt, andere gern zu haben. Sie haben die Fähigkeit, die Macht der Verjüngung zu erfassen, vorausgesetzt, daß sie sich einer ständigen inneren Reinigung unterziehen.

Wabun, Hüterin des Geistes aus dem Osten

Die Kraft von Wabun, dem Osten, ist die Kraft der Erleuchtung und der Weisheit. Die Jahreszeit von Wabun ist der Frühling, wenn die Erde aus dem Winterschlaf erwacht und das neue Leben hervorbricht, das sich im Schoß der Erde darauf vorbereitet hat. Die Tageszeit von Wabun ist die Morgendämmerung, wenn das Leben aus dem Schlaf der Nacht erwacht. Im menschlichen Leben ist die Zeit von Wabun die Jugend, die Zeit des inneren wie äußeren Erwachens. Es ist die Zeit, in der es den Menschen gelingt, andere durch die Klarheit ihrer Kräfte zu reinigen. Im Frühling ist alles neu und frisch. Allerorten erwacht neues Leben. Der Erde entspringen Pflanzen, die die vormals weiße Winterlandschaft mit ihrer hell leuchtenden Farbenpracht übersäen. Die Felsen leuchten im Glanze eines neuen Lichts auf, während das Eis schmilzt und ihre veränderten Oberflächen der milden Sonne ausgesetzt sind. Jetzt beginnen auch die Tiere ihren Nachwuchs zur Welt zu bringen, in der neu erwachten Landschaft umherzutollen und nach frischen Pflanzen des Frühlings Ausschau zu halten, die ihre Jungen nähren und ihnen zu Wachstum verhelfen. Die Luft ist erfüllt von regem Leben, da die Insekten brüten und wieder anfangen umherzufliegen und dabei die Lieder singen, die der Große Geist ihnen gegeben hat. All dies geschäftige Treiben läßt Mutter Erde in neuem Glanz erleuchten. Das ganze

Leben ist durchdrungen von einer Weisheit, die es ihm gestattet, seinen Lauf zu nehmen.

Das zeigt sich mit jeder Morgendämmerung, wenn die Sonne über den Horizont steigt, um dem Land – zu welcher Jahreszeit auch immer – neues Licht zu spenden. Die Sonne weckt alle Kinder der Erde aus ihrem Schlaf und läßt sie sich erheben, um den verheißungsvollen neuen Tag zu begrüßen. Die Alten sagen, daß die Sonne jenen Menschen besondere Weisheit verleiht, die aufstehen, um ihre ersten Strahlen zu begrüßen. Die Morgendämmerung ist die Zeit, in der man das Wissen des Geistes, das man im Schlaf erhält, aufgreifen und nach außen tragen sollte, damit es einen sicher durch den neu angebrochenen Tag geleite.

Für die Menschen ist die Jugend die Zeit, in der alles frisch und neu ist, in der sie das Universum in einem einzigen Regentropfen erblicken und Stunden damit verbringen können, die Schönheit eines Grashalms zu betrachten. Allein der Anblick eines Kindes, das verträumt in den Wipfel eines Baumes blickt, verrät dir etwas von der Kraft von Wabun. Nimm ein Kleinkind mit auf einen Streifzug durch die Wälder, und du wirst noch mehr davon erkennen. Die Augen der Jugend sind noch nicht von den zynischen Scheuklappen verdeckt, die viele Erwachsene an den kleinen Schönheiten des Lebens vorbeiführen. Sie, die vom unendlichen Land der Sterne kommen, haben mehr von der Weisheit beibehalten, die der Große Geist jedem verleiht, der seine Reise auf Mutter Erde antritt. In ihrer Weisheit kennen sie die Grenzen, die die Zeit setzt, nicht, noch fühlen sie die Bedrohung des Todes. Für sie ist jeder Moment so frisch wie der erste Sonnenstrahl, der einen Tautropfen berührt. Die Jugend ist die Zeit, in der man im Fluß reiner Energie schwimmt, unbehelligt von den Begrenzungen des Alters oder der Angst. Es ist die Zeit, in der die menschliche Sicht der eines Adlers gleicht, in der der Mensch um sich blicken kann, als stünde er auf einem über alles erhöhten Podest.

Die Kraft von Wabun ist geradewegs nach vorne gerichtet. Es ist die Kraft der Erleuchtung, die sich allen Kindern der Erde eröffnet, sofern ihr diese nicht Hindernisse in den Weg legen. Es ist die Kraft der Erleuchtung, die wir erlangen können, wenn wir unseren richtigen Platz im Universum kennen, wenn wir um die Einheit mit all unseren Verwandten wissen und um die Liebe, die der Schöpfung von Anfang an Kraft verliehen hat. Es ist die Kraft der Trichterwinde, deren Blütenblätter sich den Strahlen der Sonne öffnen. Es ist die Kraft des Nebels, der über dem Fluß aufsteigt und dessen klare Wasser freigibt. Es ist die Kraft der Vögel, die in der Morgendämmerung singen. Es ist die Kraft der ersten Sonnenstrahlen, die den Horizont erhellen.

Das Tier, das dem Osten zugeordnet ist, ist der Adler, jener Vertreter der beflügelten Wesen, der am höchsten fliegt. Der Adler steht aufgrund dieser Fähigkeit dem Himmelreich des Geistes so nahe wie keines der Erdenkinder. Aus diesem Grund benutzten die Alten bei Gebeten stets Adler-Federn, um den Großen Geist hören zu können. Sie benutzten Adler-Federn für ihre Gebetszeichen und ihren Kopfschmuck. Sie beteten, daß der Adler ihnen helfen solle, so klar zu sehen wie er selbst, damit sie Erleuchtung und Weisheit erlangen könnten. Der Adler von Wabun ist der goldene Adler, dessen Federn die Farbe der aufsteigenden Sonne widerspiegeln. Die Farben von Wabun sind das Rot und das Gold der aufgehenden Sonne. Rot ist die Farbe der Lebenskraft, und Gold ist die Farbe der Weisheit und Erleuchtung.

Jene, die unter den Monden des Ostens geboren werden – dem Mond der Knospenden Bäume, dem Mond der Wiederkehr der Frösche und dem Mond der Maiaussaat –, und jene, die diese Positionen auf ihre Reise um das Rad einnehmen, werden die Kräfte von Wabun, die Kraft des Ostens, besitzen.

Die Menschen der Wabun-Monde verkörpern die frische Kraft des Frühlings, die wahre Wunder bewirkt auf dem Antlitz der Erde. Die Menschen dieses Totems setzen ihre

Energien in der Regel eher im Bereich der irdischen Dinge ein als in jenen, die darüber liegen. Die Erde ist ein für sie geeigneter Platz, und ihre Energie ist notwendig, um auf diesem Planeten Veränderungen herbeizuführen.

Diese Menschen besitzen jedoch die Fähigkeit, auf einem natürlichen und intuitiven Weg zu den Reichen jenseits der Erde zu gelangen und die Lehren dieser Reiche in die Arbeit, die sie im irdischen Bereich verrichten, einzubringen. Die Menschen, die Wabun zugeordnet sind, verfügen sowohl über Weisheit wie auch über die Möglichkeit, sich selbst und jenen, mit denen sie in Verbindung treten, Erleuchtung zu bringen.

Um sich auch in den anderen Bereichen sicher bewegen zu können, müssen sie lernen, ihre Lebensenergien so unter Kontrolle zu bekommen, daß sie selbst und ihre Mitmenschen nicht davon überwältigt werden.

Dies kann sich als eine schwierige Lektion erweisen, da ihre Energie so lebhaft ist, daß sie manchmal dazu neigt, sich zu verselbständigen. Wenn sie ihre Energien jedoch nicht unter Kontrolle halten, werden sie sich schwertun, mit anderen zusammenzuarbeiten. Ihre direkte Erdenergie kann so aggressiv erscheinen, daß sie andere in eine defensive Position drängt. Wenn dies geschieht, kann der Austausch der menschlichen Energien blockiert werden, der so notwendig ist für die Entfaltung der Menschen, die Wabun zugeordnet sind.

Shawnodese, Hüter des Geistes aus dem Süden

Die Kraft von Shawnodese, dem Hüter des Geistes aus dem Süden, ist die Kraft des Wachstums und Vertrauens. Die Jahreszeit von Shawnodese ist der Sommer, wenn alle Erdenkinder heranwachsen und zur Reife gelangen – im Vertrauen auf die Weisheit der Erde, die es ihnen erlaubt, schnell zu wachsen und richtig zu reifen. Die Tageszeit von Shawnodese ist der Mittag, wenn die wärmende Sonne die Knospen der Morgendämmerung dazu bewegt, sich der Blüte des Tages zu öffnen. Auf das menschliche Leben bezogen ist die Zeit von Shawnodese die Zeit des Erwachsenseins, einer Phase, in der sowohl die inneren wie äußeren Anlagen der Jugend rasch heranwachsen und zur Blüte kommen und sich besondere Bestimmungen und Richtungen des Lebens herauskristallisieren.

Im Sommer erfüllen sich die Verheißungen des Frühjahres. Die zart knospenden Pflanzen des Frühjahrs gelangen jetzt zur vollen Blüte und tragen Frucht. Die Felsen, die einst im sanften Glanz der ersten Frühjahrssonne schimmerten, erstrahlen nun in der Wärme der sommerlichen Sonne, die sie gierig in sich aufnehmen. Die jungen Tiere laben sich am Überfluß des Pflanzenreiches und wachsen schnell heran. Alle Dinge und Wesen der Natur gedeihen – körperlich wie geistig –, während sie heranreifen und die Weisheit der lebendigen, atmenden Erde in sich aufnehmen.

An der Mittagsstunde des Daseins angelangt, werden die Lehren des Geistes, die man im Schlaf erhielt, in die Tat umgesetzt, während die Menschen Pläne machen und der Ablauf ihres Tages sich offenbart und Gestalt annimmt. Es ist dies die Zeit, sich nach außen zu wenden und in den weltlichen Dingen zu wachsen. Es ist dies die Zeit, die Weisheit zu prüfen, indem man sie Gestalt annehmen läßt und ihr zum Wachstum verhilft. Manchmal ist die ursprünglich angezeigte Richtung zu befolgen, und manchmal muß sie geändert werden. Um dies zu erkennen, muß der Gedanke erst in der diesseitigen Wirklichkeit Gestalt annehmen.

Im menschlichen Leben sind die frühen Phasen des Erwachsenseins Jahre des Suchens und der Prüfungen. Es sind die Jahre, in denen der Mensch all die Dinge zu verwirklichen sucht, zu denen er sich berufen fühlt, und die Ideen seiner Jugend in die Tat umzusetzen versucht. Es sind die Jahre, in denen die Menschen versuchen, in alle Richtungen zu wachsen, die sich ihnen eröffnen, und sich schließlich von jenen abzuwenden, die ihnen weniger wichtig erscheinen. Dies sind die magischen Jahre, in denen nichts unabänderlich erscheint, in denen sogar Fehler sich als Vorteile erweisen können, wenn sie das Ergebnis ehrlicher Anstrengungen sind. In diesen Jahren werden die Menschen geprüft und geformt und darauf vorbereitet, für die Bestimmungen ihres Daseins stark zu sein.

Die Kraft von Shawnodese ist weder so widersprüchlich wie die Kraft von Waboose noch so geradlinig wie die Kraft von Wabun. Es ist die Kraft des schnellen Wachstums, in dessen Verlauf man lernt, Gefühlen und Intuitionen zu vertrauen. Es ist die Kraft der Reife. Es ist die Kraft des Samenkorns, das darauf vertraut, daß ihm sein früheres Wachstum die Weisheit der Erde gegeben hat, die notwendig ist, um sich mit der richtigen Spezies zu paaren, um gute und gesunde Körner hervorzubringen, die für alle von Nutzen sein werden. Es ist die Kraft, die die Menschen zusammenführt, um neues Leben hervorzubringen, von dem auch sie erhoffen, daß es gesund und glücklich sein und Freude bereiten wird. Es ist die Kraft, die den Blütenstaub des Korns zum richtigen Blütenstand und Mann oder Frau zum richtigen Lebensgefährten führt. Es ist jene ursprüngliche Kraft, die alle Kinder der Erde zur Paarung führt, damit das Wachstum, das sie erfahren haben, weiter gedeihen kann, selbst wenn ihre Zeit des schnellen Wachstums vorüber ist.

Das Tier, das Shawnodese zugeordnet ist, ist der Kojote. Für die Eingeborenen erfüllt der Kojote die Rolle des spitzfindigen Gauners, er ist es, der die Menschen dazu zwingen kann zu lernen – selbst wenn sie es nicht wollen. Mit der ihm eigenen List zwingt der Kojote seine Verwandten zu wachsen. Und diese List ist es, die die Erdenkinder Erfahrungen machen läßt, die notwendig sind, um dem Leben und den Lehren, die das Dasein in sich birgt, zu vertrauen. Bei der Halsstarrigkeit der meisten Erdenkinder sind Listen oft erforderlich, um Wachstum anzuregen. Der Mensch neigt zur Bequemlichkeit und versucht, den schmerzlichen Erfahrungen auszuweichen, die schnelles Wachstum manchmal mit sich bringt. In solchen Zeiten sind die Kraft von Shawnodese und die Kraft des Kojoten notwendig, um den Menschen in ihrem Wachstum zu helfen und sie dazu anzuhalten, die Lektionen, die zu lernen sie in die Welt gesetzt wurden, zu bestehen. Der Kojote von Shawnodese hat ein gelbes Fell – die Farbe der Mittagssonne –, das mit dem Braun der Sommererde gesprenkelt ist.

Die Farben von Shawnodese sind das Grün der schnell wachsenden Pflanzen und das Gelb der Sommersonne, die ihnen Wärme und Licht spendet, damit sie wachsen können. Grün ist die Farbe des Wachstums, des Vertrauens, der Heilung und der Erneuerung, und Gelb ist die Farbe der Intelligenz, der geistigen Empfänglichkeit und der natürlichen Weisheit. Jene, die während der Monde von Shawnodese geboren werden – im Mond der Kraftvollen Sonne, im

Mond der Reifenden Beeren und im Mond der Ernte –, und jene, die diese Positionen auf ihrer Reise um das Rad durchlaufen, werden das schnelle Wachstum erfahren und all die Lehren, die dieses in sich birgt. Die Menschen der Shawnodese-Monde haben die Fähigkeit des schnellen Wachstums auf allen Ebenen, sobald sie sich fest mit der Erde verankert haben. Diese Menschen müssen ihre Erdkräfte verwurzelt und in die ihnen gemäße Richtung gelenkt haben, bevor sie fähig sind, nach geistigen Dingen zu greifen.

Die Menschen von Shawnodese müssen lernen, im Umgang mit den Kräften der Erde ihrer Intuition zu vertrauen. Sie ist es, die sie auch zu jenen Plätzen führen wird, an denen sie ihre Energie und Kraft voll zur Anwendung bringen können. Sie müssen ihrer Intuition erlauben, ihnen zur innerlichen Reife zu verhelfen, damit sie in der Lage sind, ihrem vorgezeichneten Pfad zu folgen. Sie müssen erst die irdischen Früchte tragen, bevor sie es ihren Kräften erlauben können, nach den Dingen jenseits des irdischen Bereiches zu greifen. Wenn sie dies nicht tun, laufen sie Gefahr, ihre spirituellen Kräfte zugunsten des persönlichen Gewinns zu mißbrauchen. Und ein solcher Mißbrauch wird ihre weitere Entwicklung erheblich behindern.

Angehörige dieses Mondes sind liebenswerte, freundliche und gesellige Menschen, die in der Regel auch andere mit ihrer Energie, ihrem Wissen und ihrer Liebe berühren können. Solange diese Berührung der positiven Kraft ihrer Herzen entspringt, wird sie ihnen und ihren Mitmenschen nur Gutes bescheren.

Mudjekeewis,
Hüter des Geistes aus dem Westen

Die Kraft von Mudjekeewis, dem Hüter des Geistes aus dem Westen, ist die Kraft der inneren Stärke und der Selbstprüfung. Die Jahreszeit von Mudjekeewis ist der Herbst, wenn das Wachstum des Sommers zum Erliegen kommt und die Kinder der Erde sich auf die bevorstehende Zeit der Erneuerung vorbereiten. Die Tageszeit von Mudjekeewis ist der Sonnenuntergang und die Abenddämmerung. Es ist die Zeit, in der die Aktivitäten des Tages sich verlangsamen und die Geschöpfe des Tages sich auf den Schlaf und die Erneuerung ihrer Kräfte vorbereiten. Im menschlichen Leben ist Mudjekeewis die Zeit des mittleren Alters, jener Zeitspanne also, in der die Menschen ihre Richtung gefunden haben und hart daran arbeiten, die Aufgaben bewältigen zu können, die ihnen in diesem Leben zugeteilt worden sind.

Während die Zeit von Mudjekeewis zwar langsamer abzulaufen scheint als die Zeit von Shawnodese, ist sie doch von stärkerer Wirkung. Die Pflanzen gelangen zu ihrer vollen Reife, während ihre Blüten sich zu Samen für neues Pflanzenwachstum entwickeln. Die Felsen geben die Wärme der Sommersonne ab und stärken gleichzeitig ihr inneres Gefüge, um nicht schon im ersten Frost zu zerbrechen. Die Lebewesen, welche im vorangegangenen Frühjahr das Licht der Welt erblickt haben, kräftigen ihre Körper für den zu erwartenden Winter. Alle Geschöpfe der Natur stellen ihr Wachsen ein und festigen das erreichte Wachstum sowie alles, was sie in der vorangegangenen Jahreszeit gelernt haben. Sie richten ihren Blick nach innen und erkennen, was stark genug ist, um die bevorstehende Zeit der Erneuerung zu überdauern.

Wenn die Sonne im Westen untergeht, stellen auch die Menschen ihre äußerlichen Aktivitäten ein und nehmen sich die Zeit, die Ziele, die sie erreicht haben, zu betrachten und über das Wissen, das ihnen zuteil wurde, nachzudenken. Im Zwielicht der Abenddämmerung fangen die Gedanken an, sich von den materiellen Dingen zu lösen und sich den spirituellen Dingen zuzuwenden. Dies ist die Zeit, die Gewinne oder Verluste des Tages abzuwägen, auf daß der Verstand sich wieder freimacht für die Lektionen, die mit dem Schlaf an einen herangetragen werden.

Im menschlichen Leben ist das mittlere Alter eine Zeit des kraftvollen Wirkens. Man hat bereits zahlreiche wichtige Erfahrungen gemacht, viele der Aufgaben, die das Leben stellt, bewältigt und auch seine ersten Fehler, die am Anfang eines jeden Pfades gemacht werden, hinter sich gebracht. Man hat sich an den vielen Projekten versucht, die einem während der Jugendzeit so verlockend erschienen, und ist oftmals dabei auf den Pfad gestoßen, der einem zugedacht war. Hat man einmal seinen Weg erkannt, erhält man auch die Kraft, die aus dem Wissen um sein Ziel erwächst. Weder ist man bei jedem Auftauchen eines neuen Gedankens versucht umzukehren noch von jeder starken Persönlichkeit, die man auf seinem Weg trifft, geblendet. Man kennt den Pfad, den man eingeschlagen hat, und ist in der Lage, ihn ruhigen und friedlichen Herzens zu beschreiben. Die mittleren Jahre sind die Jahre der Verantwortung. Da sind Kinder, die es aufzuziehen gilt, alternde Väter und Mütter, die es zu pflegen gilt, und jüngere Geschwister, die der Führung und Hilfe bedürfen, um ihren eigenen Pfad zu finden. Und während man all diesen Aufgaben nachkommt, muß man stark genug sein, um seinen eigenen Pfad nicht aus den Augen zu verlieren. Man muß viel Zeit damit verbracht haben, nach innen zu sehen, um seine eigenen Stärken und Schwächen zu erkennen und mit anderen arbeiten zu können, ohne deren Schwächen für die eigenen zu halten.

Auf ihre eigene Weise ist die Kraft von Mudjekeewis ebenso geradlinig wie die Kraft von Wabun. Es ist die Kraft, die allein aus dem Wissen um sich selbst entspringt. Es ist die Kraft des Geistes, die zur Erde herabsteigt. Es ist die Kraft, die von der Fähigkeit und Freiheit herrührt, mit Idealismus und Selbstlosigkeit der Welt auf jede nur mögliche Weise zu dienen. Es ist die Kraft eines dauerhaften Gesteins, einer zur Reife gelangten Pflanze, Tieres oder Menschen, der auf dem besten Wege ist, seine Bestimmung in diesem Dasein zu erfüllen. Es ist die Kraft der Abenddämmerung, die das Antlitz der Erde verändert. Es ist die Kraft der kreisenden Nachtfalken, die der Erde ihr Lied darbringen. Es ist die Kraft des Sonnenuntergangs, der seine Farbenpracht über die Erde ergießt. Es ist die Kraft des Mondes, der nun aufsteigt.

Das Tier, das Mudjekeewis zugeordnet ist, ist der Grizzlybär, der stärkste unter den Bären. Der Grizzlybär ist fähig, kraft seiner eigenen Stärke zu leben. Er kennt die Pfade des Lebens und der Erde gut genug, um aus eigener Kraft von den meisten Krankheiten und Schwächen, die ihn befallen, zu genesen. Wie alle Bären hält er einen langen Winterschlaf, um mit erneuerten Kräften aufzuwachen und sich mit Kräutern und Schlamm für das bevorstehende Frühjahr zu stärken. Der Herbst ist die Zeit der Vorbereitung, in der der Bär sich auf die bevorstehende Zeit der Erneuerung einstimmt, indem er kräftig ißt und seinen Körper stärkt. Der Bär wird als Häuptling im Rat der Tiere angesehen, da er trotz seiner Stärke ein sanftes Wesen hat und alle Entscheidungen, die er trifft, sorgfältig prüft. Da der Bär nach innen blickt und sein eigenes Herz kennt, kann er auch in die Herzen der anderen Tiere sehen und ihnen helfen, die für sie notwendigen Lektionen zu lernen. Der Grizzlybär von Mudjekeewis hat ein Fell, das schwarz wie die Nacht und mit einigen silbernen Haaren durchwirkt ist. Die Farbe von Mudjekeewis ist das Blau der Dämmerung, das mit dem Schwarz der Nacht verschmilzt. Blau ist die Farbe der spirituellen Kraft, die Farbe des Idealismus und der Selbstlosigkeit. Schwarz ist die Farbe dessen, der nach innen sieht und seine Augen bewußt vor den Dingen der Erde verschließt – die Farbe der Gestaltlosigkeit, aus der alles erwachsen kann.

Jene Menschen, die während der Monde von Mudjekeewis geboren werden – im Mond der Fliegenden Ente, im Mond der Ersten Fröste oder im Mond des Langen Schnees –, und jene, die diese Positionen auf dem Rad durchwandern, werden lernen müssen, nach innen zu sehen und die eigenen Stärken und Schwächen zu finden.

Diese Menschen repräsentieren die Stärke und Kraft, die im Herbst, der Jahreszeit der Innenschau, auf die Erde strömt. Sie besitzen die Kraft, die sich nur jenen eröffnet, die in sich hineingeschaut und die Dinge, die sie fanden, wahrhaftig zu schätzen gelernt haben. Sie sind die Menschen, die ihren Platz auf der Erde kennen und fähig sind, mit der Kraft, die dieses Wissen ihnen verleiht, in andere Bereiche vorzudringen.

Die Menschen, die unter diesen Monden geboren werden, kommen sowohl mit den irdischen wie auch mit den geistigen Dingen gut zurecht. Sie besitzen die Geduld, die notwendig ist, um zwischen diesen Bereichen hin- und herzureisen. Sie haben die Fähigkeit, die Position eines Führers und Lehrers in jeder dieser Sphären einzunehmen, solange sie gelernt haben, die Verwirrung, die ihnen ihre eigene Kraft und Anpassungsfähigkeit bescheren kann, unter Kontrolle zu halten. Die Monde von Mudjekeewis, dem Häuptling aller Hüter des Geistes, sind Monde der Kraft. Diese Kraft kann sich auf jene Menschen, die im Zeichen dieser Monde geboren werden, sowohl positiv wie negativ auswirken, je nachdem, wie bereitwillig sich diese Menschen mit ihren eigenen Talenten und Neigungen auseinandersetzen und sich selbst kennenlernen. Menschen dieser Himmelsrichtung sind kraftvoll und haben die Fähigkeit, andere zu beeinflussen. Ob ihr Einfluß jedoch Einheit oder Disharmonie erzeugt, hängt ganz von ihrer persönlichen Aufrichtigkeit und Stärke ab.

Die Elementeklans

Die Bedeutung der Elementeklans

Der Elementeklan, dem man durch den Zeitpunkt seiner Geburt angehört, besagt, mit welchem Element man am ehesten verbunden ist und für welches Element man eine besondere Verantwortung trägt. Der Elementeklan sagt etwas über die charakteristischen Merkmale aus, die man mit den anderen Vertretern seines Klans teilt – über die Stärken und Schwächen, die man mit ihnen gemeinsam hat. Es gibt, so wie es auch vier grundlegende Elemente gibt, aus denen die Welt gestaltet ist, vier Elementeklans: die Erde, das Wasser, die Luft und das Feuer. Ohne diese Elemente wäre kein Leben möglich. Die Erde mit all ihren Mineralien ist der Grundbaustein des Lebens, wie wir es kennen. Mutter Erde ist die stabile Grundlage, auf der sich das Leben all ihrer Kinder aufbaut. Aus ihrem Zentrum heraus nährt und erhält Mutter Erde großzügig und geduldig alles Wachstum und Leben dieser Welt.

Ohne Wasser könnte nichts existieren, selbst die Erde würde austrocknen, verwittern und von den Winden fortgetragen werden. Ohne den beständigen Fluß des Wassers würde sich die Erde nicht wandeln und verändern, die Luft wäre trocken, und das Feuer würde ungehindert um sich greifen. Die Kinder der Erde würden ohne die besondere Nahrung, die allein das Wasser hervorbringt, zwangsläufig austrocknen und sterben.

Die meisten Erdenkinder brauchen die Luft zum Atmen, um leben zu können. Menschen, Pflanzen und Tiere brauchen alle die in der Luft enthaltenen Bestandteile, um existieren zu können. Das Wasser braucht die Luft, um von einem Ort zum anderen getragen zu werden, und unsere Mutter Erde braucht die Winde der Luft, damit sie in ihrer Stabilität nicht erstarrt. Die Sonne braucht die Luft, damit ihre Strahlen auf die Erde getragen werden, und das Feuer braucht die Luft, um entstehen und fortbestehen zu können.

Ohne das Feuer der Sonne, die auf die Erde scheint, würde alles Leben enden. Es ist die Paarung der Kräfte von Vater Sonne und Mutter Erde, die neues Leben entstehen und fortbestehen läßt. Ohne Feuer würde das Wasser gefrieren, und die Luft wäre kalt. Pflanzen, Tieren und Menschen würden die Wärme und das Licht fehlen, die sie zum Leben brauchen.

Wie stark ist doch die Verbindung der Elemente zueinander und die Verbindung der Menschen zu ihnen und all ihren Verwandten! In der Schwitzhütte forderten die Alten, nachdem sie an jedes Element erinnert hatten, dazu auf, eben diese Verbindung, die Einheit, die uns alle verbindet, zu fühlen. Der Dampf, der entsteht, wenn das Wasser über die glühenden Steine gegossen wird, erfüllt die Schwitzhütte, und die Alten spürten diese Einheit in sich und um sie herum.

Alle Elemente sind für das Leben unerläßlich, und doch neigen viele Menschen dazu, ihre Verbindung zu ihnen und ihre Pflicht, sich für deren Gaben dankbar zu erweisen, zu vergessen. Indem man sich zunächst einmal mit seinem Anfangselement beschäftigt, wird man diese Verbindung wieder fühlen und die Verantwortung, die man dafür trägt, wieder sehen können. Indem man die menschlichen Vertreter der verschiedenen Elemente betrachtet, mit denen man harmonieren oder sich ergänzen kann, erfährt man noch mehr. Denke daran, daß diese Ergänzungen und Verbindungen sich sowohl auf Freunde und Kameraden beziehen wie auch auf Gatten oder Liebende. Auf dieser Reise um das Medizinrad wird dein Wissen stetig zunehmen. Menschen verschiedener Elementeklans sind ebenso voneinander abhängig, wie es die einzelnen Elemente sind. Durch einen Zusammenschluß von verschiedenen Energien kann ein jeder lernen, wachsen und sich verändern.

Wie die Schildkröte half, unser Land zu errichten

Vor langer Zeit blickte der Große Geist auf die Erde nieder, die er gemäß seiner Vision geschaffen hatte, und eine große Traurigkeit überkam ihn. Die Mineralien, die Pflanzen, die Tiere und die Menschen hatten alle das Gesetz der Einheit vergessen, nach dem sie zu leben hatten. Schon die geringfügigsten Anlässe lösten Streit und Uneinigkeit unter ihnen aus. Sie betrachteten die Kräfte und Fähigkeiten, die ihnen gegeben worden waren, als ihren persönlichen Besitz und verhielten sich dementsprechend. Eifersucht, Haß und Gier schien ihr Leben zu bestimmen. Der Große Geist beschloß, daß es auf der Erde so nicht weitergehen konnte. Er versuchte den Erdenkindern zu übermitteln, daß sie andere, bessere Pfade einschlagen sollten, aber nur wenige der Materialien, Pflanzen und Tiere hörten auf seine Botschaft, und die Menschen stellten sich taub. So beschloß er, all jene, die ihn nicht hören wollten, in andere Reiche zu entsenden, wo sie ihn hören und ihre Lektionen lernen würden. Er rief alle Geister des Wassers zusammen und schickte sie hinab auf die Erde. Der große Regen setzte ein und ergoß sich in Strömen über die ganze Erde. Die Fluten stiegen auf und überschwemmten das ganze Land. Nur die Mineralien und ein paar Pflanzen und Tiere überlebten.

Und doch verspürte der Große Geist eine tiefe Traurigkeit, denn eine Erde ohne Menschen war nicht die Erde, die die Vision, die er erhalten hatte, erfüllen konnte.

Hoch in den Wolken lebte eine Frau des Geistes, die einst auf der Erde geweilt hatte. Da fast alles Leben auf der Erde verschwunden war, gab es nichts mehr für sie zu beobachten und niemanden, dem sie helfen konnte, und so überkam sie eine große Traurigkeit. Sie bat den Großen Geist, ihr einen Mann des Geistes zu senden. Dies geschah, und sie taten sich zusammen und zeugten ein Kind. Der Mann des Geistes nahm nun, da er seinen Zweck erfüllt hatte, seinen Abschied und ließ sie alleine im Himmel zurück.

Auch die Tiere auf der Erde waren einsam und sehnten sich nach der Kameradschaft, die sie in vergangenen Zeiten, als das Gesetz der Einheit noch befolgt worden war, mit den Menschen erfahren hatten. Sie sahen die Frau im Himmel und beschlossen, sie auf die Erde einzuladen. Aber sie waren unsicher, denn sie wußten, daß die Frau Land brauchen würde, um gehen zu können, und damals stand noch alles unter Wasser. Während sie auf einigen Felsen, die aus dem Wasser herausragten, im Rat zusammensaßen und überlegten, was sie tun sollten, kam die Riesenschildkröte und streckte den Kopf aus dem Wasser.

»Freunde«, sagte die Riesenschildkröte, »ich habe einen großen, starken Rücken. Vielleicht würde die Himmelsfrau zu uns kommen, wenn ich ihr meinen Rücken als Unterkunft anbieten würde.« »Wunderbar«, sagte der Bär, der Häuptling der Versammlung. »Das wäre die perfekte Lösung. Wir werden sie bitten, zu kommen und bei uns zu bleiben und ihre Kinder hier zur Welt zu bringen, damit sie mit uns aufwachsen und schon in jungen Jahren die Harmonie erlernen können, in der wir leben sollten. Und vielleicht werden sie es wiederum ihre Kinder lehren.«

So hob die Schildkröte ihren Rücken aus dem Wasser, und die Tiere verließen alle ihre Felsen und kletterten auf diese neu entstandene Insel. Sie rannten und hüpften und sprangen darauf herum, denn sie waren glücklich, wieder genügend festen Grund unter den Füßen zu haben. Auch wollten sie sich davon überzeugen, daß dies der Schildkröte keinen Schaden zufügen würde, denn sie wußten, wieviel mehr Unruhe und Bewegung die Menschen mit sich bringen würden. Als sie befriedigt feststellten, daß es ein guter Platz war, riefen sie die Himmelsfrau an und baten sie, herunterzukommen und bei ihnen zu leben. Sie nahm glücklich das Angebot entgegen, denn sie wußte, daß sie von nun an nicht mehr einsam sein würde.

Als sie herabkam, schritt sie den ganzen Rücken der Schildkröte ab und erkannte, daß es ein wirklich schönes und geräumiges Zuhause war. Dies beanspruchte viele Tage, denn die Schildkröte war sehr groß. Als sie wieder zu ihrem Ausgangspunkt im Osten zurückgekehrt war, sagte sie: »Schildkröte, du bist ein tapferes und starkes Tier, daß du mir und allen Menschen, die von mir und meinen Kindern abstammen werden, deinen Rücken anbietest. Wenn du jedoch für immer meine Heimstätte bleiben willst, wirst du nie wieder Gelegenheit haben, die Dinge zu tun, die einer Schildkröte bestimmt sind, und so will ich dir helfen. Tiere des Ozeans, geht und sucht das Land auf dem Grund des Ozeans und bringt etwas davon zu mir herauf.«

Alle Wassertiere tauchten unverzüglich hinunter und machten sich auf die Suche. Einigen von ihnen gelang es, einige Krümel Erde heraufzutauchen, aber es reichte bei weitem nicht aus. Als sie schließlich alle schon fast aufgegeben hatten, tauchte die Bisamratte mit einem ganzen Mund voll Schlamm auf und legte ihn der Himmelsfrau zu Füßen, bevor sie erschöpft zusammenbrach. Nachdem diese mit ihrer Medizin die Bisamratte wieder ins Leben zurückgerufen hatte, nahm sie die Erde und schritt noch einmal den ganzen Rücken der Schildkröte ab, wobei sie überall Erde fallen ließ. Als sie an ihren Ausgangspunkt zurückgekommen war, blies sie den Atem des Lebens über die Erde, und diese vervielfältigte sich und bedeckte schließlich den ganzen Rücken der Schildkröte.

»Schildkröte«, sagte die Himmelsfrau, »du kannst nun zu deinem Pfad zurückkehren. Aber zur Ehre des Opfers, das du uns so bereitwillig gebracht hast, soll dieses Land ›Schildkröteninsel‹ genannt werden, und obgleich du eher ein Wesen des Wassers bist, wird man deiner auch als Wesen dieses Landes – dieses Teils der Erde – gedenken.«

Und so wurde die Schildkröte zum Tier-Totem des Erdklans.

Schildkrötenklan (Erde)

Jene, die dem Elementeklan der Schildkröten angehören, verfügen über die Stabilität, die aus der Verbindung mit dem ersten und festesten der Elemente, der Erde, hervorgeht. Sie sind in dem Element verwurzelt, das uns alle von dem Moment unserer Geburt an erhält. Wie die Erde neigen auch sie dazu, für alle jene zu sorgen, mit denen sie in Berührung kommen. Wenn sie sich an einem Platz oder in einer Situation niederlassen, entsenden sie sofort ihre Wurzeln und sorgen für einen festen Grund, auf dem man bauen kann.

Schildkröten-Menschen sind in der Regel der Grundstein für ihre Familien, Geschäfte und Freunde. Sie sind sehr treu. Haben sie sich einmal für etwas entschlossen, fällt es ihnen sehr schwer, ihre Meinung zu ändern. Sie sind beständig in ihren Meinungen, Idealen und Ideen. Aufgrund dieses Wesenszuges können sie für ihre Mitmenschen sowohl eine tiefe Quelle der Sicherheit wie auch der Frustration sein. Auf die Freundschaft von Vertretern des Schildkrötenklans kann man stets bauen – es sei denn, man tut etwas, was einem Ideal, das sie mehr pflegen als eine Freundschaft, entgegenwirkt. Aber wehe, man verspricht einem Schildkrötenklan-Freund etwas und überlegt es sich dann aus irgendeinem Grund anders! Da Schildkrötenklan-Menschen stets ihr Wort halten, haben sie für andere, denen dies nicht möglich ist, keinerlei Verständnis.

Das heißt nicht, daß alle Schildkrötenklan-Menschen in allem, was sie tun, unerbittlich hart sind. Dies gilt nur für einige Vertreter dieses Klans, aber es ist etwas, wovor sich jeder von ihnen hüten sollte. Andere verkörpern jedoch wie die Erde sowohl das Konzept des Wachstums wie der Stabilität. Schildkrötenklan-Menschen werden, sobald sie selbst verwurzelt sind, ihren Freunden, Geschäften und Ideen zum Wachstum verhelfen. Das Wachstum, das sie in die Wege leiten, ist solides, konstruktives und geregeltes Wachstum. Sie neigen eher dazu, einen Schritt nach dem anderen zu tun, als in einem Ausbruch von Intuition ungestüm nach vorne zu stürmen. Wie die Erde möchten auch sie den Samen der Veränderung erst sprießen sehen, bevor er wächst, Blüten trägt und selbst wieder Samen hervorbringt. Aufgrund ihres langsamen Wachstums sind die Veränderungen, die sie herbeiführen, Veränderungen von eher dauerhafter Art und für gewöhnlich konstruktiv. Wenn man ein neues Projekt angeht, sollte man versuchen, zumindest eine Person aus dem Schildkrötenklan mit einzubeziehen, um sicherzugehen, daß das Vorhaben so gut vorankommt wie möglich.

Mitglieder des Schildkrötenklans scheinen manchmal wie ihr Tier-Totem – langsam oder sogar schwerfällig – zu sein, aber dies ist oft nur ein äußeres Trugbild. Wie die Schildkröte sind sie intelligent und geschickt und gewinnen in den allermeisten Fällen das Rennen – gegen welchen Hasen sie auch immer antreten. Schildkrötenklan-Menschen erreichen gewöhnlich jedes Ziel, das sie sich in den Kopf gesetzt haben, indem sie einfach auch dann noch weitermachen, wenn ihre Mitbewerber schon längst aufgegeben haben.

Schildkrötenklan-Menschen sind, wie die Erde, gute Eltern. Aber sie können auch sehr starre Vorstellungen über die Erziehung ihrer Kinder haben. Sie beunruhigen sich – häufig völlig unnötig – über Situationen, über die sie keine Kontrolle zu haben scheinen. Als Eltern kennzeichnet sie ihre beschützende Hand und ihre methodische Vorgehensweise. Sie verstehen es nicht, wenn ihre Kinder sich völlig unberechenbar verhalten, und werden oft versuchen, sie in das Muster hineinzudrängen, das zwar ihnen, aber nicht ihren Kindern behagt. Sie lieben ihre Kinder aufrichtig und werden stets zur Stelle sein, gleich, wie alt diese sein mögen. Sie müssen sich hüten, nicht der Versuchung zu erliegen, die vollständige Kontrolle über das Leben ihrer Kinder zu übernehmen.

Schildkrötenklan-Kinder können in jungen Jahren den Anschein erwecken, langsamer als ihre Altersgenossen zu sein, aber dank ihrer Beharrlichkeit werden sie diesen Vorsprung bald aufgeholt haben oder jene sogar hinter sich lassen. Sie sind Kinder, die Stundenpläne und feste Verhaltensregeln brauchen, um glücklich sein zu können, und sind stabile, intelligente und glückliche kleine Menschen, wenn sie diese erhalten.

Wie die Schildkröte der vorangegangenen Geschichte neigen auch die Schildkrötenklan-Menschen zu aufopferndem Verhalten. Wenn sie einen Platz entdecken, an dem sie von großer Hilfe sein können, werden sie danach streben, diesen auszufüllen, auch wenn dies bedeutet, daß sie die Dinge aufgeben müssen, die ihnen im Leben zu tun bestimmt sind. Aufgrund ihrer Tapferkeit und Ausdauer finden sie es schwierig, sich aus Situationen herauszuziehen, die sich als unhaltbar erweisen. Das kann sie manchmal zu Märtyrern für eine Sache oder eine Person machen, von der sie sich hätten längst abwenden sollen.

Da die Schildkrötenklan-Menschen die Erde repräsentieren, tragen sie auch für diese Verantwortung. Sie empfinden im allgemeinen einen starken Einklang mit der Natur und sind unglücklich, wenn sie nicht häufig Gelegenheit haben, sich in der freien Natur zu bewegen. Dies erneuert und belebt ihren Geist, und Schildkrötenklan-Menschen sehen nach solchen Ausflügen stets jünger und glücklicher aus. Natürlich sind Schildkrötenklan-Menschen hervorragende Gärtner und umgeben sich gerne mit Pflanzen. Wenn sie Land besitzen, wird man stets sagen können, welche Gärten die ihren sind, da diese üppig und schön wachsen werden. Wenn sie in Städten leben, umgeben sie sich mit herrlichen Pflanzen, so daß man beim Betreten ihres Heimes den Eindruck gewinnt, in einen Dschungel einzudringen. Jene Menschen, die sich in einer Schildkrötenklan-Position oder -Stimmung befinden, werden eine grünere Hand haben als je zuvor in ihrem Leben. Ja, man muß, um ein guter Gärtner zu werden, durch mindestens eines der Schildkrötenklan-Zeichen hindurchgegangen sein.

Schildkrötenklan-Menschen tragen eine starke Verantwortung für die Mutter Erde. Da sie der Ursprung ihres Seins ist, müssen sie ihrer stets gedenken. Sie müssen sich die Zeit nehmen, die Erde voller Wertschätzung zu betrachten. Und wenn sie diesen Anblick genießen, sollten sie daran denken, der Erde von ganzem Herzen dafür zu danken, daß sie sie und ihre Verwandten auf so wunderbare Weise erhält. Schildkrötenklan-Menschen stehen auch in Verbindung mit Steinen, und sie sollten sich die Zeit nehmen, die Felsenformationen, die sie entdecken, zu bewundern und dafür dankbar zu sein, daß es sie gibt. Sie sollten auch einige der Steine, zu denen sie sich in besonderer Weise hingezogen fühlen, mit nach Hause nehmen, da dies ihnen helfen wird, ihre Verbindung zum gesamten Universum intensiver zu spüren. Schildkrötenklan-Menschen werden entdecken, daß diese Steine zu ihnen sprechen können, wenn sie sich die Zeit nehmen, ihnen zuzuhören.

Eine der Botschaften, die ihnen die Steine vielleicht übermitteln werden, ist die Warnung, sich ihnen nicht allzu stark anzugleichen. Das mag die tiefste potentielle Fallgrube für Angehörige des Schildkrötenklans sein: versteinert, halsstarrig und unbeweglich zu werden. Wenn dies geschieht, schneiden sich Schildkrötenklan-Menschen vom Fluß des Lebens völlig ab und unterbrechen damit den Energiefluß des Wachstums, der auch durch sie hindurchströmt. In einem solchen Fall sind Schildkrötenklan-Menschen für Krankheiten anfällig, die physische Versteifungen auslösen: Arthritis, Rheumatismus, chronische Rückenschmerzen und andere Leiden, die von steifen Muskeln und Knochen herrühren.

Schneegans-, Biber- oder Braunbär-Menschen sind jene, die im Zeichen des Schildkrötenklans geboren wurden. Aus diesem Grund wird die Erde stets eine große Anziehungskraft auf sie ausüben, in welcher Position auf dem Rad sie sich auch immer befinden. Damit sie ein glückliches und erfülltes Leben erfahren, werden sie lernen müssen, sich diese Anziehungskraft einzugestehen und ihr Leben so einzurichten, daß sie stets mit der Erde verwurzelt bleiben. Jene Menschen, die unter anderen Totems geboren sind, werden auf ihrer Reise um das Rad die Schildkrötenklan-Zeichen durchwandern und in dieser Zeit die Stabilität, Beharrlichkeit und Fürsorglichkeit derer erfahren, die im Zeichen des Schildkrötenklans zur Welt kamen.

Warum einige Frösche das Wasser verließen

Vor langer Zeit lebten die Frösche in allen Teichen, Seen und Flüssen der Welt. Voller Zufriedenheit sangen sie ihre Lieder, saßen auf ihren Lilienblättern und legten Eier, die sich in Kaulquappen verwandelten und dann – wie durch ein Wunder – in Frösche. Es war ein gutes Leben, und die meisten Frösche waren glücklich.

Doch eines Tages wurde einer der Froschhäuptlinge – sein Name war Ripid-do – unzufrieden. Von seinem Lilienblatt konnte er Tag für Tag in der Ferne etwas beobachten. Es war etwas, das größer war als alles andere, was er je zuvor gesehen hatte. Es war zum größten Teil grün und wurde nach oben zu weiß. Er beobachtete, wie viele der anderen Tiere scheinbar hungrig hinaufkletterten und wenn sie Stunden später zurückkamen, den Eindruck machten, als ob sie eine Menge zu essen gehabt hätten. Er fing an, mit den Fliegen, Moskitos und Wasserinsekten, von denen er sich bisher ernährt hatte, unzufrieden zu werden.

»Auf diesem großen Ding«, dachte er, »muß es herrliche Sachen zu essen geben. Deshalb sehen auch die anderen Tiere so satt und glücklich aus, wenn sie herunterkommen. Es ist nicht gerecht, daß wir Frösche in diesem Teich bleiben und immer dasselbe essen müssen. Ich will zu diesem großen Ding hingehen und mir etwas von dem holen, was es dort zu essen gibt.«

Eines Tages rief er eine Schlange, die er das große Ding heruntergleiten sah, an und fragte sie, wo sie denn gewesen sei und was sie zu essen gehabt hätte.

»Jenes große Ding ist ein Berg«, sagte die Schlange. »Auf seinem Gipfel sind die größten, saftigsten und köstlichsten Insekten, die ich je gegessen habe. Dagegen sehen die größten Fliegen hier wie Mücken aus. Yam, wie glücklich ich bin, daß ich auf den Berg gehen kann!«

Ripid-do dachte über die Worte der Schlange nach, und ein schrecklicher Hunger auf die Köstlichkeiten, die die Schlange beschrieben hatte, überkam ihn. Er begann, allen Fröschen davon zu berichten. Und was er berichtete, klang so gut, daß alle Frösche davon kosten wollten. Bald erzählten die Frösche dieses Teiches es den Fröschen des nächsten, und so breitete sich die Neuigkeit aus, bis alle Frösche in allen Teichen, Bächen, Seen und Flüssen um den ganzen Berg herum mit dem unzufrieden waren, was der Große Geist ihnen zugeteilt hatte.

Endlich machte Ripid-do einen kühnen Vorschlag. »Freunde«, schlug er vor, »nachdem der Große Geist ganz offensichtlich versucht, uns die besten Dinge des Lebens vorzuenthalten, laßt uns auf eigene Faust aufbrechen und auf jenen Berg klettern und die Orte vergessen, an denen wir jetzt leben.« Einige der Frösche stimmten diesem Vorschlag zu. Sie waren tatsächlich zu der Überzeugung gelangt, daß der Große Geist sie vergessen oder übergangen hatte. Andere dagegen meinten, daß es schwierig für sie sein würde, auf einem Berg und außerhalb des Wassers zu leben – egal wie groß die Insekten auch sein mochten. »Ihr seid Feiglinge«, entgegnete ihnen Ripid-do. »Wir Frösche können auf dem Land leben. Wir können alles, sitzen wir nicht den ganzen Tag auf unseren Lilienblättern außerhalb des Wassers? Der Große Geist hat nur gesagt, daß wir im Wasser bleiben sollten, um uns von all den herrlichen Dingen fernzuhalten, die all die anderen Tiere genießen. Laßt uns zum Berg aufbrechen!« Nachdem er seine Rede beendet hatte und sie in alle anderen Froschteiche übertragen worden war, hörte Ripid-do eine Stimme in seinem Inneren.

»Kleiner Bruder«, sagte die Stimme, »ich habe euch alles gegeben, was ihr braucht, um gut zu leben. Seid nicht gierig nach den Dingen, die andere Tiere haben. Seid glücklich, und singt eure Dankeslieder für die guten Dinge, die ihr habt. Und steigt heute nicht auf den Berg, dies würde euch nur Unglück bringen.«

Obwohl dies Ripid-do verunsicherte, war er dennoch so fest davon überzeugt, daß ihm etwas entging, daß er der Warnung des Großen Geistes keine Beachtung schenkte. Bald machten er und die Frösche, die ihm folgten, sich auf den Weg zum Berg. Als sie am Fuß des Berges angelangt waren, bemerkten sie, daß all die anderen Tiere, die zum Essen gewöhnlich hinaufstiegen, aufgeregt heruntereilten. »Auf dem Berg ist heute etwas nicht in Ordnung«, sagte zu ihm die Schlange, mit der er kürzlich gesprochen hatte. »Kehrt zurück in eure Teiche!«

Die Frösche aber waren fest entschlossen. Ripid-do war davon überzeugt, daß der Große Geist alle anderen Tiere dazu angehalten hatte, sich so merkwürdig zu verhalten, um die Frösche zu überlisten, und daß diese sich bereitwillig darauf eingelassen hatten, weil sie nicht ihr ganzes Essen mit einer Armee von Fröschen teilen wollten, die auf den Berg geeilt kamen.

Und so gingen sie trotz aller Warnungen hinauf und hielten Ausschau nach den köstlichen Insekten, die sie zu finden hofften. Und einige Frösche fanden auch tatsächlich ein paar Insekten, die die größten und köstlichsten waren, die sie jemals gesehen hatten. Aber die meisten Insekten flogen ebenso wie die anderen Tiere in großen Schwärmen den Berg hinunter.

Während sie weitergingen, bemerkten die Frösche, daß der weiße Schnee am Gipfel des Berges schmolz und das Wasser in Sturzbächen den Berg hinunterzufließen begann. Einige der Frösche bekamen Angst, als sie das sahen, und wollten kehrtmachen. Aber Ripid-do bezeichnete sie als Feiglinge und forderte sie auf, weiterzugehen. Bald folgte den Sturzbächen von Wasser ein Fluß von geschmolzenem Gestein, der sich über den Bergrücken ergoß, und eine riesige Dampfwolke hüllte alle Frösche in sich ein und verbrühte ihre Haut.

»Kehrt jetzt nicht um, Brüder und Schwestern«, rief Ripid-do. »Wenn wir dem Großen Geist zeigen, daß wir auf seine Tricks nicht hereinfallen, wird das alles bald ein Ende finden.«

Aber ein Ende war nicht in Sicht – im Gegenteil, es wurde nur noch schlimmer, während der Ausbruch des Vulkans an Heftigkeit zunahm. Ripid-do wußte nicht weiter; in letzter Minute erkannte er, daß er viele seiner Brüder und Schwestern in Gefahr gebracht hatte, nur weil er das, was er wollte, für wichtiger hielt als das, was der Große Geist ihm gegeben hatte.

»Großer Geist«, betete er mit aller Inbrunst, »ich will mich selbst gerne opfern, wenn du alle Frösche, die mir gefolgt sind, retten kannst. Es wäre nicht gerecht, wenn sie für meine Fehler büßten müßten. Ich hätte auf deine Warnung und die Warnung der anderen Tiere hören sollen.«

»Kleiner Bruder«, hörte er eine Stimme in seinem Ohr, »ich werde alle retten, die dir gefolgt sind, da sie nun ihre Lektion erhalten haben. Laß sie in den Wasserfall hüpfen, der vor euch liegt. Er wird sie sicher in ihre Teiche, Bäche und Flüsse zurücktragen. Aber du sollst nicht hineinspringen.«

Ripid-do tat, wie ihm geheißen. Bald wurden alle Frösche vom Wasser fortgetragen und in Sicherheit gebracht.

Ripid-do saß nun da und beobachtete, wie der Dampf immer dichter wurde. Er wußte, daß er einen Fehler begangen hatte, und erwartete nun sein Schicksal. Plötzlich kam ein Windstoß und blies ihn auf einen Baum, der so hoch auf dem Berg stand, daß ihn der Dampf nicht mehr erreichen konnte. Er war nun in Sicherheit und sah zu, wie der Ausbruch des Vulkans zu Ende ging.

»Kleiner Bruder«, hörte er die Stimme wieder, »weil du es dir so sehr gewünscht hast, auf dem Berg zu leben, wirst du es von nun an tun. Du wirst kleiner sein als vorher und nicht mehr im Wasser leben. Die Bäume werden deine Heimat und die Heimat deiner Kinder für alle zukünftigen Generationen sein.«

Auf diese Weise entstanden die Baumfrösche, jene merkwürdigen, auf dem Land lebenden Verwandten der glücklichen Wasserfrösche.

Froschklan (Wasser)

Die Menschen, die dem Froschklan angehören, haben die Eigenschaften, die jenem Element zugeordnet wurden, das am stärksten fließt, sich verändert und erneuert. Ohne Wasser gäbe es kaum Leben auf der Erde. Ohne Wasser würde das physische und emotionale Sein der Erdenkinder niemals gereinigt werden. Der Fluß des Wassers kann Blockierungen beheben, wo immer sie auch auftreten. Man betrachte nur einen Bach, der mit Felsen in Berührung kommt, die seinen Fluß aufhalten. Bald sickert das Wasser darunter durch oder fließt drüber hinweg. Mit der Zeit wird die Kraft seines Flusses die Felsen beiseite bewegen und sich einen Kanal bahnen, durch den der Bach wieder frei hindurchfließen kann.

So verhält es sich auch mit den Menschen des Froschklans. Ihre Emotionen sind – wie das Wasser – in ständiger Bewegung. In ihrem Herzen fühlen sie alles, was sich in ihnen und um sie herum tut. Sie sind es, die schmerzhaft das Antlitz verziehen, wenn jemand anderer sich mit dem Hammer auf den Daumen schlägt. Sie sind es, die nach Luft schnappen, wenn sie sehen, wie ein Kind beim Laufen stürzt. Sie sind es, die deine Tränen der Trauer oder des Glücks teilen.

Froschklan-Menschen sind sehr empfindsame Wesen und können stets mit anderen mitfühlen, ungeachtet ihrer eigenen Gefühle. Wie das Wasser sind sie häufig ein Spiegel dessen, was sich in anderen Menschen in einem bestimmten Moment abspielt. Da sie mit dem Wasser in Verbindung stehen, das wiederum mit den Kräften des Mondes stark verbunden ist, neigen Froschklan-Menschen stärker als andere dazu, sich dem Einfluß des Mondes und seiner Phasen zu unterwerfen. Wenn der Mond voll ist, gleichen sie den Gezeiten – sanft wogende Emotionen oder über die Klippen hereinbrechende Wellen. In diesen Zeiten sind sie für ihre Mitmenschen kein klarer Spiegel. Wenn der Mond dunkel ist, sind sie – wie das Wasser – ruhiger und bieten eine glatte Oberfläche, in der man sich spiegeln kann.

Aufgrund ihres einfühlsamen Wesens können Froschklan-Menschen neue Gefühle und neues Leben in jedes Projekt einbringen. Da sie so unbeschwert fließen können, können sie die geistigen und physischen Spinnweben, die sie überall entdecken, mit Leichtigkeit entfernen. Froschklan-Menschen sind genau die richtigen Menschen für Projekte beliebiger Art, die in einer Sackgasse zu sein scheinen. In solchen Fällen finden die Froschklan-Menschen eben jenen Riß, durch den sie hindurchsickern und das Hindernis aus dem Weg räumen können, das dem Fortschritt im Weg steht. Froschklan-Menschen machen selten auf halbem Wege halt – wenn sie ein Hindernis beiseite schaffen, dann vollständig.

Als Eltern sind Froschklan-Menschen ihren Kindern eine beständige Quelle fließender Liebe. Sie sind gute und fürsorgliche Eltern, da sie eine stark ausgeprägte Gefühlswelt haben. Manchmal neigen sie jedoch dazu, die rauhen Kanten abrunden zu wollen, die sie bei ihren Kindern zu sehen glauben, noch ehe sie den Kindern die Gelegenheit gegeben haben, sich so weit zu entwickeln, daß sie selbst erkennen könnten, ob diese Kante wirklich der Meilenstein für ihre nächste Wachstumsperiode ist. Sie empfinden so tief, daß sie ihre Kinder bisweilen allzu stark zu beschützen suchen, da jeder Schmerz, der diesen zugefügt wird, auch ihnen weh tut. Sie müssen sich bemühen, ihre Kinder die eigenen Erfahrungen machen zu lassen, und nicht unentwegt versuchen, sie von allen Erfahrungen abzuschirmen, die ihnen Schmerzen bereiten könnten. Froschklan-Kinder sind sehr emotionale und einfühlsame Wesen. Sie brauchen, bis sie alt genug sind, um ihre Einfühlsamkeit zu verstehen, dringend Schutz, da sie sonst Gefahr laufen, immer dann krank zu werden, wenn andere erkranken oder in Bereichen versagen, die ihren besten Freunden verschlossen sind. Wenn sie jedoch den Schutz und die Führung erhalten, derer sie bedürfen, bis sie ihre eigene Gefühlswelt begreifen können, sind sie sehr liebenswerte und ausgelassene Menschen.

Wasser ist ein Element der Heilung. Aufgrund ihrer Verbindung zum Wasser haben Froschklan-Menschen oftmals eine natürliche Gabe zu heilen, sei dies im Bereich der Psyche oder des Körpers. Man denke daran, daß es oft ein emotionaler Block ist, der eine Krankheit im Körper hervorruft. Froschklan-Menschen können dabei behilflich sein, diese Blockierungen zu lokalisieren, und werden, wenn man es zuläßt, ihre fließenden Kräfte auf sie richten, damit sie sich aufzulösen beginnen. In vielen Fällen ist es der erste Schritt zur Heilung, das eigene Wasser – in Form von Tränen – fließen lassen zu können. In solchen Zeiten ist es hilfreich, sich an die Freunde zu wenden, die dem Froschklan angehören.

Da sie sich ständig in jenem Meer von Energie bewegen, das uns alle umgibt, sind Froschklan-Menschen in der Regel sehr kreativ. Ob sie sich nun im Bereich der Kunst oder anderswo betätigen – sie werden stets die neuartigen Ideen einbringen, die den Funken setzen für eine Revolution auf dem jeweiligen Gebiet. Sobald ihre Idee jedoch zum Trend wird, schwimmen Froschklan-Menschen natürlich weiter, um nach etwas zu suchen, das ihnen neuer und frischer erscheint. Wie Ripid-do, der Anführer in der Froschklan-Geschichte, haben Wasserklan-Menschen stets ein offenes

Ohr für Dinge, die ihnen neuer und besser erscheinen. Sie sind immer bereit, den Fluß hinunterzuschwimmen, um diese neuen Dinge auszuprobieren. Wenn ihnen dies versperrt bleibt, werden sie wie Ripid-do von einer tiefen Unzufriedenheit ergriffen und fangen wirklich an, sich nach jenen Dingen zu sehnen, die sie nicht haben können. An diesem Punkt angelangt, müssen Froschklan-Menschen äußerst vorsichtig sein. Wenn sie sich auf etwas versteifen, das schwierig zu erlangen scheint, hören sie auf, mit dem Energiefluß des Lebens zu fließen, und blockieren sich selbst. Wenn dies eintritt, wird jene wunderbare Kraft zurückgehalten, die sie für gewöhnlich umfließt, und sie werden sich nach einer Zeit wie Dämme fühlen, die am Überlaufen sind.

Dies tritt manchmal bei Froschklan-Menschen ein, die sich vor den Tiefen ihrer Gefühlswelt ängstigen und ihre Emotionen zurückzuhalten versuchen. Sie bemühen sich, sich selbst und ihre Umwelt davon zu überzeugen, daß sie gefühllos sind. Ihre Emotionen werden jedoch im Laufe dieser Scharade immer stärker, was wiederum ihre Angst davor steigert, sie loszulassen.

Manchmal gehen Froschklan-Menschen auf diese Weise durchs Leben und halten unentwegt die Emotionen und Kräfte, die sie in und um sich fühlen, zurück oder unterdrücken sie. In einem solchen Fall werden sie für Krankheiten anfällig, die sie schwerfällig oder aufgedunsen erscheinen lassen: Fettleibigkeit, Ödeme, Verformungen der Knochen oder der Muskeln. Ihre Gedankenwelt wird erstarren wie ein Bach, der im Winter zufriert. Das einzig wirksame Heilmittel gegen eine solche psychische und physische Verfassung von Froschklan-Menschen ist das Bemühen um einen Weg, ihr Wasser, ihre Kräfte durchsickern zu lassen, so daß die Dämme, die sie so sorgfältig errichtet haben, nicht brechen können und das Wasser nicht mit einer solchen Wucht herausschießt, daß es sie oder ihre Mitmenschen verletzt.

Für Froschklan-Menschen ist es erfrischend, sich in der Nähe von Wasser aufzuhalten, ob es nun das Meer, ein See, ein Teich, ein Fluß oder auch nur das Wasser in der Badewanne ist. Froschklan-Kinder können selbst im heftigsten Wutausbruch dadurch beruhigt werden, daß man sie den Klang von fließendem Wasser hören läßt. Diese Menschen tragen aufgrund ihrer Klan-Zugehörigkeit die Verantwortung, das Wasser zu achten und es darin zu unterstützen, sauber und richtig zu fließen. Das ist in unserer heutigen Zeit, in der unser Nutzwasser so stark verschmutzt wird und wir das Geschenk des Wassers so wenig zu schätzen wissen, eine besonders große Verantwortung. Wir sollten »Danke« sagen, wenn es das nächste Mal regnet, und nicht: »Verdammt, jetzt sind meine Pläne für den Tag ins Wasser gefallen!« Schreibt an die Meteorologen und sagt ihnen, daß es auch ein schöner Tag sein kann, wenn es regnet.

Angehörige des Froschklans tragen ebenfalls eine Verantwortung für den Mond, der seinen Teil dazu beiträgt, die menschlichen Emotionen zu lenken. Sie sollten sich bemühen, den Mond und die Geheimnisse, die er für die Menschheit bereithält, kennenzulernen, ebenso wie sie lernen sollten, ihre eigenen Emotionen zu erforschen und zu lernen, wie man diese in einem positiven Fluß hält. Sobald sie dies erlernt haben, können sie auch anderen helfen, die den Fluß ihrer Emotionen blockiert haben.

Puma-, Specht- und Schlangen-Menschen sind im Elementeklan des Wassers geboren und haben den Frosch als Totem. Sie müssen, um ein glückliches Leben führen zu können, darauf achten, daß sie sich stets im Fluß der universellen Energien befinden. Sie müssen lernen, das Wasser in sich und um sich herum zu schätzen. Menschen, die im Zeichen anderer Elementeklans geboren sind, werden das Einfühlungsvermögen, die Kreativität und Heilkraft von Froschklan-Menschen erfahren, während sie sich auf ihrer Reise um das Rad ihren eigenen Positionen nähern.

Wie die Schmetterlinge das Fliegen lernten

Als die Erde sehr jung war, gab es noch keine Schmetterlinge, die durch die Lüfte flatterten und die Frühlings- und Sommertage mit ihrer Farbenpracht erhellten. Es gab wohl Kriechtiere, die als Vorfahren der Schmetterlinge gelten, aber diese konnten noch nicht fliegen und krabbelten lediglich auf der Erde umher. Diese Kriechtiere waren zwar wunderschön anzusehen, aber nur selten blickten die Menschen beim Gehen auf die Erde, und so entging ihnen deren Schönheit.

In jenen Tagen lebte ein junges Mädchen namens Frühlingsblume, die allen, die sie kannten, nur Freude bereitete. Sie hatte stets ein Lächeln und ein freundliches Wort auf den Lippen, und ihre Hände waren denen, die an Fieber oder Verbrennungen litten, wie ein kühler Frühlingsmorgen – sie legte sie auf, und das Fieber verschwand im Nu. Als sie zur Frau wurde, nahmen ihre Kräfte noch zu, und nachdem sie ihre Vision erhalten hatte, war sie in der Lage, die Menschen von den meisten Krankheiten zu heilen, die es in jenen Tagen gab.

In ihrer Vision waren seltsame und schöne fliegende Wesen zu ihr gekommen und hatten ihr die Kraft des Regenbogens, die sie innehatten, verliehen. Eine jede Farbe des Regenbogens hatte eine besondere Heilkraft, die jene fliegenden Geschöpfe ihr enthüllten. Sie sagten ihr, daß sie zu ihren Lebzeiten in der Lage sein würde zu heilen und zur Stunde ihres Todes Heilkräfte in die Luft entlassen würde, die den Menschen immer erhalten bleiben würden. Der Name, den sie in ihrer Vision erhielt, war: »Sie, Die Regenbogen in die Luft Webt«.

Als Sie, Die Regenbogen in die Luft Webt, älter wurde, setzte sie ihre Arbeit als Heilerin fort und ließ ihren Mitmenschen ihre unverminderte Freundlichkeit zukommen. Sie traf auch einen Mann, einen Träumer, und nahm ihn zum Ehemann. Sie hatten zwei Kinder, die sie gemeinsam zu starken, gesunden und glücklichen Menschen aufzogen. Auch die zwei Kinder besaßen etwas von den Kräften ihrer Eltern und wurden später selbst Heilkundige und Träumer. Als Sie, Die Regenbogen in die Luft Webt, älter wurde, nahmen ihre Kräfte immer mehr zu, und die Bewohner aus der ganzen Umgebung kamen mit ihren Kranken zu ihr und baten um ihre Hilfe – und sie half allen, denen sie helfen konnte.

Schließlich schien es sie immer mehr anzustrengen, die heilenden Kräfte durch den Körper fließen zu lassen, und sie spürte, daß die Zeit gekommen war, um den nächsten Teil ihrer Vision zu erfüllen. Im Laufe ihres Lebens hatte sie bemerkt, daß farbenprächtige Kriechtiere immer in ihre Nähe kamen, wenn sie auf der Erde saß. Sie näherten sich ihrer Hand und versuchten stets, sich daran zu reiben. Manchmal kroch auch eines ihren Arm hoch und ließ sich in der Nähe ihres Ohrs nieder. Als sie eines Tages gerade ausruhte, setzte sich ein solches Kriechtier an ihr Ohr. Sie sprach zu ihm und bat es darum, ihr zu sagen, welchen Dienst sie ihm erweisen könnte, da sie bemerkt hatte, daß es und seine Brüder und Schwestern ihr stets hilfreich gewesen waren.

»Schwester«, sagte das Kriechtier, »mein Volk war stets dabei, wenn du deine heilenden Kräfte zur Anwendung gebracht hast, und hat dir durch die Farben, die wir auf unserem Körper tragen, die Farben des Regenbogens, zugänglich gemacht. Nun, da du eingehst in die Welt des Geistes, wissen wir nicht, wie wir die Heilkräfte dieser Farben auch weiterhin den Menschen zutragen können. Wir sind an die Erde gebunden, und die Menschen schauen nur allzu selten zu Boden, um uns zu bemerken. Wenn wir jedoch fliegen könnten, würden die Menschen uns bemerken und sich an unseren schönen Farben erfreuen. Dann könnten wir um die, die der Heilung bedürfen, herumflattern und ihnen die Kräfte unserer Farben zukommen lassen, die sie für ihre Heilung benötigen. Kannst du uns helfen zu fliegen?« Sie, Die Regenbogen in die Luft Webt, gab ihr Versprechen, es zu versuchen. Sie erzählte ihrem Mann von dem Gespräch und bat ihn, auf eine Botschaft zu achten, die ihm in seinen Träumen gegeben werden könnte.

Am nächsten Morgen erwachte er aufgeregt von einem Traum, den er in der Nacht gehabt hatte. Als er sanft Sie, Die Regenbogen in die Luft Webt, berührte, um ihr davon zu berichten, antwortete sie nicht. Er richtete sich auf, blickte ihr ins Antlitz und bemerkte, daß seine Frau in jener Nacht schon in die Geisterwelt verschieden war.

Während er für ihre Seele betete und die Vorbereitungen für die Beerdigung traf, kam ihm plötzlich die Erinnerung an seinen nächtlichen Traum und brachte ihm Trost. Als es an der Zeit war, Sie, Die Regenbogen in die Luft Webt, in jenes Wäldchen zu tragen, in dem sie beerdigt werden sollte, blickte er auf ihre Ruhestätte und entdeckte jenes Kriechtier, dessen Kommen er erwartet hatte. Er hob es sanft hoch und nahm es an sich.

Während man den Körper seiner Frau in ihr Grab legte und die Helfer sich anschickten, Erdreich darauf zu schütten, hörte er das Kriechtier sagen: »Setz mich jetzt auf ihre Schulter. Wenn die Erde uns bedeckt, wird auch mein Körper sterben. Mein Geist aber wird mit dem deiner Frau verschmelzen, und zusammen werden wir aus der Erde herausfliegen. Dann werden wir zu meinem Volk zurückkehren und ihm das Fliegen lehren, so daß die Arbeit, die deine Frau begonnen hat, fortgesetzt werden kann. Sie wartet auf mich. Setz mich jetzt ins Grab.«

Der Mann tat, wie ihm das Kriechtier geheißen hatte, und die Begräbniszeremonie nahm ihren Lauf. Als alle Anwesenden gegangen waren, blieb der Mann noch eine Weile alleine zurück. Er blickte auf das Grab und dachte an all die Liebe, die er empfangen hatte. Plötzlich kam etwas aus dem Grab geflogen, auf dessen Flügeln sich alle Farben des Regenbogens spiegelten. Es flog zu ihm hin und landete auf seiner Schulter.

»Sei nicht traurig, mein Mann. Nun ist meine Vision erfüllt, und jene, denen ich nun meine Hilfe und mein Wissen anbieten werde, werden den Menschen stets Güte, Glück und Heilung zukommen lassen. Wenn deine Zeit kommt, ins Reich des Geistes überzuwechseln, werde ich auf dich warten und mich wieder mit dir vereinigen.«

Als der Mann einige Jahre später diese Welt verließ, um in eine andere einzutreten, blieben beim Begräbnis auch seine Kinder allein zurück. Sie bemerkten ein besonders schönes Exemplar der neuen Geschöpfe, die Schmetterlinge genannt wurden, das in der Nähe des Grabes umherflatterte. Wenige Minuten später flog ein weiterer, ebenso schöner Schmetterling aus dem Grab ihres Vaters heraus, schloß sich dem Wartenden an und flog mit ihm nach Norden, der Stätte der Erneuerung entgegen.

Seit dieser Zeit hat es immer in der Nähe der Menschen Schmetterlinge gegeben, die dank ihrer Schönheit die Luft und unser Leben erhellen.

Schmetterlingsklan (Luft)

Jene Menschen, die mit dem Element Luft in Verbindung stehen und den Schmetterling als Klan-Totem haben, befinden sich in einem ständigen Prozeß der Umwandlung und Veränderung – wie die Luft um uns herum. Wie die Luft besitzen auch sie die Kraft, die Dinge und die Menschen, die sie berühren, umzuwandeln. Während ihre Energie sich wie jene des Wassers in einer beständigen Umwandlung befindet, werden die Veränderungen, die diese Menschen bringen, oftmals eher unvermittelt eintreten als langsam und schrittweise. Sie können Dinge herumwirbeln wie ein starker Windstoß, der aus einer unerwarteten Richtung aufkommt. Schmetterlingsklan-Menschen befinden sich – ob körperlich, geistig oder emotional – immer in Bewegung. Ihre Energie des Lebens durchströmt sie mit der Kraft des Windes und trägt ihnen neue Ideen, Gefühle und Gedanken zu. Wegen ihrer raschen und bisweilen unerwarteten Energie ist es jedoch manchmal schwierig für sie, eines dieser Dinge wirklich zu erfassen.

Während Wasser heilt, verjüngt und erfrischt, hat Luft transformierende Kräfte. Schau zum Fenster oder zur Tür hinaus, wenn ein Wind geht, und du wirst sehen, wie anders alles aussieht. Die Bäume, die gewöhnlich ruhig und stattlich dastehen, sind plötzlich spielerische Geschöpfe, die in der Sonne oder im Mondlicht tanzen. Wiesen sehen aus wie ein wogendes Meer, wenn die Winde sie zuerst in die eine Richtung und dann in die andere teilen. Ganze Felder von Löwenzahn werden in die Lüfte gehoben und ihre Samen dorthin getragen, wo sie sich im nächsten Jahr wieder am besten vermehren werden. Auch die Menschen sehen anders aus, wenn der Wind ihr Haar zurückstreicht, ihre Kleider zerzaust und ihren Gesichtern ein stärkeres und entschlosseneres Aussehen verleiht.

Die Angehörigen des Schmetterlingsklans sind wie die Luft. Wenn sie in ein Zimmer, ein Projekt oder ein Geschäft eintreten, verändern sie die äußere Gestaltung und entwurzeln manchmal sogar das bloße Fundament. Schmetterlingsklan-Menschen besitzen eine aktive Energie. Wenn sie die Notwendigkeit einer Veränderung erkennen, so verlangen sie, daß diese noch am gleichen Tag vonstatten geht und nicht erst in der nächsten Woche. Und um sicherzugehen, daß die Veränderungen, die sie für nötig halten, schon bald vorgenommen werden und nicht erst später, schrecken sie auch vor Manipulationen nicht zurück. Aber selbst darin besitzen sie die Reinheit des Windes, solange ihre Energie richtig fließt. Wie die Luft bergen Schmetterlingsklan-Menschen in sich den Atem des Lebens. Dies ist die Kraft, die es ihnen ermöglicht, Dinge, mit denen sie in Berührung kommen, umzuformen. Und da sie diesen Atem des Lebens in sich tragen, sind sie stets voll der neuen Pläne und Ideen, die ihnen alle als absolut wesentlich erscheinen. Sie leben das Leben in vollen Zügen und überschreiten manchmal dabei ihre eigenen Grenzen. Sie müssen sich davor hüten, sich zu übernehmen und mehr erreichen zu wollen, als es einem einzelnen möglich ist.

Schmetterlingsklan-Menschen suchen, wie die Schmetterlinge in der Legende, über diesen Klan, immer nach Wegen, um ihren Mitmenschen helfen zu können. Sie sind am glücklichsten, wenn sie sich in einer Position befinden, die es ihnen erlaubt, sich zu verändern und umzuwandeln und dabei immer noch ihren Mitmenschen zu dienen. Sie haben auch Freude daran, ihren Verwandten in den Mineral-, Pflanzen- und Tierreichen zu Diensten zu stehen. Man wird oft auf Menschen des Schmetterlingsklans treffen, die sich in der Position eines Hilfeleistenden befinden: als Heilende des Verstandes, Geistes oder Körpers.

Schmetterlingsklan-Menschen bringen buchstäblich einen Hauch frischen Windes in alles, worin sie verwickelt sind. Sie sind intelligent und kreativ und erkennen rasch in jedem Projekt die schwachen Stellen. Und ebenso schnell, wie sie diese erkennen, weisen sie auch darauf hin, obgleich dies häufig auf eine so angenehme Art und Weise geschieht, daß man nicht einmal bemerkt, daß man verbessert worden ist. Meistens besitzen diese Menschen die Sanftheit der Ost- und Südwinde oder den leidenschaftlichen Geist des nächtlichen Windes, der durch den Wald braust. Während alles um sie herum in Bewegung ist, ist diese Bewegung gewöhnlich so sanft, daß sie manchmal kaum wahrzunehmen ist. Diese beständige Bewegung vermindert natürlich ihre Fähigkeit, etwas zu organisieren oder zu ordnen.

Wenn man einem Angehörigen des Schmetterlingsklans in die Quere gekommen ist, kann man alles erleben, vom starken Westwind bis hin zum kalten Nordwind. Wenn sie sich wirklich verletzt fühlen, wird man sogar die Gewalt eines Wirbelwindes zu spüren bekommen, und dann heißt es aufgepaßt! – sonst kann es geschehen, daß man einfach umgeblasen wird.

Schmetterlingsklan-Menschen müssen lernen, die Energie, die sie durchfließt, zu bändigen, damit sie auf deren Rücken an die Orte gelangen können, zu denen sie im Leben vordringen müssen. Wenn sie dieser Energie erlauben, ohne Kontrolle durch sie hindurchzusausen, werden sie bestenfalls sehr unstete Menschen abgeben, die viel Lärm um nichts machen. Schlimmstenfalls werden die Winde sie förmlich auseinanderblasen. Während Luft immer gegenwärtig und lebensnotwendig ist, besitzt sie dennoch einen sowohl gewalttätigen wie friedfertigen Aspekt. Schmetterlingsklan-Menschen, die ihre Energien nicht richtig bändigen, werden für Krankheiten anfällig sein, die einem die Luft entziehen oder im wahrsten Sinne des Wortes auseinanderreißen: Lungen- oder Herzbeschwerden, Schlaganfälle oder Zustände geistiger Verwirrung. Wenn diese Probleme einmal auftreten, müssen Schmetterlingsklan-Menschen lernen, ihre Energien sorgfältig zu lenken und abzuschätzen, welche ihrer vielen Pläne für ihr Leben wirklich notwendig sind.

Als Eltern opfern sich Schmetterlingsklan-Menschen manchmal allzu sehr für ihre Kinder auf, da die wahre Verantwortung der Elternschaft eine Zeitlang der alles bestimmende Faktor in ihrem Leben ist. Sie können sich darin so stark verlieren, daß sie darüber hinaus fast alle ihre anderen Pläne und Träume vergessen. Gerade weil sie ihre Verantwortung so ernst nehmen, geben sie hervorragende und liebevolle Eltern ab, aber sie werden manchmal an den Punkt gelangen, wo sie ihrer Kinder entweder überdrüssig werden, weil sie ihretwegen zuviel von ihrem eigenen Leben versäumt haben, oder von ihnen zu viel Hingabe erwarten – als Entschädigung für all die Opfer, die sie ihnen gebracht haben.

Schmetterlingsklan-Kindern muß man eine Richtung zuweisen, da ihre Lebensenergie sie sonst so schnell umherfliegen lassen wird, daß sie nicht mehr in der Lage sein werden, zu entscheiden, ob sie nun zuerst krabbeln oder gehen sollten, ob sie die roten oder die schwarzen Schuhe oder aber von jedem einen tragen sollten. Wenn sie einmal die Stabilität erlangt haben, die ihnen ein Gefühl für die richtige Richtung gibt, sind sie kluge, geschickte und anpassungsfähige Kinder, die gerne und oft lachen.

Die Hauptverantwortung der Schmetterlingsklan-Menschen liegt in der Sorge um ihr Element, die Luft. Erquickung finden sie darin, an einem Platz zu sein, an dem sie gute, saubere Luft tief in sich hinein atmen können. Ebenso genießen sie es, sich im Freien aufzuhalten, wenn ein starker Wind bläst und die Luft sich in jener ständigen Bewegung befindet, die sie für gewöhnlich auch in sich fühlen. Dies gibt ihnen das Gefühl, mit all jenen Gaben in Verbindung zu stehen, die das Leben den Erdenkindern bietet. Sie haben die Verantwortung, sich der Winde und all dessen, was diese durch die Kraft ihrer Bewegung bewirken, bewußt zu sein. Schmetterlingsklan-Menschen können in der Regel durch einen Spaziergang an einem windbewegten Tag am besten inspiriert werden.

Otter-, Hirsch- und Rabe-Menschen sind jene, die im Zeichen des Schmetterlingsklans geboren wurden. Diese Menschen werden immer den Wunsch hegen, an einem Ort leben zu können, an dem sie gute und saubere Luft atmen können. Wenn sie in Städten leben, werden sie besonders empfindlich auf Luftverschmutzungen reagieren und sich nach Wochenenden auf dem Land oder am Meer sehnen, wo immer ein frischer Wind bläst. Sie werden es stets verabscheuen, in Räume eingesperrt zu sein, in denen man keine Fenster öffnen kann. Und sie werden immer diejenigen sein, die alle Fenster aufreißen, um frische Luft hereinzulassen. Jene Menschen, die im Zeichen anderer Elemente geboren sind, werden auf ihrer Reise um das Rad die Positionen des Schmetterlingsklans für kurze Zeit einnehmen und die umgestaltende, sanfte und doch konstante Bewegung der Schmetterlingsklan-Menschen erfahren.

Wie der Donnervogel entstand

Es war einmal ein großer Habicht, der größte Habicht, der jemals auf Erden gelebt hatte. Dieser Habicht war so groß, daß der Schatten seiner Flügel zwei Hütten verdunkelte, wenn er über das Dorf flog. Zum Glück für die Menschen war dieser Habicht gut und freundlich zu allen, die ihn kannten.

Aber der Habicht war nicht nur groß, er war auch sehr mächtig. Sobald er ein bestimmtes Lied anstimmte, versammelten sich alle Habichte der Umgebung um ihn, um sich mit ihm zu beraten. Mit einem anderen Gesang konnte er jede Regenwolke, die sich am Himmel zeigte, einfangen und zu sich holen. Es hieß sogar, daß er ein bestimmtes Lied hatte, das Mäuse und Kaninchen direkt in seine Fänge springen ließ, wenn er tief über der Erde kreiste. Er war in der Tat ein sehr mächtiger Habicht.

Dieser Habicht war so mächtig, daß die Donnerwesen eines Tages beschlossen, ihm ein besonderes Lied zu verleihen, mit dem er sie herbeirufen konnte. Um dieses Lied richtig singen zu können, mußte er zuerst eine runde Hütte bauen, die groß genug war, um ihn und all die anderen Tiere, die er zu seinem Gesang einladen wollte, zu umfassen. Weiterhin mußte er einen ganz besonderen runden Altar errichten, an dem er besondere Dinge aus den Mineral-, Pflanzen- und Tierreichen zu hinterlegen hatte. Ebenso hießen sie ihn, dem Großen Geist seinen Dank abzustatten, bevor er jenes Lied anstimmte, um den Donnerwesen dafür zu danken, daß er ihre Kraft mit ihnen teilen durfte.

An einem Sommertag beschloß er nun, dieses Lied zu singen und traf alle Vorbereitungen, die die Donnerwesen ihm aufgetragen hatten. Er lud einige Habichte, einen Adler, zwei Raben, einen Geier und einen Seeadler in seine Hütte ein. Sie nahmen seine Einladung an, und als der Gesang beendet war und die Donnerwesen herbeigeeilt waren, verließen sie alle die Hütte in dem Wissen, daß sie durch das Vernehmen dieses Gesangs eine besondere Kraft erhalten hatten.

Großer Habicht hatte bemerkenswerte Kräfte erhalten und konnte von nun an mit einer einzigen Berührung seiner Flügel sogar die tiefsten Wunden seiner Freunde heilen. Aber mit dem Ausmaß an Kraft, die er jetzt besaß, wurde Großer Habicht ganz und gar nicht fertig, und anstatt allmorgendlich wie geheißen dem Großen Geist seinen Dank abzustatten, verkündete er frech: »Ich bin der mächtigste aller Habichte! Ich bin der große Kaik Kaik Kaik.«

Der Große Geist schaute diesem Treiben eine Weile geduldig zu in der Hoffnung, daß sich Großer Habicht wieder an seine Anweisungen erinnern würde. Aber nichts dergleichen geschah. Im Gegenteil, Großer Habicht wurde immer dreister.

Im darauffolgenden Sommer beschloß Großer Habicht, das Lied der Donnerwesen erneut zu singen, um noch mehr Kraft zu erhalten. Er glaubte, daß er jetzt so mächtig war, daß er sich nicht darum zu kümmern brauchte, eine Hütte zu bauen oder die Vorbereitungen zu treffen, die ihm aufgetragen worden waren. Ja, er kümmerte sich nicht einmal mehr darum, dem Großen Geist oder den Donnerwesen seinen Dank darzubringen. Und dieses Mal lud er alle Vögel und Tiere ein, damit sie Zeuge seiner Macht werden konnten.

Er stimmte sein Lied von seinem Nest, im höchsten Baum

der Umgebung, an; putzte und plusterte sich nur um so mehr auf, je näher die Donnerwesen herankamen. Plötzlich schoß ein Blitzstrahl aus einer Wolke heraus und ging in dem Augenblick, als er die Spitze seines Flügels berührte, in einen Flammenball auf, um ebenso plötzlich mit dem Habicht zu entschwinden, bevor irgendeinem der anderen Tiere ein Leid zugefügt wurde. Sie alle blickten verwundert um sich und trauten ihren Augen nicht. Großer Habicht aber fand sich selbst im Himmel vor dem Großen Geist wieder.

»Großer Habicht«, sagte der Große Geist, »du warst zu überheblich. Du hast vergessen, deinen Dank abzustatten. Du hast die Zeremonien mißachtet, die dir anvertraut worden waren. Du hast die wirkliche Quelle deiner Kraft aus den Augen verloren. Da du die großen Donnerwesen durch den Mißbrauch ihrer Gaben beleidigt hast, wirst du ihnen ab heute dienen. Du wirst ein großer, stattlicher Vogel bleiben, aber du wirst nicht in der Lage sein, den Donner herbeizurufen. Von nun an werden sie dich rufen. Wann immer die Donnerwesen sich aufmachen, um ihre Arbeit zu verrichten, wirst du mit ihnen gehen. Und damit deine Eitelkeit nicht wieder überhandnimmt, wirst du stets hinter den Wolken verborgen sein. Einigen Menschen wirst du als seltsame Wolkenformation erscheinen und anderen als feurige Gestalt, die vom Blitz geschaffen wurde. Nur jene, die einen sehr klaren Blick haben, werden dich als das erkennen, was du bist: als den Vogel des Feuers, den Donnervogel. Geh und und diene jenen, die du verletzt hast, bis du die Freuden kennengelernt hast, die daraus erwachsen können, demütig zu dienen und sich seines Platzes im Universum zu besinnen.«

Und so kam der Donnervogel zu den Menschen.

Donnervogelklan (Feuer)

Jene Menschen, die durch Geburt dem Donnervogelklan zugeordnet sind, umgibt stets der lebhafte Glanz der leuchtenden Kraft der Sonne. Wie das Feuer und die Sonne haben auch sie die Fähigkeit, sich selbst wie auch jene, mit denen sie in Berührung kommen, zu läutern, indem sie die Materie oder den Geist einer Sache auf ihre grundlegenden Bestandteile zurückführen, um darauf das aufzubauen, was sich als real erwiesen hat. Ihre Energie scheint als unauslöschliches Feuer in ihnen zu lodern, das auch die Gabe hat, zu ihren Mitmenschen durchzudringen. Sie haben die Kraft, Veränderungen herbeizuführen, aber diese sind abhängig von der Kraft, die sich im inneren Kern ihres Seins befindet. Sie müssen alles erst in die Reichweite ihres Lichts versetzen, um es verändern zu können.

Donnervogelklan-Menschen sind Menschen der Tat, die stets Ausschau halten nach neuen Bereichen, in denen sie sich betätigen können. Sie scheinen immer in neu entstandene Projekte verwickelt zu sein und einen Weg durch das Dickicht zu brennen, auf dem ihnen die anderen folgen können. Sie nehmen oft im Bereich der Taten, Gedanken oder Gefühle die Position eines Führers ein. Sie stehen gewöhnlich im Mittelpunkt des Geschehens und bringen mit Inbrunst alle Gefühle zum Ausdruck, die in ihnen lodern.

Donnervogelklan-Menschen wenden sich stets ihrem

inneren Feuer zu, um den richtigen Pfad für sich zu finden. Sie besitzen starke intuitive Kräfte und wissen genug, um diese als Führungshilfe zu benutzen. Sie sind häufig nicht in der Lage, ihre Gedanken und Empfindungen zu erklären, da sich die Intuition nur schwer in einen rationalen Rahmen spannen läßt. Sie können zwar aus einem inneren Wissen heraus ihr Handeln erklären, aber tun sich schwer, es anderen, besonders ihren eher logischen, abgeklärten und berechnenden Gefährten, zu erläutern; selbst intellektuelle Donnervogelklan-Menschen wenden sich ihrem Innersten zu, um Rat für die wichtigsten Entscheidungen im Leben einzuholen.

Wo immer eine neue Idee oder ein neues Projekt am Entstehen ist, wird man auf einen Vertreter des Donnervogelklans treffen, der seine Energie mit einfließen läßt. Und solange diese Idee noch ihr Interesse erweckt, werden sie bemerkenswerte Fortschritte darin erzielen. Wenn sie sich jedoch zu eifrig in eine Sache hineingestürzt haben, kann ihr Interesse, noch bevor sich das Vorhaben seiner Vollendung genähert hat, ausgebrannt und erloschen sein.

Donnervogelklan-Menschen gehen häufig an jedem Horizont als leuchtender Stern auf, da sie sich darauf verstehen, sich mit den klugen Einfällen ihrer Intuition, die ihnen neue Wege eröffnen, selbst ins Scheinwerferlicht zu rücken. Sie müssen sich jedoch davor hüten, ihr Licht allzu schnell aufleuchten zu lassen, sonst wird es ebenso schnell verlöschen und sie auf einen Pfad zurückwerfen, auf dem ihre Intuition ihnen nicht mehr helfen kann.

Donnervogelklan-Menschen neigen dazu, charmant und witzig zu sein, und gewinnen schnell Freunde. Mit ihrem klaren Blick durchschauen sie andere leichter als die Angehörigen der übrigen Elementeklans. Und da sie direkt sind wie die Sonne, wagen sie es auch, das, was sie sehen, gleich zum Ausdruck zu bringen. Wo immer sie unnötigen Negativismus oder Leidensbereitschaft bei anderen entdecken, wollen sie es förmlich wegbrennen, damit diese wieder in jenem reinen Licht erstrahlen, das Donnervogelklan-Menschen in jedem Menschen sehen. Oftmals bringen sie ohne Umschweife ihre Meinung zum Ausdruck, um dies dann bitter zu bereuen, wenn die anderen ihre guten Absichten nicht verstanden zu haben scheinen. In ihrer Kritik liegt keineswegs Böswilligkeit, sie versuchen einem vielmehr aufrichtig zu helfen, jene Größe zu erlangen, die ihrer Meinung nach in jedem Menschen schlummert.

Da sie die Kraft in sich tragen, sowohl sich selbst wie andere geistig zu läutern, und über eine ungewöhnliche Intuition verfügen, finden sich Donnervogelklan-Menschen oft in Positionen weltlicher oder spiritueller Macht wieder. Wenn sie diese Position erreicht haben, steht ihnen ihre schwerste Prüfung bevor. Wie Großer Habicht in der Geschichte des Klans vergessen auch Donnervogelklan-Menschen bisweilen den Ursprung ihrer Kräfte. Wenn das geschieht, wird sie der reinigende Blitz treffen, der sie aus dem Mittelpunkt des Geschehens herausreißt, auf ihre grundlegenden Komponenten zurückführt und sie stets an die wirkliche Quelle ihrer Kraft denken läßt.

Als Eltern haben Donnervogelklan-Menschen manchmal große Schwierigkeiten. Da sie selbst so schnell sind, finden sie es schwierig, sich dem langsamen Tempo eines Kleinkindes anzupassen. Sie haben von ihrer Natur aus wenig Geduld, und Geduld ist etwas, was absolut notwendig ist, um Kindern gerecht zu werden. Manchmal wird ein Donnervogelklan-Mensch durch die Erfahrung der Elternschaft Geduld entwickeln und sich damit weitere Probleme in der Zukunft ersparen. Donnervogelklan-Menschen sind großmütig und liebevoll und werden ihren Kindern keinen Wunsch versagen. Sie neigen dazu, unbeständige, inkonsequente Lehrmeister zu sein, die davon abhängig sind, wie hell ihr eigenes Licht jeweils leuchtet, was sich manchmal auf das Kind verwirrend auswirken kann. Sie müssen lernen, daß Kinder einen beständigen Fluß von Liebe, Geduld und Aufmerksamkeit brauchen und wie sie ihnen dies zu allen Zeiten zukommen lassen können, und nicht nur, wenn sie gerade Lust dazu verspüren. Ebenso müssen sie sich davor hüten, ihre Kinder nicht allzusehr mit ihrem eigenen Glanz zu blenden, so daß diese niemals das Licht ihrer Eltern verlassen und die Kräfte in sich selbst suchen werden wollen.

Donnervogelklan-Kinder sind intelligent und brennen fast immer vor Energie. Sie neigen dazu, soviel wie möglich lernen zu wollen, noch bevor sie aus den Windeln heraus sind. Dies sind die frühreifen Kinder, die alles zu beherrschen scheinen – nur nicht, still zu sitzen. Sie sind offene und freundliche Kinder, die mit einem Lächeln oder Augenzwinkern nicht lange auf sich warten lassen.

Wie die Sonne sind Donnervogelklan-Menschen direkte, warmherzige und alles durchdringende Wesen. Sie eröffnen neue Wege, bringen neue Samen zum Sprießen und erwärmen alle um sie herum. Wenn sie jedoch nicht lernen, ihr Feuer und ihren Scharfsinn beizeiten unter Kontrolle zu halten, werden sie sich schon in jungen Jahren ausbrennen. Wenn sie allzu eindringlich sind, werden sie oft von ihrem eigenen Feuer verschlungen. Wenn dies geschieht, werden sie anfällig für Krankheiten, durch die sie gezwungen sind, kürzer zu treten und abzukühlen: Herz-, Kopf- und Kreislaufprobleme. Um sich selbst zu heilen, müssen sie lernen, ihr Licht zu dämpfen, damit es ebenso friedlich wie lebhaft erstrahlt. Menschen des Donnervogelklans brauchen viel Sonne, um sich glücklich zu fühlen und sich erneuern zu können. Die Wärme der Sonne beruhigt sie, durchdringt sie und löst ihre Spannungen, die von ihrer eigenen Intensität herrühren. Auch übt das Feuer, die Gabe der Sonne an die Erdenkinder, auf Menschen dieses Klans eine große Anziehungskraft aus. Sie verspüren Zufriedenheit beim Anblick eines Kamin- oder Lagerfeuers. Oftmals haben sie die besten Ideen, wenn sie in die Flammen starren. Menschen dieses

Klans fühlen sich von den Blitzen eines Gewitters angezogen, da diese eine der ungestümsten und freiesten Manifestationen jener Kraft sind, die sie immer in sich verspüren.

Und die Luft, die einem solchen Gewitter vorangeht und nachfolgt, ist ihnen besonders angenehm. Sie scheinen die strahlende Kraft des Blitzes in sich aufzunehmen und in ihrem eigenen Lichtkern zu speichern.

Donnervogelklan-Menschen tragen eine Verantwortung für alle Aspekte ihres Elements – für die Sonne, das Feuer und den Blitz. Sie sollten immer dankbar sein für die von Vater Sonne erhaltene Gabe des Feuers, das uns wärmt, wenn er in den Süden zieht. Sie sollten die Kraft und den Zweck des Blitzes verstehen und dankbar dafür sein.

Die Menschen, die unter den Zeichen des Roten Habichts, des Störs und des Wapiti geboren werden, gehören dem Donnervogelklan an. Diese Menschen wird es immer dorthin ziehen, wo sie zumindest zeitweise genügend Sonne haben und Donner und Blitz sie bisweilen rufen werden. Sie scheinen die Kräfte des natürlichen Feuers in all seinen vielen Gestalten zu benötigen, um das Feuer zu stärken und zu erneuern, das stets in ihnen brennt. Menschen, die unter anderen Elemente-Zeichen geboren werden, treten auf ihrer Reise um das Rad auch in die Positionen des Donnervogelklans. Dort angelangt, werden sie die strahlende Energie, die die Angehörigen dieses Klans auszeichnet, wie auch die Läuterung und die Energie, die ihnen diese Kraft geben wird, erfahren.

Frosch – Schildkröte (Wasser – Erde)

Betrachtet man die Beziehung der Erde zum Wasser und die des Wassers zur Erde, so ist es leicht zu erkennen, wie die Angehörigen der Schildkröten- und des Froschklans einander ergänzen können. Ohne die feste Grundlage der Erde könnte das Wasser nicht fließen. Ohne den Fluß des Wassers würde die Erde niemals ihre Erscheinungsform oder Energiemuster verändern und innerhalb kürzester Zeit austrocknen, zerfallen und vom Wind abgetragen werden.

Ähnlich verhält es sich auch mit den Angehörigen der Frosch- und des Schildkrötenklans. Schildkrötenklan-Menschen geben mit ihrer soliden, stabilen Energie ein gutes Fundament ab – manchmal ein allzu gutes. Kommt nun ein Angehöriger des Froschklans mit seinem beständig fließenden Kraftstrom des Weges, wird er jeden noch so kleinen Riß in diesem Fundament entdecken, durch das er hindurchfließen kann, und jenes Fundament sich verändern und mit der Zeit neue Formen annehmen lassen. Ohne die Wirkung des Wassers, das ständig über die Erde hinwegspült, würde diese vielleicht nie ihre Gestalt oder Strukturen ändern. Sie würde zu fest und unveränderbar werden. Was wären jedoch die Angehörigen des Froschklans ohne die von den Schildkröten-Menschen errichteten Fundamente? Ihre Energie würde sich ohne diesen Kanal, der sie auffangen kann, sinnlos in alle Richtungen ergießen. Durch das Fehlen einer Richtung würde ihnen auch jene Kraft abhanden kommen, die ein Mensch oder ein Projekt durch eine Richtung erhält. Sie wären Gefangene der Gefühle, die so schnell in ihnen aufwallen, und nie in der Lage, diese zu kontrollieren oder zu lenken. Was würden die Schildkrötenklan-Menschen tun? Sie würden ihre Wurzeln so fest in den Boden verankern, daß sie sich niemals mehr von der Stelle rühren könnten. Sie wären Gefangene ihrer eigenen Stabilität und ihrer eigenen Fundamente.

Die Menschen dieser beiden Elementeklans bieten einander den Ausgleich, der bei den tatsächlichen Elementen Erde und Wasser gegeben ist. Ist es auch denkbar, daß das Element Erde ohne Wasser existieren könnte, so würde das Land doch einen entsetzlich trockenen und dürren Anblick bieten! Und während man sich auch einen riesigen Wasserball, der durch das All spritzt, vorstellen könnte, so wäre dies doch eine völlig formlose Erscheinung! Gemeinsam rufen Erde und Wasser jedoch durchaus angenehme Bilder in der menschlichen Vorstellung hervor: Meereswellen, die gegen das Ufer schlagen, mächtige Flüsse, die sich durch die Berge hindurcharbeiten, sanfte Bäche, die sich durch die Wälder schlängeln, und stille Seen, in denen sich die Bäume spiegeln.

Schildkrötenklan- und Froschklan-Menschen ergeben erfreuliche Kombinationen, die sich für sie und ihre Mitmenschen als fruchtbar erweisen. Während es Zeiten der Unstimmigkeit geben wird, wenn das Wasser auf einen besonders felsigen Untergrund auftrifft oder wenn die Erde versucht reißendes Wasser zu kanalisieren, werden die Beziehungen zwischen Menschen dieser Klans dennoch allen, die darin verwickelt sind, zu Wachstum verhelfen.

Da Froschklan-Menschen ein so gutes Einfühlungsvermögen haben, werden sie den Sinn für Treue verstehen, den Menschen des Schildkrötenklans verspüren müssen, bevor sie eine Beziehung eingehen. Sie wissen, wie notwendig es für sie ist, zu ihrem Wort zu stehen, und werden in der Lage sein, sowohl die Wachsenden wie auch die unveränderlichen Bestandteile im Wesen des Schildkröten-Menschen widerzuspiegeln, und ihre Freunde damit zwingen, darauf zu achten, daß sie sich in den Bereichen verändern, in denen dies wünschenswert und sinnvoll ist. Sie werden einen wichtigen Beitrag dazu leisten, jene Blockierung zu beseitigen, die den Kräftefluß des Schildkrötenklan-Menschen zum Stehen bringt. Ebenso können sie den Fluß der Emotionen anregen und in Bewegung halten.

Andererseits sind die Schildkrötenklan-Menschen in der Lage, ihre Froschklan-Freunde davor zu bewahren, daß deren Energie- und Emotionsfluß so stark wird, daß sie niemals etwas zu Ende führen können. Dank ihrer Intelligenz, Zähigkeit und ihrem Geschick können sie ihren Froschklan-Freunden helfen, neue Ideen in die Tat umzusetzen und auf eine solide Grundlage zu stellen, sowie sie in Zeiten, in denen ihre Froschklan-Freunde versuchen, zu neuen Ufern vorzudringen, am Leben zu erhalten. Ihre starre Haltung ist genau das, was erforderlich ist, um in Zeiten, in denen der Energiefluß der Froschklan-Freunde blockiert ist, einen Durchbruch in dessen emotionalen Damm zu schlagen.

Beziehungen zwischen Angehörigen dieser Klans können im emotionalen Bereich gut funktionieren, da die einfühlsame Natur der Froschklan-Menschen genug Sicherheit bietet, um sich öffnen zu können. Umgekehrt gibt die Stabilität von Schildkrötenklan-Menschen den Froschklan-Menschen die Sicherheit, um die aufgestauten Bereiche ihres eigenen emotionalen Wesens zu erforschen. Da die Menschen beider Klans nicht allzu direkt und energisch sind, geben sie den anderen Raum, sich zu öffnen und ihre Gefühle im eigenen Tempo zu erforschen. Dies ist von wesentlicher Bedeutung, da die Menschen beider Klans eine direkte Konfrontation als Angriff empfinden und sich demgemäß verschließen.

Wenn Menschen bei ihrer Reise um das Rad die Froschklan- und Schildkrötenklan-Position durchwandern, werden auch sie entdecken, daß sie von Beziehungen mit Klan-Angehörigen, die sich mit ihnen ergänzen, profitieren werden. Diese Beziehungen werden auch für das Wasser und die Erde von Nutzen sein, da sie Froschklan- und Schildkrötenklan-Menschen dazu verhelfen, ihre Kräfte zum Dank an die Elemente, die ihr Sein und Dasein mitgestalten, gut zu verbinden.

Donnervogel – Schmetterling (Feuer – Luft)

Betrachtet man die Beziehung des Feuers zur Luft und die der Luft zum Feuer, so wird deutlich, warum die Angehörigen des Schmetterlingsklans sich mit den Vertretern des Donnervogelklans ergänzen. Ohne Luft könnte das Feuer nicht brennen. Ohne Feuer und Sonne wäre die Luft kalt.

Genauso verhält es sich mit den Angehörigen der Schmetterlings- und des Donnervogelklans. Schmetterlingsklan-Menschen befinden sich in steter Bewegung und ständiger Veränderung. Sie wechseln unentwegt von einem Projekt zum anderen. Wenn sie auf Vertreter des Donnervogelklans mit deren glühendem Kern und der Fähigkeit, eine Idee zu verwirklichen, treffen, werden sie von deren Energie mitgerissen und sind ausnahmsweise in der Lage, einen Gedanken zu Ende zu denken. Donnervogelklan-Menschen würden bisweilen mit ihrem aktiven Kern ohne die sanfte Bewegung der Schmetterlingsklan-Menschen zu lange in einer Sache verhaftet bleiben.

Ein Feuer glüht, wenn es windstill ist, und lodert auf, sobald ein Wind aufkommt. So verhält es sich auch mit den Donnervogelklan-Menschen. Sie werden eine Idee oder ein Projekt zwar hegen und mit ihrer soliden Kraft eine Grundlage dafür schaffen, sie aber niemals wirklich in Bewegung bringen, bis ein Vertreter des Schmetterlingsklans seine Kräfte mit einfließen läßt.

Schmetterlingsklan-Menschen neigen manchmal dazu, viel Wind um all die Dinge zu machen, die sie gerne täten, bis ein Donnervogelklan-Mensch des Weges kommt und alle ihre falschen Vorstellungen vom Ziel ihrer Energien auslöscht. Schmetterlingsklan-Menschen werden bisweilen nach außen hin eine Kälte ausstrahlen, da die Luft um sie herum sich stets in Bewegung befindet. Sie brauchen die Wärme der Donnervogelklan-Menschen, um sicherzugehen, daß ihre Bewegung ihnen nicht nur Frostbeulen, sondern auch Wachstum beschert.

Angehörige des Schmetterlingsklans können ihre Donnervogelklan-Freunde lehren, welche Freude es in der Tat bereitet, diesen anderen zu dienen – eine Lektion, die dazu beiträgt, den egoistischen Teil der Donnervogelklan-Natur auszugleichen. Sie können ihren Donnervogelklan-Freunden helfen, den eigenen Horizont zu erweitern, und sie ermutigen, alle unnötigen Begrenzungen zu entfernen, die sie sich selbst auferlegt haben. Sie werden mit einem einzigen Blick die schwachen Stellen eines jeden Plans, den ihre Freunde schmieden, entdecken und sie vor einem Fehlstart bewahren. Sie können dem erlöschenden Feuer ihrer Freunde frische Luft zuführen und sie so zu neuem Leben erwecken.

Donnervogelklan-Menschen können die Menschen des Schmetterlingsklans lehren, in einen Plan oder ein Projekt wirklich einzudringen und nicht nur über dessen Oberfläche hinwegzufegen. Sie können ihren Freunden helfen, die Vorteile kennenzulernen, die daraus erwachsen, wenn man alle Dinge direkt und ohne Manipulationen angeht. Dank ihrer Intuition können sie die Ideen und Projekte ausfindig machen, die Schmetterlingsklan-Menschen am besten ausfüllen würden. Wenn notwendig, können sie ihre eigene brennende Energie ins Spiel bringen, um ihre Freunde von unnötigen Phantastereien zu befreien.

Schmetterlingsklan-Angehörige erweisen sich in der Regel als warme, herzliche und freundliche Menschen, wenn man sie einmal näher kennengelernt hat und ihre Energie gut fließt. Die Emotionen, die sich an der Oberfläche ihres Seins abspielen, scheinen ihnen jedoch am besten zu behagen. Demgegenüber neigen Donnervogelklan-Menschen dazu, die meisten Dinge tief in ihrem innersten Kern zu empfinden. Während sie ihre Empfindungen häufig nicht nach außen zeigen, sind diese doch sehr stark. Schmetterlingsklan- und Donnervogelklan-Menschen sind in der Regel dazu fähig, die Verschiedenartigkeit ihres beiderseitigen Gefühlslebens auszugleichen. Schmetterlingsklan-Menschen erlernen dabei, die Dinge tiefer zu empfinden, während Donnervogelklan-Menschen lernen, ihre Empfindungen besser auszudrücken.

Beziehungen zwischen Angehörigen dieser beiden Klans verlaufen oft sehr stürmisch. Beide Teile sind überaus aktiv und neigen dazu, sich im Recht zu glauben. Nichtsdestotrotz sind diese Beziehungen sehr wertvoll, da sie rasches Wachstum auf allen Seiten anregen. Da beide Klans gleichermaßen aktiv sind, empfinden ihre Mitglieder selbst in der heftigsten Auseinandersetzung ehrliche Zuneigung und Respekt füreinander. Wenn die Beteiligten eine notwendige Phase gegenseitiger Anpassung durchlaufen haben, werden Beziehungen zwischen beiden Vertretern dieser Klans ausdauernde, erfreuliche und sehr produktive Verbindungen sein.

Wenn Menschen anderer Klans in die Position der Schmetterlings- und Donnervogelklans treten, werden sie von den Lektionen profitieren, die diese zwei sich ergänzenden Klans gemeinsam lernen können.

Schmetterling – Schildkröte (Luft – Erde)

Angehörige der Schmetterling- und Schildkrötenklans sind sich in vieler Hinsicht gegensätzlich. Schmetterlingklan-Menschen sind immer in Bewegung, während Schildkrötenklan-Menschen die Stabilität der Erde besitzen. Das kann eine durchaus nützliche Kombination sein, wenn sich die Beteiligten der Unterschiede bewußt sind, die es zu überbrücken gilt.

Während Froschklan-Menschen die Härten der Schildkrötenklan-Menschen durch ihren bewegten Energiefluß auszugleichen wissen, ist dies den Schmetterlingklan-Menschen nicht möglich, da der Fluß ihrer Kräfte zu unbeständig ist. Wenn Schildkrötenklan-Menschen die Angehörigen des Schmetterlingklans mit tragfähigen, erdverbundenen Kanälen ausstatten, ziehen diese es häufig vor, das Weite zu suchen, bevor sie sich an die Erde binden lassen.

Ebenso wie die Winde die Erde verändern, können Schmetterlingklan-Menschen Schildkrötenklan-Menschen zu Wachstum verhelfen, wenn sie ihre Wärme bewahren und scheinbar spielerisch eine Verhärtung nach der anderen wegblasen. Ebenso wie die Erde den Wind in Höhlen fängt, können Schildkrötenklan-Menschen helfen, Schmetterlingklan-Menschen eine Richtung zu weisen, sofern sie sich ihnen öffnen und es ihnen erlauben, zu kommen und zu gehen, wie sie es wünschen. Damit Beziehungen zwischen diesen Klans produktiv sein können, müssen die Beteiligten lernen, entspannt und spielerisch miteinander umzugehen. Wenn Schmetterlingklan-Menschen wieder einmal viel Wind um nichts aufwirbeln, müssen Schildkrötenklan-Menschen lernen, sich nicht gelangweilt oder verärgert abzuwenden. Wenn Schildkrötenklan-Menschen versuchen, Schmetterlingklan-Menschen ein Gefühl für Stabilität, Richtung oder Bestimmung aufzuzwingen, müssen diese lernen, zuzuhören und sich dem nicht einfach zu entziehen. Beziehungen zwischen Angehörigen dieser Klans verlangen von Anfang an Sanftmut und einen Sinn für Humor.

Wenn ihnen ein guter Anfang gelingt, wird es sich für alle Beteiligten nur vorteilhaft auswirken, da sie voneinander eine Menge lernen können. Die Angehörigen des Schmetterlingklans werden lernen, sich Stabilität, Richtung und Treue anzueignen. Sie werden die Wirkung, die aktive Energie auf sie hat, entdecken, und manchmal werden sie erstaunt sein über die Veränderung, die in einem solchen Fall eintreten kann.

Da beide Teile es genießen, anderen zu dienen, werden ihre vereinten Energien jedem, mit dem sie zu tun haben, von großem Nutzen sein, indem sie diese unterstützen und zugleich gestatten, sich zu verändern. Da die Menschen beider Klans intelligent sind, werden sie gewöhnlich die gegenseitigen Standpunkte respektieren, selbst wenn sie darüber verschiedener Meinung sind, wie schnell neue Ideen verwirklicht werden sollten. Beziehungen zwischen Menschen dieser Klans werden auch der Erde zugute kommen. Ohne die Luft und ohne die Winde können die Samen auf der Erde nicht befruchtet werden und sich weder ausbreiten noch wachsen. Ohne die Erde wäre der Wind eine bloße Kraft, die völlig richtungs- oder sinnlos durch den leeren Raum heulen würde.

Schmetterling – Frosch (Luft – Wasser)

Die Angehörigen der Schmetterlings- und Froschklans weisen die Ähnlichkeiten auf, die durch ihr beiderseitig fließendes Wesen bedingt sind. Sie scheinen sich in ständiger Bewegung zu befinden – ob nun körperlich, geistig oder emotionell. Während die Vertreter des Schmetterlingsklans sich rasch vorwärtsbewegen und oftmals mit rasender Geschwindigkeit von einem Gedanken oder Projekt zum nächsten schwirren, ziehen Froschklan-Menschen ein stetes und gemäßigtes Tempo vor. Ihre Bewegungen sind daher etwas zuverlässiger als die der Schmetterlingsklan-Menschen.

Aufgrund ihrer Ähnlichkeiten werden Schmetterlings- und Froschklan-Menschen oft Fehler aneinander finden, da sie ihre eigenen Schwächen in anderen vergrößert widergespiegelt sehen. Da sie sich beide in steter und verschiedenartiger Bewegung befinden, werden sie in der Regel keine gemeinsame Richtung zustande bringen können.

Wenn sie in der Lage sind, jene Anfangsphase, in der sie in anderen ihre eigenen Fehler widergespiegelt sehen, zu überstehen, werden Angehörige dieser Klans entdecken, daß sie sich gegenseitig von großem Nutzen sein können. Da sie sich im Wesen sehr ähnlich sind, können sie einander verstehen und darin ermutigen, in jeder nur möglichen Richtung zu wachsen. Damit jedoch Beziehungen zwischen Vertretern dieser Klans andauern können, muß eine der beteiligten Personen schon weit genug um das Rad herumgekommen sein, um die Stabilität der Schildkröten- und Donnervogelklans ausreichend erfahren zu haben, daß sie in der Lage ist, Richtung in die Beziehung zu bringen. Wenn dies nicht der Fall ist, werden sich beide Menschen ziellos dahinbewegen und sich äußerst schwertun, etwas, was sie angefangen haben, zu Ende zu bringen oder eine Entscheidung darüber zu treffen, welche Projekte sie gemeinsam angehen wollen. Von ihren Froschklan-Freunden können die Schmetterlingsklan-Menschen lernen, Veränderungen in einem vorhersehbaren und beständigen Fluß herbeizuführen. Sie können lernen, sich die Zeit zu nehmen, um alle Dinge intensiver zu erfahren und sich besser in jene Bereiche einzufühlen, die sie bereits kennen. Ein erster Schritt dahin wäre, jene Blockierungen zu beseitigen, die aufgrund ihrer Tendenz entstanden sein könnten, nur oberflächlich Gefühle auszudrücken. Von den Schmetterlingsklan-Menschen können die Angehörigen des Froschklans lernen, ihre tiefsten Gefühle so umzusetzen, daß sie sich und ihre Umwelt verändern können. Sie werden vielleicht in einigen Projekten, an denen sie allzu lange festgehalten haben, die Schwachstellen entdecken und damit jegliche Energie, die sie zurückgehalten haben, freisetzen können.

Da die Menschen beider Klans kreativ sind und eine Vorliebe für neue Ideen und Projekte hegen, können sie eine ganze Menge frischer und guter Energien in ein beiderseitig gewähltes Ziel einbringen, auf das sie gemeinsam hinarbeiten.

Wenn die Energien beider Klans in eine gemeinsame Richtung gebracht werden können, werden die Beziehungen zwischen beiden Angehörigen heilsam und kreativ sein und zu notwendigen Veränderungen beitragen. Es ist die Luft, die Wasser in Bewegung bringt und aus der Erstarrung löst. Es ist das Wasser, das die Luft mit Feuchtigkeit versorgt, damit Regen auf die Erde fallen kann. Wenn Menschen dieser Klans zusammenkommen und lernen, gut zusammenzuarbeiten, kann ihre gemeinsame Energie helfen, der Erde und all ihren Kindern Heilung zu bringen.

Donnervogel – Frosch (Feuer – Wasser)

Die Angehörigen der Donnervogel- und Froschklans können voneinander viel lernen. Durch ihre Gegensätzlichkeit können sie einander helfen, größere Veränderungen im anderen hervorzubringen. Wasser läßt eine hell lodernde Flamme zu einer schwächlichen Glut zusammensinken und löscht sie gegebenenfalls aus. Feuer bringt Wasser zum Erhitzen, Kochen und Verdampfen. Wenn Mitglieder dieser Elementeklans zusammentreffen, können sie einander verändern, wenn sie ihre Grenzen kennen. Wenn dies nicht der Fall ist, können sie einander ernsthaften Schaden zufügen.

Froschklan-Menschen werden aufgrund ihres quecksilbrigen Wesens die Angehörigen des Donnervogelklans oft zur Verzweiflung bringen. Wenn ein Angehöriger des Feuerklans einen Wasserklan-Menschen kennenlernt, wird er etwas von seinem strahlenden Glanz in dessen manchmal allzu fließendes Wesen einbringen wollen. Er wird versuchen, dem anderen ohne Umschweife mitzuteilen, wie er sich bessern und stärken kann. Angehörige des Wasserklans hingegen werden versuchen, dem, was sie als direkten Angriff empfinden, auszuweichen und die Flammen zu löschen, von denen sie sich umzingelt fühlen. Wenn Angehörige dieser Klans derartige Anfangsschwierigkeiten unbeschadet überstehen, werden sie die Gelegenheit haben, eine Beziehung aufzubauen, die für sie beide äußerst hilfreich sein kann.

Von den Donnervogelklan-Menschen können die Mitglieder des Froschklans etwas über die pulsierende, strahlende Kraft erfahren, die sie bis in den Kern ihres Wesens hinein erwärmen kann. Ebenso können sie neue Möglichkeiten entdecken, sich selbst und den Energien, die sie durchströmen, Richtung und Führung zu geben. Sie werden dahin gelangen, alles mit klaren Augen und mehr Optimismus zu betrachten. Von den Mitgliedern des Froschklans können die Donnervogelklan-Menschen lernen, wie man die Flammen mäßigt und seine Kräfte in ruhigere Bahnen lenkt, ohne daß sie zu strahlen aufhören. Sie können lernen, mehr Mitgefühl füreinander zu entwickeln und ihre eigenen Gefühle besser zu zeigen. Sie werden lernen, alles, was sie an Angriff nehmen, vom universellen Fluß der Kräfte und nicht von ihrem eigenen Willen leiten zu lassen. Sie können lernen, ihr Feuer zu kontrollieren, damit es nicht zerstörerische, sondern hilfreiche Kräfte entwickelt.

Dank ihrer sonnigen Ausstrahlung können Donnervogelklan-Menschen helfen, die manchmal kühle Natur der Froschklan-Menschen zu erwärmen – wie auch die Sonne einen Teich oder einen See erwärmt. Während dieser Erwärmung wird Dampf freigesetzt, der die Natur des Wassers zwar verändert, aber dies auf eine sehr sanfte und angenehme Weise. Die Donnervogelklan-Menschen haben – wie die Sonne – die Kraft, Wasser ebenso wie Erde und Luft zu durchdringen. Dieses Durchdringen verändert das Wesen der anderen Elemente auf eine allmähliche und sehr liebevolle Weise. Wenn Donnervogelklan-Menschen beobachten, wie das Wasser die Veränderungen annimmt, die sie bewirken, können sie etwas von der Geduld und Hingabe lernen, die notwendig sind, um ihr eigenes Wesen zu zügeln.

Wenn Angehörige dieser Klans lernen, ihre Energien zu vereinen, können sie helfen, jenen Regenschauer von Emotionen auszulösen, der der Erde und ihren Kindern zum Wachstum verhilft.

Donnervogel – Schildkröte (Feuer – Erde)

Angehörige der Donnervogelklans und Schildkrötenklans sind sich in ihrer Wesensart in vielen Dingen ähnlich. Während Donnervogelklan-Menschen ein weitaus aktiveres Leben führen als Schildkrötenklan-Menschen, besitzen doch beide die Stabilität, die ihnen ein starker innerer Kern verleiht. Aufgrund dieser Ähnlichkeiten spiegeln sie gegenseitig wie die Angehörigen der Schmetterling- und Froschklans häufig jene Wesenszüge in sich wider, die sie selbst nur schwer akzeptieren und mit denen sie schlecht umgehen können. Dies mag am Anfang einer jeden Beziehung zwischen den Menschen dieser Klans Unstimmigkeiten größeren Ausmaßes hervorrufen, aber wenn sie dieses anfängliche Unbehagen überstehen, kann die Beziehung für beide Beteiligten zu etwas sehr Positivem heranwachsen.

Im Innersten der Erde glüht das Feuer – das Licht der Erde –, das in seinem Wesen dem Licht der Sonne ähnelt. Ohne diesen Kern aus Licht wäre die Erde kein lebendiges Wesen. Ohne das Licht von Vater Sonne würden alle Erdenkinder zu wachsen aufhören. Ohne die Erde, auf die die Sonne ihre wärmenden Strahlen niederschickt, könnte die Sonne ihre Bestimmung nicht vollständig erfüllen. Ohne Erde hätte das Feuer keine Nahrung. Sonne und Erde brauchen einander, um die Bestimmung ihres Daseins zu erfüllen.

Ebenso verhält es sich mit den Menschen dieser beiden Klans. Schildkrötenklan-Menschen benötigen mit ihrer soliden Stabilität die Wärme der Sonne, um sich bewegen zu können und nicht zu erstarren. Donnervogelklan-Menschen hingegen brauchen die solide Grundlage der Schildkrötenklan-Menschen, damit ihr Feuer hell genug brennt. Während sie beide in ihrem Wesen gleichermaßen stabil sind, ist doch die Erde stabiler als das Feuer.

Von ihren Donnervogelklan-Freunden können die Schildkrötenklan-Menschen lernen, Veränderungen weniger furchtsam entgegenzusehen, einen klareren Blick für sich und ihre Umwelt zu gewinnen und die Dinge rascher anzugehen. Sie können warmherziger, durchdringender und optimistischer werden. Umgekehrt können Mitglieder des Donnervogelklans lernen, wie vorteilhaft es sein kann, zu seinem Wort zu stehen und bei einem Projekt zu bleiben, selbst wenn es schon in Gang ist. Sie können lernen, sowohl etwas einzuleiten wie es auch in Gang zu halten, und die Freude zu erfahren, die daraus erwachsen kann, sowohl zu dienen wie auch zu führen.

Beziehungen zwischen Menschen dieser Klans neigen dazu, nach anfänglichen Mißverständnissen beständig zu wachsen. Sie können die stabilsten aller Elemente-Beziehungen sein, wenn sie während ihres Wachstums gut genährt werden. Durch diese Verbindung werden Schildkrötenklan-Menschen den Kern der Kraft entdecken, der die Grundlage ihres Seins ist, während Donnervogelklan-Menschen lernen werden, all ihr Handeln auf stabilere Grundlagen zu stellen.

Kombinationen von Mitgliedern gleicher Klans

Angehörige der gleichen Elementeklans teilen in der Regel die grundlegenden Wesenszüge, die ihnen ihr Element gibt. Aus diesem Grund werden sie einander auch leicht verstehen können. Sie werden Vorlieben und Abneigungen wie auch Stärken und Schwächen teilen. Sie neigen dazu, häufig miteinander in Kontakt zu treten, da sie sich gerne an den gleichen Plätzen aufhalten. Sie werden sich auch ohne Schwierigkeiten über die meisten oberflächlichen Angelegenheiten einigen können.

Ihre Ähnlichkeiten können jedoch tiefere Beziehungen erschweren. Wenn Menschen desselben Klans sich füreinander öffnen, erkennen sie im anderen ihre Stärken und Schwächen. Es ist niemals angenehm, einen Zug, den man an sich selbst nicht liebt, in jemand anderem vergrößert widergespiegelt zu sehen. Wenn man diesen Zug nicht gelernt hat zu akzeptieren und damit umzugehen, wird es nichts geben, was einen anderen mehr stören könnte. Wenn man nicht bereit ist, mit seinen Schwächen umzugehen, wird man es mit der Zeit hassen, mit jemandem zusammenzusein, der einen beständig daran erinnert. Wenn man mit jemandem vom selben Elementeklan an diesem Punkt anlangt, wird man sich entscheiden müssen, ob man damit anfangen will, an sich selbst zu arbeiten oder der Beziehung auszuweichen.

Aufgrund dieses »Spiegeleffektes« sind Beziehungen innerhalb der gleichen Klans oft äußerst schwierig, wenn die daran Beteiligten einander wirklich nahekommen wollen. Wenn sie jedoch bereit sind, an sich zu arbeiten, können diese Beziehungen von großem Wert sein. Sind sie jedoch nicht bereit, an einer Veränderung zu arbeiten, so wird es notwendig sein, sich voneinander zurückzuziehen. Es gibt jedoch bei Beziehungen zwischen Angehörigen des gleichen Klans auch sehr angenehme Verbindungen, solange sie sich auf eine unverbindliche Basis beschränken. Menschen desselben Klans werden leicht Übereinstimmung darüber erzielen, was zu tun ist und wohin die Reise gehen soll.

Gleich zu gleich gesellt sich gerne in der Natur: Alles Irdische kehrt zu seiner Quelle zurück. Regenwolken fühlen sich zu Gewässern hingezogen. Winde fühlen sich dort hingezogen, wo andere Winde ihnen vorangegangen sind. Ein Feuer verbindet sich mit einem anderen Feuer, um noch größere Flammen ins Leben zu rufen. Wie die Elemente können Menschen desselben Klans der Erde und ihren irdischen Verwandten viel Gutes bescheren, wenn sie sich zusammenschließen und gut zusammenarbeiten. Um dies tiefgreifend zu verwirklichen, müssen sie jedoch zuerst Willens sein, die nötige Arbeit an sich selbst zu tun.

Das Medizinrad als Band zur Unendlichkeit

Auf der Reise um das Medizinrad

Das Medizinrad ist in zwölf Monde oder Monate eingeteilt und beginnt am 22. Dezember mit dem Mond der Erderneuerung. Bei einem dieser zwölf Monde trittst du deine Reise an. Deine Ausgangsposition teilt dir die Kräfte, Lehren und Prüfungen einer bestimmten Totemfolge zu. Ebenso setzt sie deinen ursprünglichen Elementeklan und Hüter des Geistes fest.

Durch die Lehren, die diese für dich bereithalten, erweiterst du deine Kenntnisse über deine vielfältigen Beziehungen auf Mutter Erde. Du kannst etwas über deinen Mond, deine Totems, deinen Klan und deinen Hüter des Geistes lernen, indem du die Mineralien, Pflanzen, Tiere, Elemente und Winde, die diese Verbindung teilen, betrachtest und darüber auch liest. Du bist einzigartig und wirst aus diesem Grunde einige charakteristische Merkmale mit ihnen teilen – jedoch bei weitem nicht alle.

Im Verlauf deines Lebens wirst du vielleicht bemerken, daß dein ursprüngliches Totem nicht mehr auf dich zu passen scheint. Vielleicht bist du als Puma eingetreten, fühlst jedoch zu einem gewissen Zeitpunkt keine Verbindung mehr zu diesem Tier. Wenn du aber einen Roten Habicht am Himmel erblickst, steigt dein Geist mit ihm auf. Du fängst an die Führung über einige Projekte zu übernehmen, mit denen du zu tun hast. Du bemerkst, daß du offener und direkter sprechen kannst und weniger Hemmungen vor anderen hast. Das alles bedeutet, daß du um das Rad herumgeschritten bist. Du befindest dich nicht mehr auf dem Platze des Puma. Du entsprichst nun dem Mond der Knospenden Bäume und hast den Roten Habicht als Tier-Totem. Du bist einmal um das Medizinrad herumgeschritten und stehst nun einer ganz neuen Anordnung von Helfern gegenüber.

Da das Medizinrad auf dem Kreislauf der Sonne basiert, reist man gewöhnlich in die Richtung des Sonnenlaufes. Dies ist jedoch nicht die einzig mögliche Art zu reisen. Jemand, der beim Mond der Wiederkehrenden Frösche in das Rad eingetreten ist, kann sich z. B. als nächste Position im Zeichen des Erntemondes wiederfinden, mit dem Totem des Braunbären, der Farbe purpur und dem Amethyst als Mineral. Das bedeutet, daß er das Rad bereist, indem er von einem Mond des Schildkröten-Elementeklans zum nächsten wandert. Erwartungsgemäß wird er als nächstes in die Position der Schneegans-Menschen treten.

Andere Menschen werden vielleicht das Rad bereisen, indem sie von einer Position zur jeweils ergänzenden Position überwechseln, wie es Otter-Menschen tun würden, wenn sie sich in der Stellung der Stör-Menschen wiederfinden. Wieder andere können das Rad aufs Geratewohl bereisen. Niemand kann dir sagen, wie du das Rad bereisen sollst, obgleich dir andere vielleicht helfen können, die Position zu verstehen, die du in der Vergangenheit eingenommen hast, sowie jene, denen du dich in der Zukunft vielleicht noch nähern wirst.

Es spielt keine Rolle, in welcher Richtung du auf dem Rad reist, solange du nur in Bewegung bleibst. Du kannst dein eigenes Wachstum nur dann anhalten, wenn du an den Kräften einer Position festhältst und dich weigerst, sie wieder loszulassen. Wenn du dies tust, blockierst du deine eigenen Kräfte und erschwerst es deiner Umwelt, ihre Reise fortzusetzen.

Wenn du dich weigerst, eine Position zu verlassen, sobald du ihre Lektion abgeschlossen hast, so blockierst du die Reise eines anderen, der für sein eigenes Wachstum auf deine Position nachrücken muß. Während jeder Mensch um seinen Platz erfährt und dessen Lektion erlernt, bewegt er sich um das Rad weiter. Während wir uns öffnen, um zu geben und zu empfangen, erweitern wir uns, bis es nichts mehr in unserem Bewußtsein gibt als das Medizinrad, das selbst zum Universum wird und uns auf der Suche nach fernen Wahrheiten hilft.

Wenn du bei deinem Anfangstotem stehst, lernst du zuerst zu beten und bittest darum, etwas über die Kräfte deines Totems zu erfahren. Wenn du einmal dein Ego beiseite läßt, bist du in der Lage, die Gedanken und Gefühle, innerhalb deren sich das spezielle Totem zu den natürlichen Kräften verhält, zu erfahren. Hier angelangt verharrt dein Körper, aber dein Herz und dein Geist sind frei, aufzusteigen, um die Welt als Schneegans, Otter, Puma, Roter Habicht, Biber, Hirsch, Specht, Stör, Braunbär, Rabe, Schlange oder Wapiti zu erleben. Du teilst die Kraft jener Geschöpfe und wächst mit ihnen mit.

Manchen Menschen ist es möglich, das Rad in einem Leben zu bereisen, andere werden dazu länger brauchen. Für manche ist es ausreichend, das Rad ein einziges Mal zu umwandern, andere werden es mehrmals tun müssen. Das Leben ist ein Kreis, der spiralenförmig sowohl in die Höhe wie in die Weite verläuft. Es gibt viele Ebenen von Lektionen, die ein jeder von uns auf seiner Reise durch das Leben zu lernen hat. Wir sind alle einzigartig und müssen das Medizinrad auf unsere eigene Weise und in unserem eigenen Tempo bereisen.

Wenn wir an das Rad herantreten, beten wir: »Großer Geist, ich komme, um deine Hilfe zu erbitten. Ich bin ein armer Mensch und bedarf deiner Führung, um meine Richtung im Leben zu finden.« In dieser Weise kommen die

Menschen und suchen ihre Kraft. Du kannst es genauso machen. Finde deinen Platz auf dem Medizinrad, ganz gleich, ob es nun der ist, auf dem du begonnen hast. Sammle dich und erhebe deine Hände. Während du dich im Geiste von den Dingen des täglichen Leben löst, wirst du frei. Es gibt nichts anderes auf der Welt. Keinen anderen Ort als den, an dem du dich gerade befindest. Und nun öffnest du dich. Deine geistigen Energien branden hoch und führen dich mit dem Wind zu den entferntesten Orten. Du bist frei, dich auf die Suche zu begeben. Du kannst deine Kräfte fühlen und sie mit den natürlichen Kräften verschmelzen. Das ganze Leben wird zu einem Lied, und du bist ein Teil von diesem Lied des Lebens. Du wirst eins mit einem Habicht, Adler, Bären, Felsen. Und nun bist du ein Habicht, der von einem Menschen träumt. Wohin auch immer dein Geist dich führt, du wirst ihm folgen. Du hast die Freiheit, die äußersten oder innersten Teile des Universums zu erforschen.

Um wachsen zu können, mußt du dich öffnen und dich dem Universum hingeben. Indem du das Universum erfährst, zeigst du dich bereit, zu geben und erlangst Wachstum. Kein Lehrer wird einem selbstsüchtigen Menschen etwas vermitteln können. Wenn du starr in einer Position verharrst, wirst du niemals darüber hinauswachsen können. Um Wissen zu erhalten, mußt du zunächst geben, denn der Vorgang des Gebens ist es, der dich öffnet. Als Lebewesen atmest du Luft ein und stößt sie wieder aus. Die Pflanzen wiederum benützen die Luft, die du ausstößt, um zu atmen und sie wieder aufzubereiten. In ähnlicher Weise ist die Liebe ein Prozeß des Gebens und Erhaltens. Man kann nicht auf sich selbst bezogen leben. Akzeptiere dies, und du wirst damit eines der bedeutendsten Gesetze des Universums annehmen können. Traditionelle Eingeborene hielten sich an dieses Gesetz und bewahrten ihr Gleichgewicht mit allen Dingen und Geschöpfen um sie herum. Aus diesem Grund war es ihnen möglich, Tausende von Jahren auf dieser Erde zu leben, und als die frühen Einwanderer kamen, immer noch von einer großen unverdorbenen Wildnis zu sprechen. Die Lehre des Medizinrades ist Gleichgewicht und Harmonie. Sobald du dich bereit zeigst, zu geben und zu nehmen, wirst du deine Reise um das Medizinrad beginnen können.

In früheren Zeiten hatten unsere Eingeborenen einen starken Kontakt mit den natürlichen Kräften. Wenn wir um Regen baten, so fiel Regen. Wenn wir hungrig waren, so hielten wir einen Büffeltanz ab und sangen zu den Büffeln, und sie hörten unsere Lieder und kamen. Es ist möglich, diese Beziehungen wiederherzustellen, wenn die Menschen einhalten, ihren Stolz beseite legen und lernen, mit dem Rest der Schöpfung in Harmonie zu leben. Sie müssen danach streben, mit der Natur zu verschmelzen, anstatt diese zu besiegen. Wenn sich ein Mensch wahrhaftig auf die Suche begibt, wird das Universum sich ihm oder ihr öffnen. Wenn du zum Medizinrad kommst und deinen Platz auf richtige Weise einnimmst, werden alle Dinge zu dir kommen.

Wie man ein Medizinrad baut

Das Medizinrad hat – in allen seinen Formen – die Kraft und die Fähigkeit, dich mit der Unendlichkeit zu verbinden. Nachdem du von dieser Vision gelesen hast, wirst du vielleicht das Gefühl haben, daß es wichtig sei, für dich selbst ein Medizinrad zu bauen. In unserer Vision vom Rad sehen wir viele solcher neuerbauten Räder im ganzen Land verstreut, und wir sehen Menschen, die lernen, diese so zu benutzen, daß sie sowohl ihnen wie auch der Mutter Erde in ihrer Heilung und Entwicklung helfen.

Bevor wir euch sagen, wie man ein Medizinrad baut, möchten wir euch gerne einige grundlegende Informationen über etliche der Zeremonien geben, die mit einer solchen Konstruktion verbunden werden können. Es handelt sich hierbei um die Zeremonien, die wir selbst in Zusammenhang mit unserem eigenen Leben und Medizinrad benutzten und die sich auf die traditionellen Bräuche der Eingeborenenstämme sowie auch auf unsere eigenen Visionen stützen. Sie können für euch in der Zeit, in der ihr euch mit eurem Medizinrad vertraut macht, als Anleitung dienen. Ihr solltet jedoch, wenn die Zeit dafür richtig ist, eure eigenen Visionen und Intuitionen zu Rate ziehen, um die Zeremonien zu entwickeln, die für euch und für euer Medizinrad richtig sind. Wir alle haben unsere eigenen Gebete und Lieder, die uns zum Zeitpunkt unserer Geburt gegeben wurden, und sie sind die Gebete, die wir beten, und die Lieder, die wir singen sollten. Wir können unsere Gebete zwar mit dir teilen, aber dein wirkliches Gebet muß aus deinem eigenen Herzen kommen.

Bevor wir mit einer unserer Zeremonien beginnen, werden die Anwesenden gereinigt, indem sie mit Heiligem Rauch umhüllt werden, um negative Kräfte abzuweisen und positive Kräfte anzuziehen. Wir benutzen eine große Muschel als Behälter für den Salbei und das Süßgras, das verbrannt wird. Du wirst vielleicht auch eine Ton- oder Steinschale benutzen wollen. Wenn du keinen Salbei oder kein Süßgras beschaffen kannst, so erfüllt auch Tabak seinen Zweck. Benütze jedoch einen guten Tabak mit so wenig Zusätzen wie möglich. Nun bringst du das Kraut entweder mit glühender Kohle oder einem Zündholz zum Brennen und bläst die Flamme sofort wieder aus, damit es nicht brennt, sondern schwelt. Um es am Schwelen zu erhalten, kannst du es mit der Hand, mit einer Feder oder einem Fächer entfachen.

Derjenige, der die Anwesenden einräuchert, führt zuerst den Rauch zu seinem Herzen und dann hoch über seinen Kopf. Dies wird seinen Kräften helfen, in einer guten Richtung zu fließen und alle negativen Gedanken oder Gefühle von sich zu weisen. Anschließend bietet er die Schale den vier Himmelsrichtungen an und dann Vater Sonne und Mutter Erde. Daraufhin reicht er die Schale an alle, die an der Zeremonie teilnehmen, weiter. Diese sollten im Kreis stehen, und die Schale sollte in Richtung des Sonnenlaufes – mit dem Norden beginnend – weitergereicht werden.

Nach der Einräucherung der Anwesenden reinigen wir auf gleiche Weise auch unsere Pfeife und den Tabak und führen eine Pfeifenzeremonie durch. Für die indianischen Stämme stellt die Pfeife das Universum dar, in dem alle Reiche vereinigt sind. Der aus Stein gefertigte Pfeifenkopf verkörpert das Reich der Mineralien. Der Hals ist aus Holz und verkörpert das Pflanzenreich. Diese Pfeife ist mit Fellstückchen und

Federn verziert, die das Tierreich verkörpern, und wird von einer Person benützt, die das menschliche Reich verkörpert. Wenn wir den Tabak in den Pfeifenkopf stopfen, bieten wir jedem dieser Reiche eine Prise dar: den vier Elementen, den geistigen Reichen, der Erdmutter, Vater Sonne, Großmutter Mond und dem Großen Geist. Nach dem Entzünden der Pfeife bieten wir jeder Himmelsrichtung, ebenso wie der Erde und dem Großen Geist einen Zug an. Mit dem Rauch, einer ätherischen Substanz, die in der Lage ist, zwischen die Reiche der körperlichen und geistigen Welt einzudringen, steigen unsere Gebete auf. Diese Gebete gelten nicht nur für die Menschen, sondern für all jene, derer wir uns bei der Vorbereitung für das Pfeifenzeremoniell erinnert haben. Sie sind Gebete für Einheit, Heilung und für den rechten Weg.

Nach der Pfeifenzeremonie gilt unsere Aufmerksamkeit den Umständen, die uns veranlaßt haben, zu einer Zeremonie zusammenzukommen. Manchmal treffen wir uns am Medizinrad zu einem Heilungs-Ritual für Menschen, die unsere Hilfe erbeten haben. Manchmal treffen wir uns, um die Hochzeit zweier Menschen zu feiern oder ein kleines Kind willkommen zu heißen, das seine Reise auf der Erde antritt. Wir treffen uns, um Menschen auf ihre Suche nach einer Vision hinauszuschicken und um neue Mitglieder in unserer Medizingemeinschaft zu begrüßen. Wir treffen uns, um den Wechsel der Jahreszeiten zu feiern. Unser Medizinrad ist zum Zentrum für das zeremonielle Leben unserer Gemeinschaft geworden.

Bei unseren Zeremonien bitten wir unsere menstruierenden Schwestern, sich vom Medizinrad fernzuhalten, da die starke Kraft, die während dieser Zeit von ihnen ausgeht, die anderen Kräfte beeinflussen könnte, die wir in unseren Zeremonien benützen. Dies geschieht mit der vollen Zustimmung unserer Schwestern, da sie selbst die Stärke ihrer eigenen weiblichen Kräfte erkannt haben und wissen, daß es eines jahrelangen Lernprozesses bedarf, bis man sie lenken und gezielt einsetzen kann.

Eine gemeinsame Fast, die 24 Stunden bis vier Tage anhalten kann, geht allen Zeremonien voraus. Im Anschluß an einige Zeremonien folgt ein zeremonielles Mahl, mit dem wir all jener Gaben gedenken, die wir von unseren Verwandten so großzügig erhalten. Nach Beendigung aller Zeremonien gibt es stets eine reichhaltige Mahlzeit.

Zu bestimmten Zeiten im Jahr veranstalten wir Feste des Schenkens. Dabei wird jedem Anwesenden ein Geschenk überreicht, damit sie das Glück, das wir empfangen, mit uns teilen können und ein Andenken an den Augenblick der geteilten Freude erhalten. Die Geschenke müssen nicht aufwendig sein, aber sie sollten aus dem Herzen kommen. In alten Zeiten folgte ein solches Fest des Schenkens auf eine Hochzeit, eine Geburt, einen Todesfall, Mannbarkeitsriten und Zeiten des Glücks – oder Unglücks.

Um welche Zeremonie unseres Medizinrades es sich auch handeln mag, wir bitten alle Anwesenden, alles, was in ihrem Herzen ist, mit uns zu teilen. Um dies zu erreichen, geben wir manchmal einen Redestab in Richtung des Sonnenlaufes im Kreis herum. Wir benutzen dazu einen mit Perlen besetzten Stab, aber auch der Ast eines Baumes würde genügen. Während der Stab herumgereicht wird, kann man seine Gefühle offen zum Ausdruck bringen oder ihn auch wortlos weitergeben. Andere Male reichen wir einen Beutel, der mit Maismehl oder Tabak gefüllt ist, herum und bitten jeden, eine Prise davon zu nehmen und Mutter Erde anzubieten. Während sie diese bescheidene Gabe darreichen, können sie ein stilles oder lautes Gebet sprechen. Während mancher Zeremonien reichen wir eine Schale Wasser herum und bitten die Anwesenden, mit uns zu trinken und des Wassers zu gedenken, das uns so großzügig gegeben wurde.

Um ein Medizinrad zu bauen, braucht man 35 Steine sowie einen speziellen Stein, Horn oder Geweih für das

Zentrum. Man kann aber auch eine geweihte Feuerstelle als Zentrum des Rades wählen. Ihr könnt euer Rad alleine oder zusammen mit anderen bauen, was bereits ein guter Anfang sein könnte, spezielle Energien mit den Menschen zu teilen, die man kennt.

Ihr solltet den Platz für euer Medizinrad sorgsam aussuchen. Es sollte eine Stelle sein, die dir Kraft und Stärke vermittelt und die dich allen deinen Verwandten gegenüber offen sein läßt. Ein relativ flacher Platz von vier bis acht Fuß im Durchmesser ist dazu notwendig. Wenn euer Rad einmal gebaut ist, werdet ihr den Wunsch verspüren, daß es von anderen respektiert und nicht achtlos durchquert wird. Aus diesem Grund solltet ihr ein Gelände aussuchen, das selten betreten wird. Wenn sich ein solcher Platz jedoch nicht finden läßt, solltet ihr einen solchen wählen, der euch ein gutes Gefühl vermittelt, und diesen vor jeder Benutzung einräuchern.

Wählt Steine aus, die euch als geeignet dazu erscheinen. Es ist gut, jene Menschen, die sich am Bau des Rades beteiligen, mitzunehmen, wenn man die Steine auswählt. Vergeßt nicht eine Gabe Maismehl oder Tabak für die Steine zurückzulassen, die man nimmt. Legt die Steine nun etwas abseits von der Stelle, an der das Rad entstehen soll.

Es ist ratsam, das Rad während der frühen Morgenstunden anzulegen. Die ersten Sonnenstrahlen spenden eine besondere Kraft. Ihr könnt mit dem Einräuchern beginnen und anschließend eine Pfeifenzeremonie abhalten, wenn jemand bereit ist, sie durchzuführen. Laßt die Anwesenden ihre Gefühle ausdrücken, um anschließend einige Minuten des Schweigens folgen zu lassen, um euch zu sammeln. Derjenige, der den Bau leitet, sollte ankündigen, was mit dem Zentrum, dem Auge des Schöpfers, dem Kräftezentrum anzufangen ist. Dann sollte er oder sie entweder das Feuerloch graben oder den Stein oder die Hörner an ihre Stelle legen.

Der Erbauer des Rades sollte dann diejenigen, die eine besondere Verbindung zu den einzelnen Elementeklans verspüren – zu Vater Sonne, Großmutter Mond und Mutter Erde –, bitten, einen Stein zu wählen und ihn in einem Kreis von ein bis zwei Fuß Durchmesser um das Zentrum niederzulegen. Als nächstes sollten jene, die eine gute Verbindung zu einem der vier Hüter des Geistes verspüren, einen Stein auswählen und in die richtige Position bringen, an den Stellen, die die vier Himmelsrichtungen an der Außenseite des Kreisdurchmessers anzeigen.

Wenn jemand anwesend ist, der sein Leben an einem der zwölf Monde des Medizinrades begonnen hat, so sollte er oder sie einen Stein nehmen und ihn an der richtigen Stelle plazieren. Wenn dies nicht der Fall ist, sollten jene, die eine gute Verbindung mit dem Mond und seinen Totems verspüren, dies tun. Schließlich sind noch die Pfade zwischen den vier Himmelsrichtungen des Universums anzulegen. Es sind dies Speichen, die von dem inneren Kreis von sieben Steinen zu dem Stein ausstrahlen, der jeweils den Hüter des Geistes repräsentiert. Während ihr diese anlegt, solltet ihr daran denken, daß es die Pfade sind, auf denen die Hüter des Geistes einherschreiten, wenn sie ihrer Arbeit – die darin besteht, zu heilen und zu Wachstum zu verhelfen – nachgehen.

Wenn ihr mit dem Bau des Rades fertig seid, gebt den Anwesenden die Gelegenheit, offen – sei es nun mit Worten, einem Gedicht oder Musik – ihr Herz auszuschütten.

Wenn ihr euch dafür entschieden habt, eine Feuerstelle im Zentrum des Rades zu plazieren, so denkt daran, es nur für heilige, zeremonielle Feuer zu gebrauchen. Diese werden gewöhnlich vor dem Sonnenaufgang von jemandem angefacht, der dazu auserwählt wurde, der Hüter des Feuers zu sein. Entfacht es auf möglichst natürliche Weise – indem ihr Pinnennadeln und -zapfen oder Gras mit einem Feuerstein oder Zündhölzern, jedoch keinem Feuerzeug oder einer

Brennflüssigkeit anzündet. Laßt niemals zu, daß jemand etwas ins Feuer wirft. Benützt Holz, das mit Dankbarkeit gesammelt wurde. Wenn der Rauch in alle vier Richtungen aufsteigt, wißt ihr, daß das Feuer richtig vorbereitet wurde. Gebt besonders auf den Zustand der umgebenden Erde acht, damit keines eurer Mitgeschöpfe durch euer Feuer in Gefahr gebracht wird. Sobald die Zeremonie beendet ist, sollte der Hüter des Feuers jegliches Holz, das noch im Feuer verblieben ist, herausnehmen und die Kohle mit Wasser oder Erde löschen.

Sobald euer Rad einmal errichtet worden ist, solltet ihr es häufig benutzen. Es ist ein guter Platz, seine Energien aufzufrischen oder Kraft zu sammeln. Stellt euch in den verschiedenen Positionen auf dem Rad auf und beobachtet, wie eine jede den Pegel eurer Energie beeinflußt. Lernt von den Kräften der Himmelsrichtungen, von den Kräften der Elemente, von den Lektionen des Mondes. Jede Position kann euch neues Wachstum, neues Verständnis geben. Wenn euch bei einer Richtung, einem Element oder einem Mond ein gutes Gefühl überkommt, wendet euch auch dann an euer Medizinrad und gebt eurem Dank für das Gute, das ihr gelernt oder entdeckt habt, Ausdruck.

Danksagungen

Wir möchten an dieser Stelle all jenen danken, die uns in den vergangenen Jahren auf unserem Pfad begleitet und ihre aufrichtigen Gedanken und Gefühle mit uns geteilt haben. Wir hatten auf diese Weise Gelegenheit, mit so vielen Menschen in Kontakt zu treten, daß wir in der Lage sind, über sie zu schreiben. Wir werden jährlich von mindestens 200 Menschen besucht, und es ist geradezu unmöglich, sie hier alle mit Namen zu erwähnen, aber sie selbst wissen am besten, daß unser Dank ihnen gilt. Manche von ihnen haben uns während der eigentlichen Niederschrift dieses Buches hilfreich zur Seite gestanden, und sie sind es, die unseren besonderen Dank für ihre Liebe, Geduld und Unterstützung verdienen. Es sind Nimimosha, Waboose, Yarroe, Sparrow Hawk, Thunderbird Woman, Gloria Acosta, Lynne van Mansen und Misha. Andere, die der Entstehung dieses Buches mit ihrer Liebe, Unterstützung und besonderen Hilfeleistungen gedient haben, sind Robin Klein, der das endgültige Manuskript korrigiert und getippt hat, Tom Huber, der mit Hilfe seines umfangreichen Wissens auf dem Gebiet der Metaphysik sowohl das Erstmanuskript wie auch die endgültige Buchvorlage korrigiert und kommentiert hat, und Romana Owen, die uns durch Lese- und Nachschlagearbeiten eine Menge Zeit und Mühe erspart hat. Unser Dank auch an Bernhard und Robert James.

Wir möchten auch an dieser Stelle unserer Verwandten in den Reichen der Mineralien, Pflanzen und Tiere gedenken, die dieses Land und ihre Kräfte mit uns teilen. In diesem Sinne gebührt unser besonderer Dank unseren Hunden Shasta und Tsacha, die uns stets Mut und Kraft zukommen ließen. Wir möchten unserem Redakteur und Freund Oscar Collier danken, der uns half, das zu erkennen, was dieses Buch für die Menschen, die es lesen, in sich bergen kann.

Für Zuschriften und Gespräche über die Geschichte und den Gebrauch des Medizinrades bei den verschiedenen indianischen Stämmen danken wir Lee Piper, Richard Rainbow, Adolf Hungry Wolf, John White, Brad Steiger, Twylah Witsch, Ruth Hill, Medicine Story, Joan Halifax, Tom und Alice Kehoe, John Eddy, John Carlson, Nakwisi, Pierre, Dorothy Blorn und R. G. Forbis. Für Informationen über den indianischen Gebrauch der verschiedenen Heilpflanzen danken wir Norma Myers, Direktorin der Green Shores Herbal School in Britisch-Kolumbien.

Und wie immer geht auch unser Dank an den Großen Geist, der uns erlaubt, Werkzeuge seines Willens zu sein, sowie an Mutter Erde, die uns alle nährt.

DER INDIANISCHE WEG DES WISSENS

Sun Bear
Der Pfad der Kraft
11801

Sun Bear & Wabun
Das Medizinrad
30510   (Hardcover)

Sun Bear
Leben mit der Kraft
11822

Lynn Andrews
Der Flug des siebten
Mondes   11839

Evelyn Eaton
Ich sende eine Stimme
11821

GOLDMANN

CHRIS GRISCOM exklusiv bei GOLDMANN

Als Hardcover erschienen:

Die Heilung der Gefühle
30516
Der Weg des Lichts
30532
Meergeboren – Geburt als spirituelle Einweihung
30548

Zeit ist eine Illusion
11787

Die Frequenz der Ekstase
11838

GOLDMANN

GOLDMANN TASCHENBÜCHER
Fordern Sie das kostenlose Gesamtverzeichnis an!

Literatur · Unterhaltung · Bestseller · Lyrik

Frauen heute · Thriller · Biographien

Bücher zu Film und Fernsehen · Kriminalromane

Science-Fiction · Fantasy · Abenteuer · Spiele-Bücher

Lesespaß zum Jubelpreis · Schock · Cartoon · Heiteres

Klassiker mit Erläuterungen · Werkausgaben

****

Sachbücher zu Politik, Gesellschaft,

Zeitgeschichte und Geschichte; zu Wissenschaft,

Natur und Psychologie

Ein Siedler Buch bei Goldmann

****

Esoterik · Magisch reisen

****

Ratgeber zu Psychologie, Lebenshilfe,

Sexualität und Partnerschaft;

zu Ernährung und für die gesunde Küche

Rechtsratgeber für Beruf und Ausbildung

Goldmann Verlag · Neumarkter Str. 18 · 8000 München 80

Bitte senden Sie mir das neue Gesamtverzeichnis.

Name: _____

Straße: _____

PLZ/Ort: _____